Lötschert/Beese
Pflanzen der Tropen

BLV Bestimmungsbücher

1 Pilze
2 Farbige Pflanzenwelt
3 Meeresfische
4 Süßwasserfische
5 Aquarienfische
6 Heilpflanzen
7 Steine + Mineralien
8 Sterne + Planeten
9 Tierspuren
10 Pflanzen- und Tierwelt der Alpen
11 Bäume + Sträucher
12 Blumen am Mittelmeer
13 Pflanzen Europas
14 Hunderassen der Welt
15 Insekten + Weichtiere
16 Muscheln + Schnecken
17 Edelsteine und Schmucksteine
18 Katzenrassen der Welt
19 Säugetiere Afrikas
20 Wetterkunde für alle
21 Die Höhlen Europas
22 Bäume und Sträucher Europas
23 Vögel
24 Pferderassen der Welt
25 Orchideen Europas
26 Tierische Schädlinge
27 Aquarienpflanzen
28 Farne – Moose – Flechten
29 Gräser
30 Pflanzen der Tropen
31 Pilzführer
32 Tiere und Pflanzen an Mittelmeerküsten
33 Amphibien und Reptilien
34 Säugetiere

BLV Intensivführer

Bezzel, Vögel, Band 1: Singvögel
Bezzel, Vögel, Band 2: Spechte, Eulen, Greifvögel, Tauben, Hühner u. a.
Gerhardt, Pilze, Band 1: Lamellenpilze, Täublinge, Milchlinge und andere Gruppen mit Lamellen
Wendelberger, Alpenpflanzen

BLV Naturführer

103 Pilze
104 Vögel
105 Alpenblumen
106 Heimische Pflanzen 1
108 Aquarienfische
109 Mineralien + Gesteine
110 Heimische Pflanzen 2
111 Insekten
112 Säugetiere
113 Fische
114 Giftpflanzen – Gifttiere
115 Wasservögel – Strandvögel
116 Bäume + Sträucher
117 Bach – Fluß – See
118 Heilpflanzen
119 Wolkenbilder – Wettervorhersage
120 Schmetterlinge
121 Wald und Forst
122/123 Mein Hobby: Vögel beobachten
124/125 Mein Hobby: Steine sammeln
126 Sterne + Sternbilder
127 Versteinerungen
128 Wiesen und Felder
129 Hunde
130/131 Mein Hobby: Pflanzen kennenlernen
132 Pflanzen am Mittelmeer
133 Alpen
134 Strand und Küste – Wattenmeer
135/136 Mein Hobby: Schmetterlinge beobachten
137 Lebensraum Stadt

Weitere BLV-Naturbücher

Bateman, Tiere in der Landschaft
Bergmann/Helb, Stimmen der Vögel Europas
Bianchini/Corbetta/Pistoia, Der große BLV Heilpflanzenatlas
Cetto, Der große Pilzführer, Band 1–4
Edlin/Nimmo, BLV Bildatlas der Bäume
Eisenreich (Hrsg.), Der große BLV Naturführer
Keith/Gooders, BLV Vogelführer
Mottana/Crespi/Liborio, Der große BLV Mineralienführer
Nielsen/Hancke, Heilpflanzen in Farbe
Pacioni, Das neue BLV Pilzbuch
Schauer/Caspari, Der große BLV Pflanzenführer
Schütt u. a., So stirbt der Wald
Schuhmacher, Korallenriffe

BLV Bestimmungsbuch

Pflanzen der Tropen

323 Zier- und Nutzpflanzen –
mit 274 Farbfotos

Prof. Dr. Wilhelm Lötschert
Dr. Gerhard Beese

Zweite, überarbeitete Auflage

BLV Verlagsgesellschaft
München Wien Zürich

Bildnachweis

Apel:	140, 151
Croockewit:	199, 201
de Cuveland:	263, 264
Eisenbeiss:	132, 133, 152, 155, 157, 159, 160, 161, 162
Eisenreich:	67, 123, 156, 165, 166, 167, 168, 168a
Felten:	154, 207, 265
Kribben:	1, 9, 20, 28, 32, 39, 41, 42, 47, 50, 51, 52, 55, 59, 71, 76, 116, 163, 164, 183, 187, 197, 198, 202, 211, 212, 216, 217, 222, 225, 234, 238, 239, 252, 256, 260
Lötschert:	2, 4, 6, 7, 10, 12, 14, 16, 17, 21, 22, 24, 25, 26, 27, 33, 34, 35, 37, 38, 43, 43a, 44, 46, 53, 56, 57, 58, 60, 61, 64, 65, 66, 68, 69, 70, 72, 73, 74, 75, 78, 79, 80, 82, 83, 84, 88, 90, 91, 92, 94, 97, 98, 99, 100, 103, 104, 105, 106, 114, 115, 120, 121, 122, 124, 125, 126, 127, 128, 129, 130, 134, 135, 136, 138, 139, 144, 146, 150, 153, 170, 171, 172, 173, 174, 175, 177, 178, 179, 180, 182, 184, 186, 188, 189, 190, 192, 193, 196, 203, 205, 206, 208, 209, 210, 221, 223, 224, 226, 227, 228, 229, 231, 235, 237, 240, 241, 243, 247, 255, 257, 267, 268, 269
Rietschel:	36, 154, 200
Rysy:	158
Seibold:	148, 149

Alle übrigen Fotos: G. Beese.

Text: W. Lötschert.

CIP-Kurztitelaufnahme der Deutschen Bibliothek

Lötschert, Wilhelm:
Pflanzen der Tropen: 323 Zier- u. Nutzpflanzen/
Wilhelm Lötschert; Gerhard Beese. – 2., überarb. Aufl. –
München; Wien; Zürich: BLV Verlagsgesellschaft, 1984.
(BLV Bestimmungsbuch; 30)
ISBN 3-405-12988-5

NE: Beese, Gerhard:; GT

BLV Bestimmungsbuch 30

Zeichnungen: H. Geipel

Satz und Druck: Druckerei Georg Appl, Wemding
Farbreproduktionen: Kösel GmbH & Co., Kempten
Buchbinder: Pustet, Regensburg

Printed in Germany · ISBN 3-405-12988-5

Inhaltsverzeichnis

8 Einführung

Zier- und Nutzpflanzen 8
Abgrenzung und klimatische Charakterisierung der Tropen 8
Einfluß des Menschen auf die tropische Vegetation 11
Heimat und heutige Verbreitung tropischer Nutzpflanzen 14
Domestikation und Züchtung von Nutzpflanzen 16
Tropische Nutzpflanzen in Mythologie und Kunst 17
Nutz- und Zierpflanzen auf Briefmarken 19
Charakterisierung pflanzlicher Wuchsformen 20

22 Zierpflanzen

Tropische Zierbäume 22
Palmfarne 37
Palmen 39
Sträucher 44
Schling- und Kletterpflanzen 54
Krautige Arten 60
Strandpflanzen 60 · Stauden 61 · Orchideen 78
Wasserpflanzen 84

89 Bildteil

185 Nutzpflanzen

Stärkelieferanten 186
Eiweiß- und Fettlieferanten 198
Stimulantien, Gewürze, Genußmittel 206
Gemüse und Obst 219
Zitrusgewächse (Agrumen) 236
Technische Nutzpflanzen 243
Einige empfehlenswerte botanische Gärten und Parks in den Tropen 255

255 Anhang

Erklärungen von Fachausdrücken 257
Register der wissenschaftlichen Pflanzennamen 258
Register der deutschen und englischen Pflanzennamen 260

Vorwort

Das vorliegende Buch führt in die bunte Vielfalt der tropischen Pflanzenwelt ein. Es berücksichtigt überwiegend Zier- und Nutzpflanzen, die in allen Tropengebieten bekannt sind. Vor allem die Zierpflanzen wurden wegen ihrer Schönheit durch den Menschen aus ihrem Ursprungsland weltweit verbreitet. Wir haben uns daher bemüht, aus der verwirrenden Vielzahl die am meisten auffallenden und verbreiteten Arten auszuwählen.
Das Buch ist sowohl für den Laien als auch für den Biologen bestimmt. Es soll vor allem den Tropenreisenden in die fremdartige Welt der ihm begegnenden Pflanzen begleiten. Er wird sie nicht nur in Gärten und Parks, an Straßen und am Strand, sondern auch auf den Märkten antreffen. Neben der botanischen Beschreibung sind auch die systematischen Verwandtschaftsverhältnisse, Bedeutung des Namens, Blütezeit, Herkunft, Verbreitung und ökologische Ansprüche berücksichtigt. Bei den Nutzpflanzen werden darüber hinaus Angaben über Verwendung, Geschichte der Ausbreitung und Produktion gemacht. Da die Zahl der tropischen Arten sehr groß ist und bei dem vorgegebenen Umfang eine Auswahl getroffen werden mußte, konnten unmöglich alle Arten berücksichtigt werden. Dies gilt z. B. für die Nutzhölzer und Heilpflanzen, unter denen noch immer neue entdeckt werden. Dieser Sachverhalt macht auch deutlich, wie wichtig es ist, der weiteren Zerstörung tropischer Vegetation Einhalt zu bieten.
Mit Hilfe der Bilder und des zugehörigen Textes (die bei den Artbeschreibungen aufgeführten Zahlen entsprechen den fortlaufenden Nummern der Fotos) wird es auch dem Laien möglich sein, die einzelnen Arten zu bestimmen. Aus Gründen der Übersichtlichkeit wurde bei den Zierpflanzen eine Aufteilung in Bäume, Palmen, Sträucher, Schlinggewächse und krautige Arten vorgenommen. Die Einteilung der Nutzpflanzen erfolgte nach ihren Verwendungsmöglichkeiten und Inhaltsstoffen.
Was die Bezeichnung der Pflanzenarten anbetrifft, so ist in jedem Fall der wissenschaftliche Name maßgebend. Schwierigkeiten ergaben sich in manchen Fällen bei der deutschen Bezeichnung, weil sie in Deutschland nicht vorkommen. Sie sind dagegen immer mit Namen der jeweiligen Landes- und Eingeborenensprache belegt. Dabei können die Namen für die gleiche Pflanze von Land zu Land verschieden sein. Wir haben uns deswegen bemüht, die jeweilige englische Bezeichnung anzugeben.
Trotz der gebotenen Beschränkung hinsichtlich der Artenauswahl hoffen wir, einen repräsentativen Überblick zu vermitteln. Möge das Buch viele Pflanzenfreunde auf ihren Tropenreisen begleiten und ihnen die fremdartige, fesselnde Vielfalt sowie die Schönheit exotischer Pflanzen erschließen.

W. Lötschert, G. Beese

Einführung

Zier- und Nutzpflanzen in den Tropen

Das Gebiet der Tropen ist Lebensraum für eine unüberschaubar große Zahl von Zier- und Nutzpflanzen. Viele von ihnen sind für den Mitteleuropäer fremdartig oder unbekannt. Eine nicht geringe Anzahl tropischer Nutzpflanzen gehört jedoch seit den großen Entdeckungsreisen zu den begehrtesten Naturprodukten unserer Regionen. Es sei an verbreitete Gewürze wie Pfeffer, Muskatnuß, Zimt und Gewürznelke erinnert. Hinzu kommt ein breites Spektrum von Stimulantien, die auch als Gewürze Verwendung finden. Zu ihnen zählen Kaffee, Tee, Kakao, Cola, Mate-Tee, Ingwer, Curry und Piment. Tropische Früchte wie Banane und Ananas gehören heute ebenso zum Verkaufsangebot wie unser einheimisches Obst. Kokosnuß, Paranuß und Erdnuß sind ebenfalls tropischer Herkunft. Kaum jemand denkt mehr heute daran, daß die aus dem Hochland der Anden stammende Kartoffel ebenfalls eine Tropenpflanze ist.
Die Entdeckung tropischer Nutz- und Zierpflanzen sowie ihr Export und Import haben eine lange wechselvolle Geschichte. Wegen ihres hohen wirtschaftlichen Wertes kam es nicht selten zu Kriegen und diplomatischen Verwicklungen. Die Einführung unbekannter, zunächst überaus kostbarer Zierpflanzen und ihre erste Kultur in den Gewächshäusern außerhalb der tropischen Klimazonen waren vor allem in Europa oft eine Sensation, und ihr Besitz ist jahrhundertelang ein besonderes Privileg gewesen.
Mit der Entwicklung moderner Transportmittel werden heute in zunehmendem Maße tropische Früchte und Zierpflanzen Allgemeingut in unseren Breiten. Das Angebot in Supermärkten und in Blumengeschäften ist dafür ein sichtbarer Beweis. Exotische Früchte wie Mango und Avocado oder sogar die der Passionsblume sind für uns heute nichts außergewöhnliches mehr.
Schließlich baut der wachsende Ferntourismus Brücken zu den Lebensräumen dieser Arten und vermittelt darüber hinaus Eindrücke von der Vielfalt der tropischen Pflanzenwelt. Darüber einen Überblick zu vermitteln soll der Zweck dieses Buches sein.

Abgrenzung und klimatische Charakterisierung der Tropen

Das Gebiet der Tropen erstreckt sich beiderseits des Äquators zwischen den Wendekreisen von 23° nördlicher bis 23° südlicher Breite. Im typischen Fall ist das tropische Klima durch gleichmäßig hohe Temperaturen und

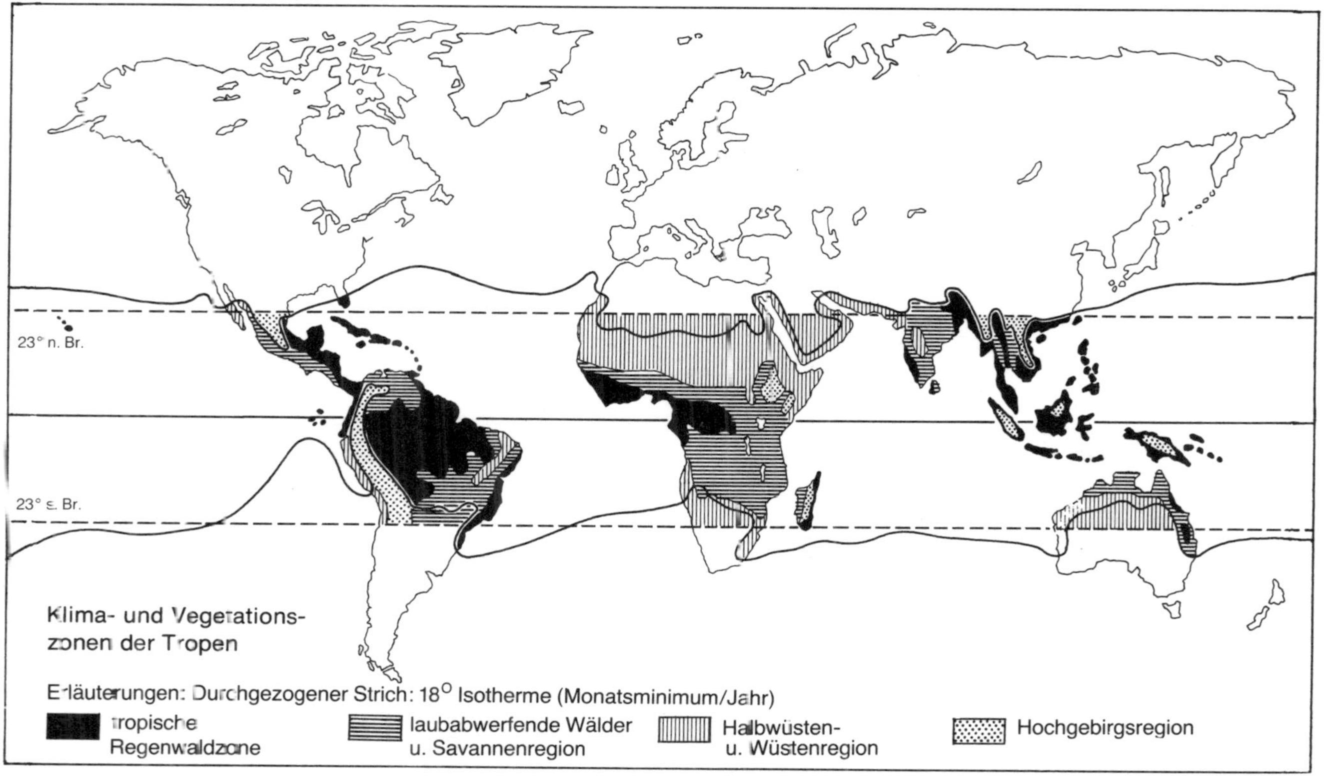

23° n. Br.
23° s. Br.
Klima- und Vegetationszonen der Tropen
Erläuterungen: Durchgezogener Strich: 18° Isotherme (Monatsminimum/Jahr)
tropische Regenwaldzone
laubabwerfende Wälder u. Savannenregion
Halbwüsten- u. Wüstenregion
Hochgebirgsregion

hohe Luftfeuchtigkeit ausgezeichnet. Die mittlere Jahrestemperatur schwankt auf Meeresniveau nur geringfügig um 26°–27 °C, und die absoluten Extremwerte bewegen sich selten unter 18° bzw. über 35 °C. Die relative Luftfeuchtigkeit liegt mit 70–80% im Mittel sehr hoch.

In der Äquatorialregion befindet sich die Zone mit den größten Niederschlägen, die über das ganze Jahr verteilt sind. Sie umfaßt einen Gürtel von etwa 10° nördlich und südlich des Äquators. Besonders in Steigungsgebieten von Hochgebirgen können die Regenfälle beträchtlich sein. So fallen z. B. in der Bucht von Guinea südwestlich des Kamerunberges 11 000 mm im Jahresmittel.

Allgemein läßt sich feststellen, daß die Niederschlagsmengen in der Tropenzone bei Höhen von 1000–2000 m ihren Höchstwert erreichen und dann wieder abnehmen. Auch die Temperatur sinkt mit zunehmender Höhe bei einem Anstieg von 100 m um 0,4–0,5 °C. Fröste treten oberhalb 1800–2000 m gelegentlich und über 3000 m regelmäßig auf.

Im Gegensatz zu Mitteleuropa ist das Tropenklima während des Jahresverlaufes durch geringe Temperaturschwankungen charakterisiert. Wegen des relativ gleichmäßigen Temperaturverlaufes an allen Tagen im Jahr wird das tropische Klima auch als Tageszeitenklima bezeichnet. Das außertropische ist dagegen als Jahreszeitenklima anzusehen. Auch die Unterschiede der Tageslänge im Verlauf des Jahres sind gering. Am Äquator geht die Sonne zu allen Zeiten des Jahres um 6 Uhr am Morgen auf und zur gleichen Uhrzeit am Abend unter. Mit zunehmender Entfernung nach Norden oder Süden schwanken die Tageslängen etwas mehr. So lassen sich auf Jamaica in der zweiten Hälfte des Monats Dezember Sonnenaufgang und Sonnenuntergang eine halbe Stunde später bzw. früher registrieren.

Je mehr man sich den Wendekreisen nähert, um so ausgeprägter werden die Trockenzeiten. Besonders in den Passatregionen im Grenzbereich der Tropen können die Niederschläge minimale Werte erreichen, was sich besonders gut an den Wüstengürteln in Afrika erkennen läßt. Weite Gebiete des tropischen Bereiches zeichnen sich somit durch eine mehr oder weniger lange regenfreie Periode aus (Abb. S. 9). Dementsprechend unterschiedlich sind auch die Vegetationszonen, wie aus Tabelle S. 12/13 hervorgeht. Schließlich ist die Dauer der jeweiligen Regen- und Trockenzeit von entscheidender Bedeutung für den Anbau von Nutz- und Zierpflanzen.

Zusammenfassend ist festzustellen, daß die genannten Umweltfaktoren zur Entstehung von Lebensräumen führten, die in ihrer Vielfalt von keinem anderen Großraum unserer Erde übertroffen werden. Entsprechend groß sind die Anpassungsmöglichkeiten für Pflanze und Tier in den Tropen. Dies spiegelt sich in der ungeheuren Artenzahl wieder. Treten zu den hohen Temperaturen noch reichlich Niederschläge – gleichmäßig über das ganze Jahr verteilt – hinzu, ist ein Optimum an Entfaltungsmöglichkeiten gegeben, wie es der tropische Regenwald eindrucksvoll zeigt. Werden und Vergehen folgen so rasch aufeinander, daß im Boden wenig Nährstoffe zurückbleiben. Landwirtschaftliche Nutzung ist also nur beschränkt möglich. Eingriffe in das äußerst ausbalancierte Ökosystem der Tropen können katastrophale Auswirkungen haben, wie durch zunehmende Hungerkatastrophen in Entwicklungsländern immer wieder vor Augen geführt wird.

Einfluß des Menschen auf die tropische Vegetation

Der Einfluß des Menschen auf die Umwelt läßt sich bis in die Frühgeschichte seiner Entwicklung zurückverfolgen. Erste Eingriffe in seinen Lebensraum erfolgten durch den Übergang vom nomadisierenden Sammler und Jäger zum Pflanzen- und Viehzüchter. Der damals und noch heute bei einigen Urwaldvolksstämmen vorherrschende Wanderfeldbau bedeutete aber noch keinen wesentlichen Einfluß auf das Ökosystem, solange es sich nur um kleine Volksgruppen handelte.
Mit der Weiterentwicklung der Staats- und Sozialstruktur setzte auch eine großflächige Landwirtschaft ein, die viel Land benötigte, das größtenteils durch Rodung von Primärwäldern gewonnen wurde. Erste katastrophale Auswirkungen auf die Umwelt lassen sich schon lange vor der Zeitenwende in Vorderasien und Nordafrika nachweisen. Karthago galt damals als Kornkammer des römischen Imperiums. Durch Abholzen der Wälder wurde sowohl der Wasserhaushalt als auch der Nährstoffkreislauf gestört. Lange Trockenperioden, unterbrochen von kurzen heftigen Regenzeiten, in denen die Nährstoffe durch Erosion fortgeschwemmt wurden, ließen die einst fruchtbaren Anbaugebiete zu den heutigen Wüsten werden. Eine unkontrollierte Viehzucht besonders von Ziegen führte durch Vernichtung des Unterholzes und der nachwachsenden Bäume zu ähnlichen Effekten. Die unfruchtbare Karst- und Macchialandschaft im Mittelmeerraum ist größtenteils darauf zurückzuführen.
Nicht anders sind auch heute die landwirtschaftlichen Bedürfnisse und die damit ausgelösten Effekte auf den Lebensraum. Der ständig wachsende Bevölkerungsdruck in den Tropengebieten und moderne technische Möglichkeiten zur Gewinnung neuer Landwirtschaftsflächen beschleunigen diese Entwicklung. Was bis vor wenigen Jahrzehnten unmöglich war, wird heute in starkem Umfange betrieben: die großräumige Gewinnung von landwirtschaftlichen Nutzflächen im Bereich tropischer Regenwälder.
Wenn im Amazonasgebiet die Entwaldung im gleichen Maße fortschreitet, wird um die Jahrhundertwende von dem früher 8 Mill. km^2 großen Regenwaldgebiet nichts mehr übrig sein.
Wir wissen heute, daß der äquatoriale Regenwald neben dem tropischen Korallenriff das komplizierteste Ökosystem darstellt, auf dem Land der

Vegetationszone	Gebiete	Klima	Pflanzengemeinschaften und Nutzpflanzen
Tropische Regenwaldregion	**Amerika:** Mittelamerika, karibische Inseln, Amazonasregion, W-Küste v. Kolumbien, Orinokogebiet, SO-Küste v. Brasilien. **Afrika:** Kongoregion, W-Küste v. Ghana, Senegal, O-Küste v. Madagaskar **SO-Asien:** W-Küste v. Indien, Ceylon, Hinterindien, Indonesien **Australien, Ozeanien:** NO-Küste v. Australien, Neuguinea, alle trop. Pazifikinseln	0 – max. 1500 m Höhe, feuchtwarmes Treibhausklima, keine thermischen Jahreszeiten. Mittlere Jahrestemperaturen zwischen 24 u. 30 °C. Reichliche Niederschläge nahezu über das ganze Jahr gleichmäßig verteilt. Jährliche Niederschlagsmengen mehr als 1500 mm bis 10000 mm übersteigend. Relative Luftfeuchtigkeit höher als 80%. Mit Ausnahme von Monsunwinden keine richtungsgebundenen Winde. In Randgebieten Bildung von tropischen Wirbelstürmen.	Bäume vorherrschend, zu dichten Waldbeständen vereint, manchmal 100 verschiedene Arten pro ha. Die Baumschicht kann Höhen von mehr als 50 m erreichen. Durch Lichtmangel oft nur spärliche Entwicklung von Unterholz. Charakteristisch die vielen Lianen- und Epiphytenarten. Heute oft durch Sekundärwälder und Grasländer verdrängt. **Nutzpflanzen:** Teak, Mahagoni, Palisander, Kakao, Bananen, Reis, Maniok, Zuckerrohr, Kokospalmen, Ölpalmen
Laubabwerfende Wald- und Savannenregion	**Amerika:** Mex. Pazifikküste, W-Küste v. Zentralamerika, karibische Küste v. S-Amerika, Llanosgebiete, O- u. Zentral-Brasilien **Afrika:** Sahelzone, O- u. SW-Afrika, W-Küste von Madagaskar **SO-Asien:** Zentrale Teile von Indien, Burma u. Thailand **Australien, Ozeanien:** Zentraler Teil v. Neuguinea, N- u. O-Küste von Australien	0 – ca. 1000 m Höhe. Jahreszeitlich bedingter Wechsel von Regen- und Trockenzeiten. Gering ausgebildete thermische Jahreszeiten zwischen 18 °C im kältesten und 28 °C im wärmsten Monat. Oft starke tageszeitlich bedingte Temperaturschwankungen. Jährliche Niederschlagsmengen zwischen 200 u. 1500 mm schwankend. In Küstengebieten starke Passatwinde, werden im SO-asiat. Raum durch Monsunwinde verdrängt.	Regengrüner Wald, während der Trockenperiode laubabwerfend (Akazien, Mimosen, Bombax-Arten, Affenbrotbäume), in schüttere Wald- u. Buschregionen sowie Galeriewälder an Flußläufen und Grasregionen übergehend. In Gebieten mit mehr als 4 Monate ununterbrochener Trockenzeit Dornbuschsavanne, in Amerika mit Baumkakteen u. Agavenarten durchsetzt. **Nutzpflanzen:** Baumwolle, Sisal, Mais, Zuckerrohr, Maniok, Zitrusfrüchte

Vegetationszone	Gebiete	Klima	Pflanzengemeinschaften und Nutzpflanzen
Halbwüsten- und Wüstenregion	**Amerika:** W- u. Zentral-Mexico, W-Küste v. S-Amerika, O-Teil v. Brasilien **Afrika:** Sahara, Sudan, SW-Afrika **SO-Asien:** Zentrale Teile von Indien, Arabische Halbinsel **Australien, Ozeanien:** Zentrale Teile von Australien	0 – ca. 1000 m Höhe. Trockenklima der Passatregion, Beginn von thermischen Jahreszeiten, Monatsmittel zwischen 15° u. 30 °C schwankend. Regenzeit oft weniger als 1 Monat im Jahr. Jährliche Niederschlagsmengen zwischen 0 u. 200 mm. Sehr niedrige Luftfeuchtigkeit (Ausnahme Perú). Durch Ausstrahlung starke tageszeitliche Temperaturschwankungen.	Kaum mehr flächenhafte Vegetation. Schütterer Bewuchs von Dornsträuchern, Kakteen und anderen Sukkulentenarten. Anbau von Nutzpflanzen nur noch bei künstlicher Bewässerung möglich. **Nutzpflanzen:** Dattelpalmen, Baumwolle, Sisal.
Gebirgs- und Hochgebirgsregion	**Amerika:** zentrales Mittelamerika, Andenregion **Afrika:** Äthiopien, O-Afrika, Mt. Kamerun **SO-Asien:** N-Indien, Burma, Thailand, Borneo, Sumatra, Java **Australien, Ozeanien:** Neuguinea	Ab 1000–1500 m. Höhenbedingte Temperaturabnahme. Nebelwaldzone zwischen 1000 u. 2500 m mit Jahresmitteln von 15°–22 °C u. Niederschlägen mehr als 2000 mm im Jahr. Hochgebirgszone ab 2500 m beginnend.	Nebelwälder an Artenreichtum und Vegetationsdichte nicht dem trop. Regenwald nachstehend, stark entwickeltes Unterholz. Epiphytenbewuchs noch stärker. Baumfarne charakteristisch für diese Zone, in Amerika außerdem Bromelien u. Tillandsien. Durch Erosion infolge Brandrodungen große Gebiete verkarstet. **Nutzpflanzen:** Kaffee, Tee, Eukalyptus, Mais, Kartoffeln

größte Sauerstoffproduzent ist, und sein Boden sich infolge schneller Stoffumsätze durch eine extreme Armut an Nährsubstanzen auszeichnet. Die dadurch bedingten Fehlschläge bei großräumigen Siedlungsprojekten entlang der Transamazonikastraße in Brasilien sind bekannt.
Jüngste Ergebnisse großräumiger Waldvernichtungen sind die Hungergebiete der Sahelzone in Afrika und in Nordost-Brasilien. Die dort vorherrschenden Trockenzonen mit Sekundärwäldern aus Dorngewächsen und sukkulenten Pflanzen stellen das Endergebnis menschlichen Einflusses auf die tropische Vegetation dar.

Heimat und heutige Verbreitung tropischer Nutz- und Zierpflanzen

Kennzeichnend für viele Nutz- und Zierpflanzen ist, daß sie heute in allen Tropengebieten der Erde angebaut werden. Mit Hilfe des Menschen haben sie sich von ihrem Ursprungsgebiet über die gesamten Tropen ausgebreitet. Bei manchen Arten ist das Gebiet ihres ursprünglichen Vorkommens genau bekannt, bei anderen dagegen läßt sich ihre genaue Herkunft nicht mehr ermitteln. Ersteres trifft z. B. für die Kautschuk-Arten der Gattung *Hevea* zu, die in weitem Umkreis des Amazonasgebietes wild vorkommt. Auch die Heimat der Ananas liegt in Südamerika, wo 6 verschiedene Wildarten bekannt sind, deren Verbreitungsgebiet sich von Venezuela im Norden bis Südbrasilien und Ostargentinien im Süden erstreckt.
Bei vielen tropischen **Nutzpflanzen** aber ist die ursprüngliche Herkunft heute nicht mehr zu ermitteln. Dies liegt vor allem daran, daß viele von ihnen schon seit Jahrtausenden kultiviert werden. Durch Züchtung immer neuer Formen starben allmählich die Ausgangsarten aus, wie das auch bei unseren Getreidearten der Fall ist. Das trifft aber nicht für alle tropischen Nutzpflanzen zu, wie neben dem Kautschukbaum auch das Beispiel der Kokospalme zeigt. Ihre Heimat ist einerseits im Gebiet der Südseeinseln oder im indomalayischen Raum zu suchen. Andererseits gibt es auch Beweise, die für Südamerika als Ursprungsgebiet sprechen, denn dort kommen verwandte Kokos-Arten wild vor. Die Frage ist daher so schwierig zu beantworten, weil die Pflanze schwimmfähige Früchte besitzt, die mit Hilfe von Meeresströmungen weit verdriftet werden können. Es ist nachgewiesen, daß sie bis zu 4500 km zurücklegen und dabei keimfähig bleiben.
Die Verbreitung der tropischen **Zierpflanzen** läßt sich schwerer überblikken, zumal ihre Zahl noch größer ist als die der Nutzpflanzen. Hinzu kommt, daß die Grenzen des natürlichen Vorkommens der Zierpflanzen gleitend sind, denn im Gebiet der natürlichen Verbreitung werden viele Arten, wie z. B. Orchideen und Bromelien, einfach in der Umgebung

menschlicher Siedlungen angepflanzt. Von dort haben zahlreiche Ziergewächse wegen ihrer besonderen Schönheit weltweite Verbreitung in den Tropen gefunden. Dies gilt z. B. für die Bougainvillie oder Drillingsblume *(Bougainvillea spectabilis)*, die vom Amazonas stammt. Bei dem tropischen Tulpenbaum *(Spathodea campanulata)* mit seinen feuerroten kelchförmigen Blüten ist dagegen die Heimat in Westafrika zu suchen. Vom Feuerbaum *(Delonix regia)* steht fest, daß er aus Madagaskar stammt, und die Heimat der Königspalme liegt auf den westindischen Inseln. Im allgemeinen ist aber die ursprüngliche Verbreitung der tropischen Zierpflanzen genauer bekannt als bei vielen Nutzpflanzen.

Die **Palmen** als Inbegriff tropischer Vegetation vereinen in ihrer systematischen Gruppe sowohl viele tropische Zierpflanzen als auch einige sehr wichtige Nutzpflanzenarten. Es handelt sich um eine Pflanzenfamilie mit rund 3500 Arten. Manche von ihnen sind an tropische Küstenniederungen gebunden, andere jedoch finden sich im Gebirge in Höhen von über 3000 m *(Ceroxylon alpinum)*. Betrachtet man die Gesamtverbreitung der Familie (Abb. unten), so wird deutlich, daß einige Arten sowohl nach Norden als auch nach Süden deutlich über die Wendekreise hinausgehen. Die Zwergpalme *(Chamaerops humilis)* ist beispielsweise noch in Südeuropa (Südostspanien, Süditalien) verbreitet. In Japan und China reicht das Verbreitungsgebiet der Hanfpalme *(Trachycarpus fortunei)* noch weiter nach Norden, und die Nikanpalme *(Rhopalostylis sapida)* kommt auf der Südhalbkugel auf Neuseeland bis 37° südlicher Breite vor. Abgesehen von diesen Ausnahmen sind die Palmen eine tropische Pflanzengruppe mit Häufigkeitszentren im Amazonasgebiet und im indomalayischen Raum. Der ganze Zauber ihrer Schönheit ist mit den Tropen untrennbar verbunden.

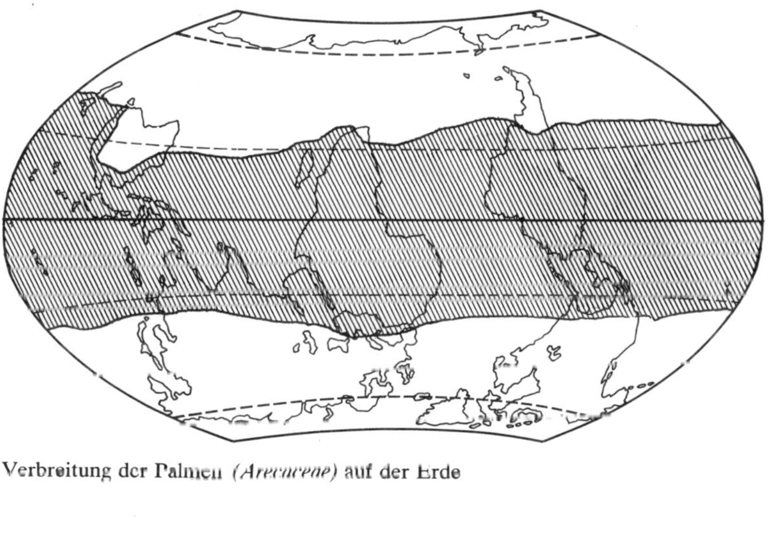

Verbreitung der Palmen *(Arecaceae)* auf der Erde

Domestikation und Züchtung von Nutzpflanzen

Die Züchtung von Nutzpflanzen ist im Gegensatz zu der natürlichen stammesgeschichtlichen Entwicklung im Pflanzen- und Tierreich vom Willen und der Zuchtwahl des Menschen abhängig. Er wählt aus den in der Natur vorhandenen Arten bestimmte Pflanzen aus und kultiviert und kreuzt sie weiter. Domestikation bedeutet somit eine vom Menschen beabsichtigte und gesteuerte Auswahl wildlebender Pflanzen und auch Tiere für seine häuslichen Bedürfnisse, während man unter Züchtung die Weiterentwicklung der ausgewählten Formen durch Kreuzung, weitere Zuchtwahl und in neuerer Zeit sogar durch gezielte Eingriffe ins Erbgut versteht.
Im einzelnen lassen sich bei Domestikation und Züchtung fünf Perioden unterscheiden. Am Anfang der frühesten menschlichen Epoche, die von 40000–15000 v. Chr. bis zur Altsteinzeit reicht, war der Mensch Sammler und Jäger. In diesem Stadium verbrachte er die meiste Zeit des Tages damit, umherzustreifen und nicht nur pflanzliche sondern auch tierische Beute zu machen. Dabei wurden bereits viele der gesammelten Pflanzen auf ihre Brauchbarkeit ausprobiert. Es gab wahrscheinlich manchen Todesfall, aber es wurden auch viele Heil- und Nutzpflanzen entdeckt.
An dieses Stadium schließt sich die Periode der Erntevölker an. Geeignete Wildpflanzen wurden in großen Mengen gesammelt und gespeichert. So werden z. B. im Chaco-Gebiet von Südamerika noch heute stärke- und zuckerhaltige Hülsen bestimmter Baumarten *(Prosopis alba* und *Zizyphus mistol)* in großen Mengen geerntet und gelagert, während die Indianer am oberen Amazonas und Orinoko auch jetzt noch von den gespeicherten stärkehaltigen Früchten der Palme *Bactris gasipes* leben.
Die Periode des Sammelns und Speicherns bildet den Übergang zur jüngeren Steinzeit, als der Mensch mit dem Anbau bestimmter Nutzpflanzen begann. Er hatte gelernt, Samen bestimmter Pflanzen auszuwählen und auszusäen. Durch die Ermittlung des richtigen Zeitpunktes der Aussaat schuf er ihnen günstige Keimbedingungen. Er jätete das Unkraut und schützte seine Kulturpflanzen durch Einfriedung gegen Tierfraß. Diese dritte Periode ist mit dem Übergang von der umherschweifenden zur seßhaften Lebensweise gekoppelt und vollzog sich wahrscheinlich am Unterlauf von Strömen und Flüssen im Bereich der Meeresküste.
Damit waren die Voraussetzungen für die 4. Periode, den Beginn der eigentlichen Domestikation gegeben. Es wurden jetzt nur noch die besten Samen und Bastarde ausgewählt. Damit kamen die derartig gewonnenen Nutzpflanzen zugleich immer mehr in Abhängigkeit vom Menschen. Dies ging vielfach so weit, daß sie ohne die pflegende und schützende Hand des Menschen nicht mehr existieren konnten und unter natürlichen Umweltbedingungen nicht mehr konkurrenzfähig waren. Gerade in den Tropen spielte bei der Domestikation nicht nur der Ertrag eine Rolle, sondern es

wurden vielfach auch kuriose Formen oder Pflanzen mit schönen, bunten Samen ausgewählt. Es ist bemerkenswert, daß beim Übergang vom Stadium des Speicherns zum Stadium der Domestikation unabhängig voneinander in verschiedenen Erdteilen ähnliche Methoden entwickelt wurden.
Der letzte Abschnitt der Weiterentwicklung, das Zeitalter geplanter Pflanzenzüchtung, begann erst um die Mitte des vergangenen Jahrhunderts. Während der Mensch vorher nur probiert hatte, wurde mit Entdeckung der Befruchtungsvorgänge im Pflanzenreich und der Vererbungsgesetze eine gezielte Züchtung möglich, die heute in Versuchen zur Veränderung des Erbgutes und in der Anwendung von Gewebekulturen fortgesetzt wird.
Interessant ist, daß die ersten Schwerpunkte von Domestikation und Züchtung in den Tropen Asiens und Amerikas liegen. Frühe Zentren des Anbaus tropischer Nutzpflanzen sind am Indus und im Mekong-Delta sowie im Bereich der indianischen Hochkulturen in Südamerika zu suchen. Eine sehr frühe Epoche des Ackerbaus ist in Siam nachgewiesen. Dort wurden Erbsen- und Bohnensamen gefunden, die in den Zeitraum um 9000 v. Chr. zurückgehen. Die ersten Ansätze des Nutzpflanzenanbaus lassen sich in Südostasien bis in die Zeit von 11 000–9000 v. Chr. zurückverfolgen.
Im Hinblick auf die weitere Welternährungslage ist es von großer Bedeutung, daß in Europa alle potentiell nutzbaren Pflanzen weitgehend erprobt worden sind. Die züchterischen Reserven befinden sich ohne Zweifel in den Tropen und sind noch lange nicht ausgeschöpft. Aus dieser Erkenntnis heraus und in Anbetracht der jährlich um etwa 75 Mill. wachsenden Weltbevölkerung entstand ein neuer Wissenschaftszweig, die Ethnobotanik. Durch Ermittlung von Erfahrungswerten eingeborener Volksstämme sollen uns bisher unbekannte Pflanzenarten nutzbar gemacht werden. Dafür bleibt nur noch wenig Zeit, weil mit zunehmender Zivilisierung die Zahl der Urbewohner immer mehr schwindet und damit ihr erworbenes Wissen über die nur von ihnen genutzten Pflanzenarten. So gibt es noch viele Palmenarten, die zur Ölgewinnung nutzbar gemacht werden könnten. Unübersehbar ist sicher auch das nur Eingeborenen bekannte Potential an Heilpflanzen. Da solche Arten mehr Bestandteil ihres Ökosystems sind als hochgezüchtete Nutzpflanzen, könnte bei einer Kultivierung zugleich ein wirksamer Schutz der Lebensräume erzielt werden.

Tropische Nutzpflanzen in Mythologie und Kunst

Die Sorge um die tägliche Ernährung und die ständige Auseinandersetzung mit der Kultur wichtiger Nutzpflanzen beschäftigte in den Tropen auch die menschliche Phantasie. Hierbei fanden mythologische und religiöse Vorstellungen ihren Ausdruck in bildlichen und plastischen Darstellungen. Im allgemeinen ist die Grenze zwischen Mythologie und Religion schwer zu ziehen, ähnlich wie sich z. B. bei den kirchlichen Prozessionen in Lateinamerika oder den Räucherzeremonien der Indios vor der Kirche von Chichicastenango im Hochland von Guatemala christliche und dämonisch-mythologische Vorstellungen vermischen. Dementsprechend gibt es sehr verschiedene Darstellungen tropischer Nutzpflanzen. Sie reichen von primitiven Zeichnungen und Ornamenten bis zu ausgesprochenen Kunstwerken. Sie geben oft Aufschluß über Aussehen und Lebensweise der damals kultivierten Pflanzenarten.

Die jahrtausende alte Tradition der Maiskultur drückt sich bei den Indianervölkern Lateinamerikas in ihrer Keramik aus, die ein hohes künstlerisches Niveau erreicht. So kennen wir Tongefäße mit Ornamenten von Maiskolben aus Mittelamerika, und aus dem gleichen Gebiet ist uns die Plastik eines mythologischen Maisgottes erhalten, dessen Kopfschmuck mit Maiskolben verziert ist. Aus den Darstellungen und auch aus der Namensgebung geht hervor, daß züchterisch gesehen die Entwicklung der Kulturpflanze Mais sprunghaft erfolgt sein muß. Sie erscheint wie ein Geschenk der Götter. Dies läßt sich so erklären, daß bei einer zufälligen Kreuzung des Urmais mit einer nahe verwandten Form plötzlich eine außergewöhnliche Steigerung des Ertrages eintrat. – Die erste botanische Darstellung einer Maispflanze stammt aus dem Jahr 1539 und findet sich in dem Kräuterbuch von Hieronymus Bock. Eine sehr gute Widergabe dieser Pflanze enthält auch das 1542 erschienene Kräuterbuch von Leonhard Fuchs, dessen Werk sich durch die besondere Qualität seiner Abbildungen auszeichnet.

Aber nicht nur mythologisch-religiöse Antriebskräfte sondern auch rein bildnerischer Spieltrieb können zur Entstehung von Kunstwerken führen. So kennen wir z. B. runde Früchte vom Flaschenkürbis *(Lagenaria sericea)* aus Peru, die in kunstvoller Weise mit Brandmustern geziert sind. Sie sind nicht nur aus Peru und Ecuador sondern auch aus Mali in Afrika bekannt, und wir müssen annehmen, daß sich die Kunst ihrer ornamentalen Gestaltung unabhängig voneinander entwickelt hat. Auch trockene und leere Früchte vom Kalebassenbaum *(Crescentia alata)* können so kunstvoll geschnitzt und bemalt werden, daß sie regelrechte Kunstwerke darstellen.

Nur allzu verständlich ist, daß auch die Palmen Anreiz für künstlerische Darstellungen lieferten. Unter ihnen steht als Nutz- und auch Zierpflanze die Kokospalme *(Cocos nucifera)* an erster Stelle. Die erste bekannte künstlerische Darstellung der Kokospalme, die auf einer 2700 Jahre alten phönizischen Silberschale entdeckt worden ist, überrascht sehr, denn diese Palmenart gedeiht nur in den luftfeuchten, volltropischen Gebieten der Erde. Diese Entdeckung ist zugleich der Beweis dafür, daß den Phöniziern des Mittelmeerraumes die Kokospalme bereits bekannt war.

Neben der Kokospalme ist die Dattelpalme von großer wirtschaftlicher Bedeutung. Sie reicht mit dem südlichen Bereich ihres Anbaugebietes in die

Tropenzone hinein. Wir kennen von dieser vielseitig genutzten, überaus wichtigen Nutzpalme männliche und weibliche Bäume. Erstaunlich ist, daß den Assyrern diese Zweigeschlechtlichkeit bereits vor fast 3000 Jahren bekannt war. Aus dieser Zeit datiert ein Relief von hohem künstlerischem Niveau, auf dem die Bestäubung der weiblichen Dattelpalmen durch Priester mit Vogelmasken wiedergegeben wird. Dies zeigt zugleich, daß bereits den Assyrern die Praxis bekannt war, die Erträge ihrer Dattelpflanzungen durch künstliche Bestäubung zu steigern. Heute werden in den Oasen allgemein nur noch wenige männliche Dattelpalmen als Pollenspender kultiviert, um durch größere weibliche Bestände möglichst hohe Ernten zu erzielen. Die Darstellung von Priestern mit Vogelköpfen zeugt zugleich davon, in welchem Maße mythologische und religiöse Vorstellungen ineinanderfließen und in der künstlerischen Gestaltung ihren Ausdruck finden.

Nutz- und Zierpflanzen auf Briefmarken

Nutz- und Zierpflanzen der Tropen finden sich auf zahlreichen Briefmarken. Dabei kann man in der Regel davon ausgehen, daß sich die entsprechenden Pflanzen auf den Marken derjenigen Länder finden, in denen sie von Natur aus wachsen oder kultiviert werden. Doch gibt es hiervon zahlreiche Ausnahmen. Während bei alten Marken tropische Pflanzen nur der jeweiligen Länder abgebildet sind, hat sich das nach dem 2. Weltkrieg und vor allem in jüngerer Zeit geändert. Als bekanntes Beispiel sei ein Satz mit tropischen Orchideen erwähnt, der 1968 in der DDR erschienen ist.
Viele Staaten zeigen auf ihren Briefmarken oft charakteristische Nutzpflanzen ihres Landes. In diesem Zusammenhang soll auf einen Satz mit Kaffeesträuchern aus der mittelamerikanischen Republik El Salvador aus dem Jahre 1940 hingewiesen werden, deren wirtschaftliche Existenz überwiegend auf dem Anbau und Export von Kaffee beruht. Andere tropische Länder bilden auf ihren Marken tropische Früchte ab, die in der Ernährung der einheimischen Bevölkerung eine wichtige Rolle spielen. So hat Nicaragua 1968 einen Briefmarkensatz herausgegeben, auf dem Mango, Ananas, Apfelsine, Papaya, Banane, Avocado-Birne, Wassermelone, Cashew-Nuß Zapote und Kakao zu sehen sind. Eine sehr schöne Briefmarke der Philippinen zeigt als tropische Früchte neben der Banane als Hintergrund die Frucht des Gurkenbaumes *(Averrhoa carambola)*, ferner Rahmapfel *(Anona squamosa)*, Mangostane *(Garcinia mangostana)* und Paprika *(Capsicum annuum)*. Dies sind nur zwei Beispiele aus der Neuen und Alten Welt.
Obwohl Palmen als Briefmarkenmotive weniger Beachtung finden, gibt es einige interessante Darstellungen. Zum Beispiel gab die Republik Haiti in

der Zeit von 1891–1915 sowohl Sätze als auch einzelne Marken mit mehr oder weniger stilisierten Motiven der Königspalme *(Roystonea regia)* heraus, deren natürliches Verbreitungsgebiet auf den westindischen Inseln liegt. Auch die Nachbarinsel Cuba zeigte im Jahre 1902 kurz nach ihrer Unabhängigkeit auf einer der ersten Briefmarken die gleiche Palme, die als Zier- und Nutzpflanze auf dieser Insel von großer Bedeutung ist. Sie steht dort unter strengem Schutz und ersetzt vor allem in Westcuba auf den ausgedehnten Kulturflächen als einziger Baum den Wald. Weitere Briefmarken mit Palmenmotiven stammen z. B. aus Brasilien, Kolumbien, Honduras, El Salvador, Malawi, Niger, Nord-Borneo, Indonesien und Ozeanien. Interessant sind auch Briefmarken aus der französischen Kolonialzeit, auf denen die Nutzung tropischer Palmen abgebildet ist. So finden sich beispielsweise auf Briefmarken der Kolonie Dahomey in Westafrika aus der Zeit von 1913–1917 Motive von Eingeborenen bei der Ernte von Früchten der Ölpalme *(Eleais guineensis)*. Von Kamerun gibt es aus der gleichen Zeit Briefmarken, auf denen die Kautschukernte dargestellt ist.
Die Vielfalt von tropischen Ziergewächsen als Briefmarkenmotive läßt sich kaum überblicken. Besonders gern werden Orchideen abgebildet, die wohl zu den dekorativsten Tropenpflanzen gehören. Als Beispiel sei eine Orchidee der Gattung *Cattleya (C. trianae)* erwähnt, die auf kolumbianischen Briefmarken abgebildet ist. Auch in unseren Breiten sind die großblütigen *Cattleya*-Arten beliebte Schmuckorchideen, wie die bereits erwähnten DDR-Briefmarkensätze zeigen. Briefmarken mit tropischen Orchideen wurden auch von Venezuela, Britisch Honduras, Cuba, Jamaica, Barbados, Burundi sowie Papua-Neu Guinea und vielen anderen Ländern herausgegeben. Abschließend noch ein Hinweis auf eine Marke von Panamá, auf der die Nationalblume des Landes, eine als Blume des Heiligen Geistes bezeichnete Orchideenart, dargestellt ist.

Charakterisierung pflanzlicher Wuchsformen

Die Begriffe Baum, Strauch und Staude beziehen sich auf die Lebensform der jeweiligen Arten. Kriterium für diese Einteilung ist die Lage der empfindlichen Überdauerungsorgane, d. h. der Knospen während der ungünstigen Jahreszeit. Diese liegen bei Stauden unmittelbar über dem Erdboden und werden in der Regel durch die Laubstreu geschützt. Bei Sträuchern und Bäumen befinden sich die Knospen dagegen höher über dem Erdboden. Die für ihren Schutz wichtigen Deckschuppen (Tegmente), können oft bei tropischen Pflanzen fehlen. Wie Bäume und Sträucher sind auch die Stauden ausdauernde Pflanzen.
Bäume und Sträucher zeichnen sich im Gegensatz zu Stauden durch Ver-

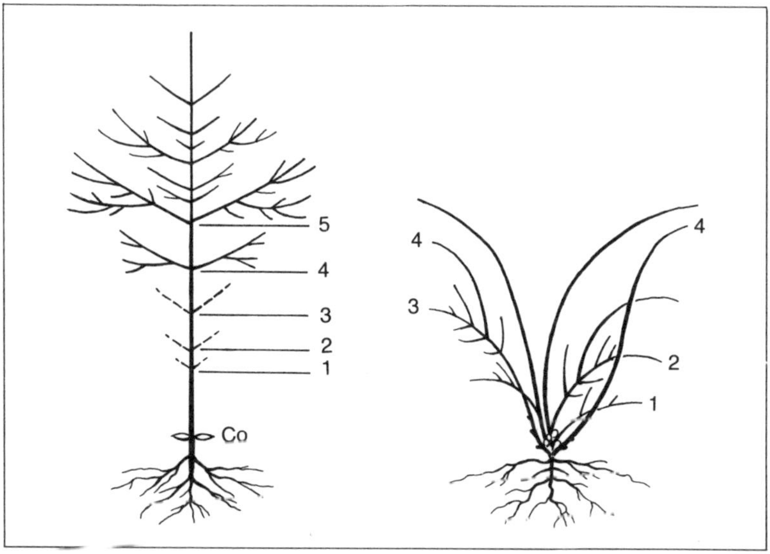

Verzweigung bei Bäumen und Sträuchern
Beim Baum ist eine durchgehende Hauptachse vorhanden, beim Strauch wird die ursprüngliche Hauptachse von den Seitensprossen übergipfelt und seitlich abgedrängt. 1 = Hauptsproß; 2, 3, 4, usw. = die folgenden Triebgenerationen. Co = Keimblätter.

holzung ihrer Haupt- und Seitensprosse aus. Während Bäume Höhen von mehr als 100 m erreichen können, bleiben die Sträucher viel niedriger. So unterscheiden sich beide Wuchstypen zunächst durch ihr Höhenwachstum, das bei Sträuchern im Mittel nicht über 5 m hinausgeht. Doch lassen sich gerade bei tropischen Gehölzen alle Übergänge feststellen, und die Grenze zwischen Baum und Strauch ist dort schwer zu ziehen.
Ein deutlicher Unterschied zwischen beiden Gruppen liegt im morphologischen Aufbau. Beim baumförmigen Wuchs ist stets eine durchgehende Hauptachse vorhanden, der sich die Seitenachsen in Höhe und Verzweigung unterordnen. Bei Sträuchern kommt es hingegen schon im jugendlichen Entwicklungsstadium zu einer deutlichen Förderung der basalen Seitentriebe. Sie übergipfeln sehr bald die primäre Hauptachse, die entweder in der Mitte steht oder seitlich abgedrängt werden kann (Abb. S. 21). Die Entwicklung zahlreicher gleichwertiger, basaler Seitentriebe kann beim Strauch schließlich zu buschförmigem Wuchs führen. Bei vielen tropischen Sträuchern besitzt der Sproß ein ausgeprägtes, unverholztes Mark. Neben Sträuchern im engeren Sinn kennen wir Zwergsträucher. Sie besitzen ebenfalls verholzte Achsen, zeichnen sich aber durch geringes Höhenwachstum aus. Sie sind in den Tropen von untergeordneter Bedeutung.

Zierpflanzen

Tropische Zierbäume

Feuerbaum, Flammenbaum, Flamboyant 1

Delonix regia (Boj. ex Hook.) Raf.

Johannisbrotbaumgewächse *Caesalpiniaceae*

Der Feuerbaum (Flamboyant) gehört zu den prachtvollsten Zierbäumen der Tropen und stammt aus Madagaskar. Er erreicht 10–15 m Höhe und fällt vor allem im Alter durch eine breit schirmförmige, flache Krone auf. Seine doppelt gefiederten, mit zahlreichen kleinen Fiederblättchen versehenen Blätter erreichen 30–50 cm Länge und werden während der Trockenzeit abgeworfen. Im Frühjahr bzw. vor der Laubbildung erscheinen die scharlachroten Blüten, die durch genagelte Blütenblätter mit orangefarbenen Streifen ausgezeichnet sind. In Puerto Rico gelten sie als Nationalblume. Die Blüten werden von Vögeln bestäubt. Auffällig sind die bis 60 cm langen, abgeplatteten, braunen Fruchthülsen, die bei der Reife glatt oder gewellt sind.
Der Baum wird als beliebter Schattenspender in Parks, Gärten und an Alleen angepflanzt. Seine feinen, gefiederten Blätter bilden gegen den blauen Tropenhimmel ein wunderbar zartes Mosaik. Sein Holz ist weich, und der Stamm sondert ein Gummiharz ab. Die zahlreichen kleinen Fiederblättchen legen sich bei Eintritt der Dämmerung rasch zusammen. Diese Erscheinung kann man bei vielen Bäumen aus der Verwandtschaft der tropischen Schmetterlingsblütigen beobachten.

Afrikanischer Tulpenbaum 2

Spathodea campanulata Beauv. 3

Bignoniengewächse *Bignoniaceae*

Dieser Baum (engl. Adrican Tulip Tree) wurde 1787 zum ersten Mal beschrieben und gehört zu den auffälligsten tropischen Zierbäumen. Er wird in städtischen Siedlungen und auf dem Land angepflanzt. Seine großen Blütenstände sind weithin sichtbar. Der Baum erreicht eine Höhe von 10–15 m und ist meist von aufrecht emporstrebendem Wuchs. Seine Heimat ist das tropische Westafrika. Er ist durch einfach gefiederte, oberseits glänzende, 30–40 cm lange Blätter ausgezeichnet. Die großen kelchförmigen, gedrängt stehenden Blüten öffnen sich im Stand von außen nach innen. Sie sind feuerrot gefärbt und am Rand durch einen zarten Goldsaum geziert. In den noch nicht entfalteten Blütenknospen sammelt sich Wasser. Deswegen werden die Blütenstände in älteren Beschreibungen als »Wasserkelche« bezeichnet.
Aus den Blüten entwickeln sich etwa 20 cm lange, aufrecht stehende, braune Kapseln, die seitlich aufplatzen und zahlreiche Samen mit durchsichtigem Flugsaum entlassen. Von dieser Gattung sind nur 2 Arten aus dem tropischen Afrika bekannt.

Palisanderbaum, Jacarande 4

Jacaranda mimosifolia D. Don 5

Bignoniengewächse *Bignoniaceae*

Die Jacarande wird im Englischen auch »Fern Tree« genannt, eine Bezeichnung, die auf ihr lateinisches Synonym *Jacaranda filicifolia* (farnblättrig) zurückgeht. Doch ist

dieser Name botanisch wenig zutreffend. Es handelt sich um einen geschätzten Zier- und Nutzbaum, der bis 10 m Höhe erreicht. Seine fein gegliederten, doppelt gefiederten Blätter, die während der Trockenzeit abgeworfen werden, stehen im Kontrast zur glatten, grauen Rinde des Baumes und bilden ähnlich wie beim Feuerbaum ein wundervoll zartes Ornament. Die Heimat des Baumes ist Brasilien, wo er in savannenähnlichen Pflanzengesellschaften wächst.
Die zarten, glockenförmigen, blau-violetten Blüten brechen kurz vor der Belaubung auf und stehen in rispenförmigen Ständen vereint. Sie bilden in Verbindung mit dem azurblauen Tropenhimmel eine Farbenkombination von seltenem ästhetischem Reiz. Nach der Befruchtung entwickeln sich aus dem zweiblättrigen Fruchtknoten runde, verholzende Kapselfrüchte von etwa 8 cm Durchmesser, die leicht gewellt sein können. Von der Gattung sind 40 Arten aus dem tropischen Amerika und von den Antillen bekannt. Einige Arten liefern das weiche Jacaranda-Holz. Das ostindische Jacaranda- oder Palisander-Holz stammt von Bäumen der Gattung *Dalbergia*.

Goldbaum, Gelber Ipé-Baum 6

Tabebuia chrysantha (Jacq.) Urban

Bignoniengewächse *Bignoniaceae*

Die Gattung *Tabebuia* umfaßt rund 100 Arten, die von Mexiko bis Nordargentinien und auf den westindischen Inseln verbreitet sind. Unter ihnen ist der Goldbaum (engl. Golden Trumpet Tree) Mittelamerikas eine der auffälligsten Erscheinungen. Er wirft zu Beginn der Trockenzeit seine Blätter ab und ist dann über und über mit goldgelben, glockenförmigen Blüten bedeckt. Es handelt sich um einen bis 15 m hohen Baum mit ungeteilten, ledrigen, kreuzgegenständigen Blättern.
Der Baum liefert ein vorzügliches hartes Holz, das zur Herstellung von Eisenbahnschwellen, Wagenrädern und Holzkugeln verwendet wird. Wegen seiner leicht gelblichen Färbung wird es auch als Gelbholz (cortez amarillo) bezeichnet. Es enthält den Farbstoff Lapachol und ist sehr widerstandsfähig gegen Pilzinfektionen. Die Hölzer anderer *Tabebuia*-Arten sind unter der Bezeichnung Ipé-Holz bekannt. *T. flavescens* liefert grünes Ebenholz.

Rosablütiger Ipé-Baum 7

Tabebuia rosea (Bertol.) DC.

Bignoniengewächse *Bignoniaceae*

Der Rosablütige Ipé-Baum (engl. Pink Trumpet Tree) ist wie der Goldbaum in Mittelamerika verbreitet und wird ebenfalls in Anlagen und an Straßen angepflanzt. Er erreicht bis 15 m Höhe, bleibt jedoch meist niedriger. El Salvador hat diesen Baum als Nationalpflanze gewählt, wo er in wechselfeuchten Laubwaldformationen vorkommt. Seine gedrängt stehenden, hell- bis dunkelrosa gefärbten Blüten sind sehr dekorativ und weithin sichtbar. Auch er blüht zu Beginn der Trockenzeit von Oktober bis Dezember im blattlosen Zustand. Ähnlich wie der Gelbe Ipé-Baum liefert er ein wertvolles Nutzholz, das von bleichgrauer Farbe mit purpurrötlichen Gängen ist und zur Möbelherstellung verwendet wird. Das frisch geschnittene Holz nimmt beim Trocknen eine dunklere Farbe an, ohne seine sehr dekorative Maserung zu verlieren. Der Baum wird außer zu Zierzwecken auch als Schattenpflanze in Kaffee- und Kakaoplantagen verwendet.

Tropische Feigenbäume 10
Ficus spp. 11

Maulbeergewächse *Moraceae*

Von den rund 1000 Arten der Gattung *Ficus* werden viele als Zierbäume in den Tropen angebaut. Sie sind vor allem beliebte Schattenspender, die oft eine breite flache Krone bilden oder sich über Alleen und Straßen bogenförmig zusammenschließen. Die Spreite der immergrünen Blätter besitzt einen abgerundeten Grund und ist zuweilen in eine deutliche Spitze ausgezogen, an der bei Regenfällen das Wasser abtropft. Sie wird deswegen als Träufelspitze bezeichnet.
Die Früchte ähneln in der Regel unserer Eßfeige und entwickeln sich aus einem urnenförmigen Blütenstand, der von der Sproßachse gebildet wird. Im Innenraum sitzen zahlreiche männliche und weibliche Blüten dicht nebeneinander. Meist nimmt die Fruchtwand bei der Reife eine fleischige Konsistenz an. Sie wird deswegen häufig von Tieren, z. B. Fledermäusen, gefressen. Die Färbung der Frucht kann grün, grüngelb, rot, rotviolett oder dunkelviolett sein, und die Größe schwankt von wenigen Millimetern bis zu mehreren Zentimetern. Die im Innern der fleischigen Blütenstandsachse bei der Reife vorhandenen Früchte stellen kleine Nußfrüchte dar.
Viele *Ficus*-Arten zählen zu den bekannten Baumwürgern. Die Samen gelangen meist durch Vögel in eine Astgabel oder auch in das Substrat eines Epiphyten, wo sie keimen. Dort bildet die Jungpflanze zahlreiche Wurzeln, die dem Erdboden zustreben. Die ursprüngliche Trägerpflanze kann dabei ganz von dem ein netzförmiges Gitter bildenden Wurzelwerk der Ficus-Pflanze eingehüllt werden. Schließlich stirbt der frühere Trägerbaum ab und verwittert. Dabei kann zuweilen ein röhrenförmiges System von Adventivwurzeln stehenbleiben. Die für den Gummibaum charakteristische Wurzelbildung ist für *F. dealbata* (Foto 10) abgebildet. Man kann die zwischen den Wurzeln gebildeten Querverbindungen sehen. Gleichzeitig entstehen Büschel dünner Wurzeln, die der Wasser- und Nährstoffaufnahme dienen.
Die Bildung von Adventivwurzeln führt bei manchen *Ficus*-Arten dazu, daß die Bäume auf Hunderten von mächtigen Wurzelpostamenten stehen, und ein einziger Baum kann große Flächen bedecken. Berühmt ist vor allem der Banyan *(F. bengalensis)* aus Indien. Die gewaltigsten Bäume der Art *F. aoa* sind auf den Samoa-Inseln zu finden. Durch besonders auffällige Träufelspitzen ist *F. religiosa* ausgezeichnet. Laut Legende hat Buddha ca. 515 v. Chr. unter einem *Ficus*-Baum seine Erleuchtung empfangen. Seitdem gilt er unter den Buddhisten als heilig. Ein Ableger bei Anuradhapura auf Ceylon soll angeblich über 2000 Jahre alt sein.
Eine beliebte großblättrige Zierpflanze ist die Leier-Feige *(F. lyrata)*, ein Baum aus dem tropischen Westafrika mit dicken, ledrigen dunkelgrünen, 50–60 cm langen Blättern (Foto 11). Sie sind von breiter verkehrt-eiförmiger Gestalt, an der Spitze stumpf abgerundet und zeichnen sich durch einen leierförmigen Blattgrund aus. Auffallend sind die kräftigen, hervortretenden Blattnerven.

Gummibaum, Kautschuk-Feigenbaum 8
Ficus elastica Roxb. 9

Maulbeergewächse *Moraceae*

Der Gummibaum (engl. India-rubber Tree) zählt zu den bekanntesten tropischen Zimmerpflanzen, darf aber nicht mit dem Kautschukbaum verwechselt werden, der zu einer ganz anderen Familie gehört (S. 251ff.). Seine Bedeutung als Kautschuk-

Lieferant ist sehr zurückgegangen. Die Heimat liegt in Südostasien, wo er als mächtiger Urwaldbaum von Assam und das südliche Hinterindien bis Sumatra und Java verbreitet ist. Der Gummibaum erreicht mehr als 30 m Höhe und ist durch wechselständige, breit lanzettliche, am Grunde verbreiterte, in eine Spitze ausgezogene Blätter ausgezeichnet. Sie sind in der Knospenlage durch ein häutiges, leuchtend rotes Blattorgan eingehüllt, das bei der Entfaltung des eigentlichen Laubblattes abfällt. Wie alle *Ficus*-Arten trägt auch der Gummibaum urnenförmige Blütenstände. Die Fruchtstände sind beim Gummibaum relativ klein und im Querschnitt von lineal-elliptischer Gestalt. Auch bei ihm bilden sich an den unteren Ästen Adventivwurzeln aus, die dem Erdboden zustreben. Wenn sie den Wurzelgrund erreicht haben, verdikken sie sich rasch und können sich auch verzweigen.
Der Gummibaum wurde früher vor allem in Südostasien und Westafrika als Kautschuk-Lieferant in Plantagen angepflanzt. Die ganze Pflanze enthält Milchsaftschläuche, aus denen beim Anritzen des Stammes eine weiße Flüssigkeit läuft. Heute ist seine Bedeutung bei der Kautschuk-Produktion gegenüber den brasilianischen *Hevea*-Arten zurückgegangen. Die in unseren Zimmern kultivierten Gummibäume haben die Fähigkeit der Milchsaftbildung teilweise verloren.

Gelbe Tecome 12

Tecoma stans (L.) H. B. K.

Bignoniengewächse *Bignoniaceae*

Zur Gattung *Tecoma* (engl. Yellow Trumpet Tree) werden 16 Arten gestellt, die von Mexiko über das tropische Amerika bis zu den Antillen verbreitet sind. Zu ihnen zählt neben der Gelben Tecome auch der in klimatisch günstigen Gebieten Mitteleuropas angepflanzte Trompetenstrauch *(T. radicans)* mit leuchtend orangefarbenen bis roten Blüten. Die Gelbe Tecome ist ein kleiner Baum oder Strauch bis 9 m Höhe. Sie ist als Zierpflanze sehr beliebt und weit verbreitet. Ihre unpaarig gefiederten Blätter werden bis 30 cm lang und tragen 5–13 lang zugespitzte Blattfiedern von 4–10 cm Länge. Aus den leuchtend hellgelben Trichterblüten entstehen wie bei den Ipé-Bäumen *(Tabebuia)* Kapselfrüchte, die aus 2 Fruchtblättern hervorgehen. Das Holz des kleinen Baumes wird zu Bauzwecken, aber auch als Brennholz verwendet. Eine nahe verwandte Art *(T. leucoxylon)* liefert das grüne, braune oder gelbe Ebenholz der Antillen, wegen seiner wechselnden Färbung auch Bastard-Guajak genannt.

Tempel-Strauch, Frangipani 13

Plumeria alba L.

Hundsgiftgewächse *Apocynaceae*

Der Tempel-Strauch oder Frangipani (engl. Pagoda Tree) trägt zahlreiche englische und spanische Bezeichnungen. Hieraus geht deutlich hervor, daß die auffällige und beliebte Pflanze in den Tropen weit verbreitet ist. Ihre ursprüngliche Heimat ist Westindien.
Es handelt sich um einen kleinen Baum oder Strauch, der durch die regelmäßige Gabelung seines Astwerks auffällt. Er besitzt auffallend dicke, am Ende glatte, grüne Zweige, aus denen bei Verletzung in großen Mengen Milchsaft austritt. Die linea-

lisch-lanzettlichen, oberseits glänzenden Blätter sind zugespitzt und erreichen 20–50 cm Länge. Sie werden bei Fortschreiten der Trockenzeit abgeworfen und hinterlassen an den Trägerzweigen große Narben. Die weißen, an ein kleines Windrad erinnernden, stark duftenden Blüten erscheinen zu Beginn der Trockenzeit und tragen am Grund eine gelbe Zeichnung. Sie lassen in ihrer Anordnung die für Hundsgiftgewächse typische gedrehte Knospenlage erkennen. Aus der befruchteten Blüte gehen zwei auffallend große, schmale, bis 25 cm lange Balgfrüchte hervor, die am Grunde miteinander verbunden sind. Der Baum ist nach dem französischen Botaniker Charles Plumier benannt, der im 17. Jahrhundert den karibischen Raum bereiste. Er wird auf Ceylon, in Indien und Südostasien gern in der Umgebung von Tempeln sowie auf Friedhöfen angepflanzt. Nahe verwandt ist der rosarot blühende Frangipani *(P. rubra)* aus Mittelamerika, der sich durch verkehrt-eiförmige bis 45 cm lange, unterseits weniger filzige Blätter unterscheidet.

Hoher Linden-Eibisch 14

Hibiscus elatus Sw.

Malvengewächse *Malvaceae*

Durch seinen Wuchs und die größere Höhe unterscheidet sich der Hohe Linden-Eibisch (engl. Mountain Mahoe) von dem weit verbreiteten gewöhnlichen Linden-Eibisch, auch Strandlinde genannt, dessen zu 2–3 am Sproßende stehende Blüten morgens gelb aufblühen und sich im Verlauf des Tages über orangerot nach dunkelrot verfärben. Der Baum ist in den laubabwerfenden Wäldern von Cuba und Jamaica natürlich verbreitet. Die relativ schmalen Blütenblätter überdecken sich nicht in dem Maße wie bei der Strandlinde. Die Blüte zeigt beim Öffnen am Morgen eine orange Farbe und verfärbt sich im Verlaufe des Tages feuerrot. Der Baum blüht das ganze Jahr hindurch, am meisten in den Wintermonaten. Wie die Strandlinde bildet er eine kugelige Kapselfrucht aus. Sein Holz ist etwas dunkler und härter als das der Strandlinde. Es wird vor allem zur Herstellung von Möbeln und zu Bauzwecken verwendet. Die Rindenfasern werden in der gleichen Weise zu Flechtarbeiten verwendet wie bei der Strandlinde. Aus den Schößlingen wird Tee gegen Dysenterie bereitet.

Indischer Mandelbaum 15

Terminalia catappa L. 16

Combretumgewächse *Combretaceae*

Der Indische Mandelbaum (engl. Almond Tree) ist nahezu in allen Tropengebieten der Erde verbreitet. Er wird wegen seiner Salztoleranz vor allem als Schattenspender in Strandnähe kultiviert. Das Gebiet der natürlichen Verbreitung spannt sich von Madagaskar über Indien bis zu den Fidji-, Ryūkyū- und Bonin-Inseln. Der Baum ist in der Jugend an der streng etagenförmigen Anordnung seiner Zweige zu erkennen. An ihnen stehen gehäuft sehr große, derbe elliptische, bei jungen Bäumen zugespitzte Blätter. Im Alter verliert sich der etagenförmige Aufbau der Krone, die dann breit ausladend bis 10 m Höhe erreicht.

Seine 5–6 cm großen, beiderseits gewölbten, zweikantigen Früchte besitzen zwischen der äußeren grünen, fleischigen Schale und dem holzigen, harten Schalenteil ein luftführendes Gewebe. Mit Hilfe dieser Schwimmfrüchte breitet sich der Mandelbaum ähnlich wie die Kokosnuß über weite Strecken aus. Oft trifft man ihn keimend

am Sandstrand, den er mit langen Wurzeln durchzieht. Die abgeworfenen Früchte sind häufig am Straßenrand und in Parks unter den Bäumen zu finden. Sie werden wegen ihrer mandelartig schmeckenden Samen geschätzt.
Vor Eintritt des Laubfalls färben sich die ledrigen Blätter des Baumes leuchtend rot. Die gerbstoffreiche Fruchtschale wird ebenso wie die Rinde des Stammes zum Gerben verwendet, in Indien auch zum Schwarzfärben benutzt. Die Gattung umfaßt rund 200 Arten, die von Ostafrika über Indonesien bis Nordaustralien und Polynesien verbreitet sind.

Strandkasuarine 17
Casuarina equisetifolia L. 18

Kasuarinengewächse *Casuarinaceae*

Die Strandkasuarine (engl. Australian Pine) ist heute nahezu in allen tropischen Küstenregionen anzutreffen. Das Areal ihrer ursprünglichen Verbreitung reicht von Nordaustralien über Indonesien bis Afrika. Der Baum hat ein fremdartiges Aussehen, hervorgerufen durch zahlreiche grüne, fein verzweigte Äste, die ein zartes Filigranwerk bilden. An den fein gerieften Zweigen stehen die Blätter in Quirlen und sind zu schuppenförmigen Zähnen rückgebildet. Die einzelnen schlanken Sprosse erinnern an einen Schachtelhalm, worauf sich die lateinische Artbezeichnung bezieht (*Equisetum* = Schachtelhalm). Die mit roten Narben versehenen weiblichen und die männlichen Blüten sind unscheinbar und stehen gedrängt an den Enden der Zweige. Aus den weiblichen Blütenkätzchen entwickeln sich haselnußgroße Fruchtstände, die aus zahlreichen kleinen, verholzten Vorblättern zusammengesetzt sind. Sie springen bei der Reife auf und entlassen kleine geflügelte Nußfrüchte.
Der Baum erreicht über 20 m Höhe und wird zu Aufforstungszwecken in den Tropen verwendet. Er ist salzertragend, schnellwüchsig und anspruchslos. Sein Holz ist hart und schwer. Es läßt sich schwierig schneiden, liefert aber ein gutes Brennholz. Wegen seiner Härte wird es zu den Eisenhölzern gerechnet. Die mit rund 50 Arten überwiegend in Australien und Neu-Kaledonien verbreitete Gattung *Casuarina* nimmt eine isolierte Stellung im Pflanzenbereich ein.

Schraubenbaum, Schraubenpalme 19
Pandanus spp. 20

Schraubenbaumgewächse *Pandanaceae*

Der Schraubenbaum (engl. Screw Palm) verdankt seinen Namen der gewundenen Anordnung seiner Blattzeilen. Es sind rund 630 Arten bekannt, von denen die meisten als Waldpflanzen vorkommen. Einige sind salzertragende Küstenpflanzen, die häufig in Strandnähe als Zierpflanzen angetroffen werden. Das natürliche Verbreitungsgebiet der Gattung reicht von Afrika und Madagaskar über Südostasien und Australien bis zu den Inseln des Stillen Ozeans.
Abgesehen von der schraubenförmigen Anordnung der scharf gesägten, linealischen, lang zugespitzten Blätter sind Schraubenbäume meist an den Adventivwurzeln am Grunde des Stammes kenntlich. Sie können mehrere Meter hoch über dem Boden entstehen und hängen oft pfahlförmig wie Luftwurzeln herab. Im fortgeschrittenen Alter tragen die Bäume kopfgroße, kugelförmige Fruchtstände, die polyedrisch aus zahlreichen Einzelfrüchten zusammengesetzt sind.

Nicht wenige Arten werden vielseitig genutzt. So finden die derben Blätter Verwendung zur Herstellung von Schlafmatten, Körben, Hüten, Schirmen sowie zum Dekken von Hütten. Die Blattfasern dienen für vielerlei Flechtwerk, z. B. zur Herstellung von Tauen, Netzen und Gürteln. Der wichtigste Faserlieferant ist *P. utilis* aus Madagaskar (Foto 20). Er wird vor allem in Westindien kultiviert, besitzt eine ausgeprägt schraubenförmige Gestalt und dunkelgrüne, bis 1,5 m lange Blätter mit festen Stacheln. Die männlichen Blütenstände des Wohlriechenden Schraubenbaumes *(P. odoratissimus* (engl. Lanhala) werden wegen ihres angenehmen Duftes sehr geschätzt und dienen in Polynesien den Frauen als Haarschmuck. Deswegen ist diese Art dort häufig in Kultur. Die fleischigen Teile des Fruchtstandes mancher Arten z. B. von *P. edulis* werden auf Madagaskar gegessen. Auf den Marshall-Inseln wird seit langem eine apfelartig schmeckende Varietät (*P. odoratissimus* var. *laevis*) als Fruchtbaum gezüchtet. Das Holz wird besonders auf den holzarmen Koralleninseln des Stillen Ozeans zum Hausbau verwendet.

Australische Silbereiche, Seideneiche 21
Grevillea robusta A. Cunn. ex R. Br. 22

Proteusgewächse *Proteaceae*

Die Australische Silbereiche (engl. Silky Oak) gehört zu den beliebtesten tropischen Zierbäumen. Sie wird auch als Schattenbaum in höher gelegenen Kaffee- und Teeplantagen angebaut. Von ihrer Heimat in Ost-Australien hat sie sich über die gesamte Tropenzone ausgebreitet. Es handelt sich um einen 25–50 m hohen Baum mit fiederteiligen, unterseits silbrig filzigen Blättern. Das luftige Laubwerk des Baumes deutet darauf hin, daß er an sonnenreiche Standorte angepaßt ist.

Die wundervoll goldgelb leuchtenden Blüten stehen in Ständen vereinigt, die an einen Kamm oder eine große Zahnbürste erinnern. Wie bei allen Proteusgewächsen sind die einzelnen Blüten nach der Vierzahl gebaut und besitzen einen einblättrigen Fruchtknoten. Die Blütenblätter bleiben lange verbunden und sind mit den Staubgefäßen verwachsen. Der lange Griffel ragt an der Seite in auffälligem Bogen aus der Blütenröhre heraus. Erst im Alter trennen sich die Blütenblätter, und der gestreckte Griffel richtet sich mit seiner keulig verbreiterten Narbe senkrecht empor, eine für viele Proteusgewächse typische Blütenentfaltung. Das schön gemaserte Holz des Baumes eignet sich zur Tischlerei. In temperierten Klimazonen wird die Silbereiche als Topfpflanze in Zimmern kultiviert und leicht für einen Farn gehalten.

Die Gattung *Grevillea* ist mit 120 Arten von Australien und Tasmanien über Neukaledonien und Melanesien verbreitet. Insgesamt sind die Proteusgewächse an den Südspitzen aller Kontinente auf der südlichen Erdhalbkugel verbreitet. Obwohl sie bei oberflächlicher Betrachtung außerordentlich verschieden aussehen können, zeigen sie immer den gleichen Blütenbau. Die Früchte vieler Proteusgewächse öffnen sich erst, nachdem ein Feuer über ihre Wuchsorte hinweggegangen ist.

Meertraube, Seetraube 23
Coccoloba uvifera (L.) L.

Knöterichgewächse *Polygonaceae*

Bei der Meertraube (engl. Sea Grape) handelt es sich um einen Strauch oder Baum von breiter Wuchsform. Die Pflanze kann im Extrem bis 15 m Höhe erreichen und ist

an den Küsten des tropischen Amerika natürlich verbreitet. Wegen ihrer Salz- und Windresistenz wird sie heute überall an tropischen Küsten angebaut. Auch Salzwasserspritzer und Gischteinwirkung werden bis zu einem gewissen Grade vertragen.
Die Zweige des gedrungenen Baumes tragen sehr derbe, runde bis breit nierenförmige, große Blätter. Sie sind im jugendlichen Stadium durch Anthocyanbildung rot gefärbt und auf beiden Seiten mit dunklen Punkten versehen. Die unscheinbaren, gelbweißen Blüten stehen an 15–20 cm langen, hängenden Blütenständen und lassen männliche bzw. weibliche Blüten unterscheiden. Die weiblichen Blüten stehen einzeln, die männlichen in Gruppen bis zu 7 beieinander. Aus den weiblichen Blüten geht eine beerenartige Frucht hervor, an deren Bildung auch die Blütenblätter beteiligt sind. Sie erreicht etwa 1 cm Größe, ist von gestutzt birnenförmiger Gestalt und bei der Reife rotviolett. Die Früchte stehen mehr oder weniger dicht gedrängt in traubenförmigen Ständen, worauf die Artbezeichnung hindeutet (uvifera = traubentragend). Sie sind eßbar und besitzen einen säuerlich stumpfen Geschmack. Abkochungen aus Wurzel und Rinde werden gegen Durchfall verwendet.
Von der Gattung *Coccoloba* sind etwa 125 Arten in den Tropen und Subtropen der Neuen Welt bekannt. Manche Arten besitzen mächtige, mehr als 40 cm lange und 20–30 cm breite Blätter. Sie werden häufig in temperierten Zonen in Gewächshäusern kultiviert und sind dekorative Schmuckpflanzen.

Parkinsonie 24

Parkinsonia aculeata L. 25

Johannisbrotbaumgewächse *Caesalpiniaceae*

Die Parkinsonie (engl. Jerusalem Thorn) ist ein Strauch oder kleiner Baum bis 9 m Höhe und wurde nach dem englischen Botaniker John Parkinson benannt. Ihre Heimat liegt in den Tropen der Neuen Welt. Sie wird vor allem auf den Westindischen Inseln in Parks und Gärten angebaut. Das lockere, leichte Erscheinungsbild der Pflanze beruht auf ihrem filigranartig feinen Blattwerk. Der Baum trägt lange, meist hängende Fiederblätter mit flügelartig verbreiterter Mittelrippe und zahlreichen kleinen Fiederblättchen, die zuweilen ganz fehlen. Am Grund der gefiederten Blätter sitzen zwei zu Dornen umgewandelte Nebenblätter (*aculeatus* = stachelig). Wie beim Feuerbaum legen sich die Fiederblättchen bei Eintreten der Dämmerung zusammen.
Die Blüten der Pflanze sind leuchtend schwefelgelb mit orangefarbenen Staubblättern. Aus ihnen entwickelt sich eine 5–8 cm lange, ledrige Hülse, die nach beiden Seiten gewölbt und zwischen den Samen eingeschnürt ist. Abkochungen von Rinde, Blättern, Blüten und grünen Zweigen dienen als fiebersenkendes Mittel. Von der Gattung *Parkinsonia* sind nur 2 Arten bekannt, eine davon ist in Afrika verbreitet.

Großfrüchtige Kassie 26

Cassia grandis L.

Johannisbrotbaumgewächse *Caesalpiniaceae*

Die Großfrüchtige Kassie (engl. Pink Shower Tree) zählt zu den auffälligsten Zierbäumen der Neuwelttropen. Sie fällt besonders wegen ihrer Blütenpracht und wegen ihrer großen Früchte auf. Der bis 15 m hohe Baum mit breiter Krone hat sein natürliches Verbreitungsgebiet von Mexiko über Mittelamerika bis zum nördlichen Süd-

amerika und zu den Großen Antillen. In der Regenzeit trägt der durch eine glatte, graue Borke ausgezeichnete Baum paarig gefiederte Blätter mit 8–20 Fiederpaaren. Während der Trockenzeit wirft er seine Blätter ab und erscheint dann über und über mit rosafarbenen Blüten bedeckt. Seine Krone ist dann weithin sichtbar.
Wie bei allen Johannisbrotbaumgewächsen sind die Blüten nach dem Typ der Schmetterlingsblüten gebaut, allerdings ist die Fahne relativ klein, und die tiefer stehenden Blütenblätter greifen mit ihrem oberen Rand über den unteren Rand der höher stehenden Blütenblätter. Aus dem einzigen vorhandenen Fruchtblatt entwikkelt sich eine mächtige, fast runde, verholzte, dunkelbraune Hülse, die bis 90 cm Länge, 6–7 cm Durchmesser erreicht und weithin sichtbar in der Baumkrone herabhängt. In ihrem Innern findet sich ein bitterer, unangenehm riechender Fruchtbrei, der zahlreiche flache, runde Samen enthält. Der Baum liefert ein festes, feinfaseriges Holz, das allerdings wenig haltbar ist.

Röhrenkassie 27

Cassia fistula L.

Johannisbrotbaumgewächse *Caesalpiniaceae*

Die Röhrenkassie (engl. Golden Shower) erreicht bis 9 m Höhe und ist ein Baum mit meist breiter, lockerer Krone. Ihre Heimat liegt in Südasien, sie wird jedoch auch in Afrika und im tropischen Amerika kultiviert. Es handelt sich um einen laubabwerfenden Baum, der allerdings nie ganz blattlos ist. Der Laubwechsel vollzieht sich vielmehr schubweise an einzelnen Ästen und dauert in Südostasien 9–10 Monate. Die stattlichen Blätter erreichen 40–50 cm Länge und bestehen aus 7–20 cm großen, eiförmigen, zugespitzten Fiedern. Die mächtigen Blütentrauben erreichen 80 cm Länge und setzen sich aus Einzelblüten von blaßgelber bis leuchtend goldgelber Farbe zusammen. Aus dem einzigen Fruchtblatt der Blüte entwickelt sich eine bis 50 cm lange drehrunde, hängende Hülse, die ein schwarzbraunes, süßes Fruchtmark von abführender Wirkung enthält. In Indien wird die Rinde des Baumes als Gerbemittel verwendet.
Die Gattung *Cassia* umfaßt rund 500 Arten, von denen manche in den Blättern, andere im Fruchtmus der Hülse abführende Inhaltsstoffe enthalten. Einige von ihnen sind auch bekannte Blattdrogen. Als wichtigste Arten sind die Spitzblättrige und die Schmalblättrige Kassie *(C. acutifolia* und *C. angustifolia)* bekannt. Sie sind von Ägypten über Arabien bis Vorderindien verbreitet und liefern Sennesblätter.

Tohabaum 28

Amherstia nobilis Wall.

Johannisbrotbaumgewächse *Caesalpiniaceae*

Der aus Burma stammende Tohabaum (engl. Flame Amherstia) erhielt zu Ehren der Gattin des englischen Generalgouverneurs von Indien, Earl Amherst, seinen Gattungsnamen. Er gilt als einer der schönsten Tropenbäume, erreicht 15–18 m Höhe und besitzt große gefiederte, herabhängende Blätter. Die geruchlosen Blüten bilden prachtvolle, schmal pyramidale, hängende Trauben. Jede Einzelblüte von etwa 20 cm Länge und 12 cm Breite hängt an einem leuchtend rot gefärbten, mit 2 Deckblättern versehenen Stiel. Sie besteht aus 4 roten Kelchblättern und 3 Kronblättern, die von hellroter Farbe und mit einem leuchtend goldgelben Fleck geziert sind. Besonders das mittlere Kronblatt ist stark vergrößert. Von den 10 vorhandenen Staubblättern verwachsen die 5 äußeren großen und 4 von den inneren kleineren zu einer Röhre. Der Baum bildet sehr selten Samen und verlangt hohe Luftfeuchtigkeit.

Korallenbaum **29**
Erythrina spp. **31**

Schmetterlingsblütler *Fabaceae*

Die Gattung *Erythrina* (engl. Coral Tree) ist mit rund 100 Arten in den Tropen der Alten und Neuen Welt verbreitet. Es handelt sich um Bäume mit weichem Stammholz und dreizähligen Blättern. Die meisten werfen das Laub in der Trockenzeit ab. Von den zahlreichen Arten werden manche vor allem in Kaffeeplantagen als Schattenbäume angepflanzt, andere sind als Zierbäume beliebt. Die verbreitetste Art ist die korallenrot blühende *E. crista-galli* aus Brasilien mit breiten Blüten (Foto 29), während *E. bogotensis* schmale abwärts gerichtete Blüten besitzt (Foto 31).
Meist stehen die großen, fleischigen Blüten gedrängt in blattachselständigen oder endständigen Trauben. Die Blüten verschiedener Arten werden in Mittelamerika wie Gemüse verzehrt. Auch die jungen Blätter werden als Gemüse verwendet. Der amerikanische Korallenbaum *(E. corallodendron)* besitzt rote Samen, die wie Korallen zu Ketten verarbeitet werden. Auch *E. rubrinervia* aus Mittelamerika ist durch feuerrote Samen ausgezeichnet. Die Samen mancher Arten enthalten Stoffe, die betäubend auf Fische wirken und deswegen beim Fischfang Verwendung finden.

Sebestenenbaum **30**
Cordia sebestena L.

Borretschgewächse *Boraginaceae*

Die Gattung *Cordia* wurde zu Ehren der deutschen Botaniker Enricius Cordus und dessen Sohn Valerius Cordus benannt. Sie umfaßt rund 250 Baum- und Straucharten der Tropen und Subtropen. Bei dem im karibischen Raum beheimateten Sebestenenbaum (engl. Geiger Tree) handelt es sich um einen Strauch oder zierlichen Baum mit großen, gestielten, breit elliptischen, behaarten Blättern. Die leuchtenden, orange- bis mennigroten Blüten stehen in Trugdolden gedrängt an den Sproßenden. Sie blühen im Stand von innen nach außen auf. Die einzelnen Blüten besitzen einen grünen, fünfzähligen Kelch und eine tellerförmige Krone mit schlanker Kronröhre. Aus den beiden Fruchtblättern entwickeln sich die unter dem Namen Sebestenen oder schwarze Brustbeeren bekannten schleimigen, süßen Früchte, die als Hustenmittel verzehrt werden. Der Baum blüht besonders reichlich in trockenem Klima z. B. auf Curaçao, Aruba, Barbados und Antigua. Der nahe verwandte Myxabaum *(C. myxa)* liefert ebenfalls als Hustenmittel verwendete Früchte.

Kanonenkugelbaum **32**
Couroupita guaianensis Aubl. **33**

Topffruchtgewächse *Lecythidaceae*

Der Kanonenkugelbaum (engl. Cannonball Tree) ist eine botanische Kuriosität der Neuen Welt. Sein natürliches Verbreitungsgebiet befindet sich in den tropischen

Regenwäldern von französisch Guayana und im Amazonasgebiet westlich bis Venezuela. Die Besonderheit des Baumes liegt in der Häufigkeit seines Laubwechsels, der Stellung und Form seiner Blüten sowie Früchte.
Der mächtige Baum trägt wechselständige elliptische, zugespitzte bis 24 cm lange Blätter, die am Ende der Zweige schopfig gehäuft stehen. Die rosaroten Blüten brechen zunächst unmittelbar, später an kurzen Zweigen aus dem grauen Stamm hervor und sitzen an Sprossen, die von Jahr zu Jahr länger werden und sich verzweigen (Foto 32). Im Innern der aus 6 fleischigen Blumenblättern aufgebauten Blüten finden sich zahlreiche zu einem helmförmigen, einwärts gekrümmten Gebilde verwachsene Staubblätter. Die Blüten breiten besonders bei Nacht einen intensiven süßen Duft aus. Aus dem Fruchtknoten gehen derbe kugelförmige, rotbraune Früchte hervor, die mit mehr als 20 cm Durchmesser die Größe eines Menschenkopfes erreichen. In ihrem Innern findet sich ein käseartiges Fruchtmus von unangenehmem Geruch mit zahlreichen Samen. Die Reife dauert oft länger als 1 Jahr.
Der Laubwechsel erfolgt mehrmals im Jahr in schnellen Schüben. Am Stamm alter, erwachsener Bäume sprießen Hunderte von Blütenständen hervor, die von der Stammbasis bis zum Kronenansatz reichen können, er gleicht dann einer festlich geschmückten Säule. Dementsprechend kann der Stamm bei der Fruchtreife von den mächtigen Kugelfrüchten ganz eingehüllt sein, die an verschieden langen Stielen hängend im Wind gegeneinander klappern. Die Gattung umfaßt 20 Arten, die von Mittelamerika, den Antillen bis zum nördlichen Südamerika verbreitet sind.

Meerrettichbaum **34**

Moringa oleifera Lam.

Bennußgewächse *Moringaceae*

Der Meerrettichbaum (engl. Horseradish Tree) ist in Ostafrika und Südasien beheimatet, wird jedoch heute auch in den Tropen der Neuen Welt angebaut. Es handelt sich um einen bis 10 m hohen Baum mit doppelt gefiederten Blättern, der in seiner Tracht an eine Robinie erinnert. Die rispenförmigen Blütenstände tragen gelbweiße Blüten mit 5 Blütenblättern. Aus der Blüte entwickelt sich eine stumpf dreikantige, braune, schmale und lange, herabhängende Kapsel, die 20–45 cm Länge erreicht. Sie birgt in ihrem Innern 3 Reihen kunstvoll ineinander geschachtelter, mit 3 Flügeln versehener Samen. Wegen des meerrettichartigen Geschmacks seiner Wurzeln erhielt der Baum seinen Namen. Seine Blätter und unreifen Früchte werden wegen des kresseartigen Geschmacks als Gemüse genutzt. Das aus den Samen gewonnene Öl dient zur Behandlung von Hautkrankheiten. Der aus Wurzel und Blättern extrahierte Saft wird bei Halsentzündungen und Schwellungen zu Breiumschlägen verwendet.

Leberwurstbaum **35**

Kigelia pinnata (Jacq.) DC. **36**

Bignoniengewächse *Bignoniaceae*

Der Leberwurstbaum (engl. Sausage Tree) ist wegen seiner auffälligen Früchte durch den Menschen über die gesamten Tropen verbreitet worden. Seine Heimat liegt in dem tropischen Westafrika. Es handelt sich um einen bis 15 m hohen, schattenspendenden Baum mit breit ausladender Krone und stattlichen, gefiederten Blättern, die 8–10 große, verkehrt-eiförmige Einzelfiedern tragen. Die fleischfarbenen, im Innern dunkel braunroten Blüten hängen in schwingenden, lockeren Kandelabern aus der Krone herab (Foto 35). Sie blühen nur eine Nacht, verströmen einen unangenehmen Geruch und fallen morgens ab. Aus dem zweiteiligen Fruchtknoten entwickeln sich an verholzten Stielen die wurstförmigen, derbschaligen Schließfrüchte, die bei einem Gewicht von 5–7 kg 35–60 cm Länge und 18 cm Durchmesser erreichen (Foto 36). Sie werden in der Heimat des Baumes in mannigfacher Weise äußerlich zu medizinischen Zwecken verwendet. Die Gattung umfaßt im tropischen Afrika und auf Madagaskar 10 verschiedene Arten.

Chorisie 37

Chorisia speciosa St. Hil.

Wollbaumgewächse *Bombacaceae*

Die Chorisie (engl. Floss Silk Tree) ist ein schnellwüchsiger Baum bis 15 m Höhe. Sein natürliches Verbreitungsgebiet liegt in Südbrasilien und reicht bis nach Argentinien. Auffallend ist sein glatter, grüner, leicht tonnenförmig aufgetriebener Stamm, der an der Oberfläche dicht mit Stacheln besetzt ist. Sie können im Alter fehlen. Die im Austrieb lichtgrünen, handförmigen, 5- bis 7-lappigen Blätter sind gestielt. Nach dem Blattabwurf in den Monaten März bis April beginnt die Blütezeit. Die Blütenblätter der großen fünfzähligen Blüte sind am Grund gelbweiß, an der Spitze purpurn überlaufen und in der Übergangszone vielfach bräunlich gesprenkelt. Doch gibt es auch Formen mit fast rein roten, andere mit zart violettrosa gefärbten Blüten. Seine größte Pracht jedoch entfaltet der Baum zur Zeit des Blattaustriebs im August. Dann öffnen sich unter Verfärben von grün nach braungrün seine großen fünfklappigen, glänzenden Kapseln und geben nach Abfallen der Kapselwand in Einzelteilen die glänzend rein weißen Wollhaare frei. Sie hängen zwischen den frisch austreibenden Blättern und gleichen schillernden Ballons, in denen die erbsengroßen, schwarzbraunen Samen eingebettet sind. Insgesamt ist die Gattung sehr formenreich und systematisch sehr uneinheitlich.

Indischer Zedrachbaum 38

Melia azedarach L.

Zedrachgewächse *Meliaceae*

Der Zedrachbaum (engl. Chinaberry) gehört zu den häufigsten und beliebtesten Zierbäumen der Tropen und Subtropen. Er stammt vom Südrand des Himalaya und wird seit alter Zeit in der Nähe von Tempeln in Persien, auf Ceylon und in Malaysia gepflanzt. Der schnell wachsende Baum wird bis 12 m hoch und verjüngt sich durch Stockausschlag. Seine eschenähnlichen, doppelt gefiederten Blätter bilden ein lockeres Laubwerk. Die in Rispen angeordneten fliederähnlich duftenden, hellvioletten Blüten steigern zur Blütezeit die Schönheit des beliebten Zierbaumes. Eine dunkel rotviolette Staubblattröhre im Zentrum der fünfzähligen Blüten erhöht noch diesen Effekt. Aus dem Fruchtknoten gehen mehrfächerige, goldgelbe Steinfrüchte hervor, die zu der Bezeichnung Perlenbaum (engl. Bead Tree) Anlaß gegeben haben. Die Wertschätzung der Pflanze geht aus ihren zahlreichen verschiedenen Namen wie Persischer Flieder (engl. Persian Lilac), Indischer Flieder (franz. Lilas des Indes), Stolz Indiens (engl. Pride of India), Chinesischer Holunder, Paternosterbaum und Paradiesbaum hervor.

Der Zedrachbaum ist ein weit verbreiteter Allee- und Schattenbaum. In El Salvador wird er als Schattenspender in den Kaffeeplantagen angepflanzt. Das im Kern rötliche Holz dient zur Herstellung von Möbeln und Musikinstrumenten. Der Baum, der in den Blättern einen grünen Farbstoff besitzt, liefert auch Gummiharz, Samenöl und verschiedene medizinisch verwendete Inhaltsstoffe.

Flammenbaum **39**

Brachychiton acerifolius (A. Cunn.) F. v. Muell.

Sterkuliengewächse *Sterculiaceae*

Der mit der Kakaopflanze verwandte Flammenbaum (engl. Flame Tree) ist in Australien beheimatet. Dort finden sich 11 verschiedene Arten, die früher in die gleiche Gattung gestellt wurden wie der Kakaobaum. Zur Blütezeit fällt der Baum schon von weitem auf, seine Zweige sind dann dicht mit kleinen, brennend roten, glockenförmigen Blüten übersät. Einzelne Zweige können noch belaubt sein und tragen dann die außergewöhnlich schönen, gelappten Blätter, die an Fächerblätter von Palmen erinnern. Die Blüten bergen zahlreiche, nicht miteinander verwachsene Fruchtblätter, die sich zu ungeflügelten Balgfrüchten entwickeln und bei der Reife wie bei vielen Sterkuliengewächsen aufspringen. Manche Arten der Gattung *Brachychiton* (»Kurzhemd« wegen der kurz glockenförmigen Blüten) besitzen verdickte Stämme und zählen zur ökologisch und morphologisch auffälligen Gruppe der Flaschenbäume.

Strahlenblättrige Schefflera **40**

Schefflera actinophylla (Endl.) Harms **41**

Araliengewächse *Araliaceae*

Wegen ihrer sonderbar gestalteten Blütenstände, die zusammengesetzte Dolden darstellen, wird die Strahlenblättrige Schefflera auch »Tintenfischbaum« (engl. Octopus Tree) genannt. Der meist schlankstämmige Zierbaum stammt aus Australien, erreicht 8–10 m Höhe und fällt bereits im blütenlosen Zustand durch seine großen Blätter auf. Die zahlreichen dunkelgrünen, glänzenden, lineal bis lanzettlichen Blättchen sind an einem langen Blattstiel schirmförmig gruppiert, woraus sich die englische Bezeichnung »Umbrella Tree« ableitet. Der Baum gelangt nur in vollem Sonnenlicht zur Blüte und entwickelt dann seine seltsam aussehenden Blütenstände. Die Blüten stehen gedrängt an den langen Blütenachsen, erscheinen zunächst grüngelb und verfärben sich über hellrosa zu einem dunklen Rot. Nachdem sich die dunkel purpur gefärbten Kapselfrüchte gebildet haben, fallen die Teilblütenstände als Ganzes ab. Die Pflanze wird auch im Gewächshaus kultiviert. Viele Arten dieser Gattung sind Spreizklimmer oder klettern mit Hilfe von Adventivwurzeln. Sie sind besonders zahlreich in den Tropen der Neuen Welt und in Südostasien vertreten.

Indische Lagerströmie **42**

Lagerstroemia indica L.

Weiderichgewächse *Lythraceae*

Die indische Lagerströmie (engl. Queen's Crape Myrtle) ist ein kleiner 6–8 m Höhe erreichender Baum mit glatter, grauer Borke. Sie ist an ihren rutenförmig emporstrebenden Ästen kenntlich. Ihr natürliches Verbreitungsgebiet spannt sich von Ostasien bis Nordost-Australien, doch wird sie heute überall in den Tropen und auch in den Subtropen angebaut. Die relativ derben gegenständigen Blätter sind von schmal eiförmiger Gestalt. Der Baum entfaltet seine ganze Blütenpracht ab Juni und wird als »Queen of Flowers« bezeichnet. Die prachtvoll violett-rosa gefärbten Blüten stehen dicht gedrängt in Rispen an den Enden der Rutenzweige und besitzen 5 genagelte Blütenblätter mit krausig gefranstem Rand sowie zahlreiche Staubblätter. Von den 30 Arten der Gattung muß besonders die Herrliche Lagerströmie *(L. speciosa)* hervorgehoben werden, die in den feuchten Flußniederungen von Assam, Burma und Ceylon bis 24 m Höhe erreicht und zu den schönsten Blütenbäumen Südasiens zählt. Das harte Holz wird besonders geschätzt, Rinde und Blätter werden als Diuretikum verwendet.

Baumwinde 43

Ipomoea arborescens (Humb. et Bonpl.) Don

Windengewächse *Convolvulaceae*

Außergewöhnlich für Windengewächse ist, daß sich unter ihnen einige strauch- bis baumförmige Formen befinden. Dazu gehört auch die bis 10 m hohe Baumwinde als größter Vertreter dieser Gruppe (engl. Morning Glory Tree). Sie bildet eine lockere Krone, ist in Guatemala, Honduras und El Salvador beheimatet und wächst als Zierbaum an Wegrändern. Die 7–8 cm großen, schneeweißen, durch ihren violettbraunen Schlund auffallenden Blüten erscheinen während der Trockenzeit von November bis März, wenn der Baum seine Blätter abgeworfen hat. Er gedeiht besonders gut an trockenen Standorten in Küstennähe. Das Stammholz ist zunächst von weicher Beschaffenheit und wird beim Trocknen sehr schnell hart. Es besitzt beim Anschlagen einen metallischen Klang und wird zur Herstellung von Musikinstrumenten (Marimba) verwendet. Von den 400 Arten der Gattung ist die ebenfalls baumförmige, aber kleinere *I. murucoides* in Mexiko beheimatet.

Eukalyptus, Schönhaube 44

Eucalyptus spp.

Myrtengewächse *Myrtaceae*

Die Angehörigen der Gattung *Eucalyptus* werden in allen tropischen und subtropischen Gebieten der Erde angepflanzt. Dies gilt vor allem für *E. globulus*. Es handelt sich um schnellwüchsige, aber hartholzige Bäume. Die Borke löst sich vielfach in Strähnen vom Stamm, und die immergrünen Blätter hängen, wie bei vielen Arten, in Profilstellung sichelförmig herab. Neben diesen sichelförmigen Folgeblättern werden besonders im Jugendstadium breit-eiförmige Blätter gebildet, bei denen der für viele Eukalyptus-Bäume kennzeichnende Reifbelag besonders ausgeprägt ist.

Die Blüten stehen einzeln, in schirmförmigen Rispen, Dolden oder Doldentrauben. Sie sind meist grüngelb bis weiß gefärbt und fallen durch zahlreiche Staubgefäße auf. Die 4 Blütenblätter werden beim Öffnen der Blütenknospe von den ursprünglich einwärts gekrümmten Staubblättern als geschlossene Kappe abgesprengt (Schönhaube). Der konische Blütenboden verholzt bei der Fruchtbildung, und die fachspaltigen Kapseln öffnen sich mit kreuzförmig angeordneten, gestreckten Poren. Die rund 600 Arten zählende Gattung ist mit Schwerpunkt in Australien verbreitet. Dort

erreicht *E. amygdalina* als höchster Baum der Erde bis 150 m Höhe. Die ganze Pflanze, vor allem die Blätter sind reich an ätherischen Ölen, und das Holz wird in vielfältiger Weise genutzt.
Als Fieberbaum bekannt, ist *E. globulus* besonders früher zur Trockenlegung von Sümpfen angepflanzt worden, wobei der Anophelesmücke als Malariaerreger die Existenzgrundlage entzogen wurde. Als sehr schnellwüchsiger Baum wird diese Art gern für Aufforstungen verwendet. Da aber die Blätter durch ihren Gehalt an ätherischen Ölen sehr schwer abbaubar sind, kann sich kaum Unterholz bilden, was zur Unterdrückung der Kraut- und Strauchschicht führt.

Kalebassen-Baum 45

Crescentia spp.

Bignoniengewächse *Bignoniaceae*

Die Gattung *Crescentia* ist mit 5 Arten in den Tropen der Neuen Welt bis Florida verbreitet. Am bekanntesten ist *C. cujete* (engl. Calabash Tree) mit ihren ungeteilten, an der Spitze verbreitert-abgerundeten Blättern, die häufig kultiviert wird. Sehr verbreitet ist auch *C. alata* mit dreilappig-fingerförmigem Blatt und geflügeltem Blattstiel. Beide Arten erreichen 8–10 m Höhe, besitzen einen Stamm mit kleinschuppiger Borke und erinnern in der Tracht nicht selten an einen Apfelbaum. An den Zweigen und jungen Stämmen sprossen die einwärts gekrümmten, breit röhrenförmigen, braunroten Blüten hervor (Kauliflorie), die nur eine Nacht blühen und von Fledermäusen bestäubt werden. Aus dem zweiteiligen Fruchtknoten entwickelt sich eine kugelförmige bis ellipsoide, nicht selten fast kopfgroße Kapselfrucht, die in einem breiigen Gewebe eingebettet zahlreiche abgeflachte, an Kürbiskerne erinnernde Samen umschließt. Die harten getrockneten Fruchtschalen werden in vielfältiger Weise, z. B. als Jazzrasseln, bunt bemalt und geschnitzt als Zierrat oder halbiert als Trink- und Schöpfgefäße verwendet.

Berandete Dracaene 46

Dracaena marginata Lam.

Agavengewächse *Agavaceae*

Die Gattung *Dracaena* umfaßt 80 Arten, die im tropisch-subtropischen Afrika und Asien sowie bis Australien verbreitet sind. Der Name der Gattung leitet sich von dem griechischen Wort drakaina (weiblicher Drache, Schlange) ab. Systematisch steht der Gattung *Dracaena* die Gattung *Cordyline* nahe, von der sie sich aber durch ihren unverdickten Wurzelstock, orangefarbene oder gelbe, oft wohlriechende Wurzeln und einen dreifächerigen Fruchtknoten unterscheidet. Doch wird die systematische Trennung verschieden vorgenommen, so daß die Zuordnung zu den Gattungen sehr wechseln kann.
Die Berandete Dracaene stammt von Madagaskar. Sie ist durch schlanke, verzweigte Sprosse ausgezeichnet, die von den Narben der abgefallenen Blätter würfelartig gemustert sind und im Freiland bei grazilem Wuchs mehrere Meter Höhe erreichen. Der schlanke Stamm trägt am Ende einen Schopf halb stengelumfassender, schmal linealischer bis lanzettlicher, locker gestellter Blätter. Sie werden bis 50 cm lang, stehen steif ab, sind flach und im Alter abwärts gerichtet. Die Blattrippe tritt auf der Unterseite deutlich hervor, und die dunkelgrüne, glänzende Blattspreite ist braunrot

gerandet. In botanischer Hinsicht zeichnet sich die Gattung *Dracaena* dadurch aus, daß ihr verholzter Stamm, obwohl er bei der Berandeten Dracaene sehr schlank erscheint, im Gegensatz zum Stamm der Palmen nachträglich in die Dicke wächst. Die Pflanze ist z. B. in Südbrasilien als Gartenpflanze häufig.

Baum der Reisenden 47
Ravenala madagascariensis Sonn. 49

Bananengewächse *Musaceae*

Der aus Madagaskar stammende Baum der Reisenden (engl. Traveller's Tree) ist durch die fächerförmige Anordnung seiner Blätter unverwechselbar (Foto 47). Die jungen Pflanzen sind zunächst ohne Stamm. Mit zunehmendem Alter wird ein 8–10 m hoher Stamm ausgebildet. In dem kahnförmigen Blattgrund der dicht ineinander geschachtelten Blätter (Foto 49) sammeln sich 1–2 l Flüssigkeit, die früher nach Anstechen in Notfällen als Trinkwasser dienten. Hiervon leitet sich die deutsche und englische Bezeichnung für die Pflanze ab.
Die Blütenstände erscheinen aus den Ansatzstellen der Laubblätter. In der Achsel der ebenfalls kahnförmigen Tragblätter stehen in Wickeln angeordnet zahlreiche dreizählige Blüten. Sie besitzen 6 weiße Blütenblätter, von denen das mittlere des inneren Kreises ein wenig kürzer und schmäler ist als die übrigen. Darauf folgen 6 Staubblätter, die einen unterständigen, aus 3 Fruchtblättern bestehenden Fruchtknoten umgeben. Er sondert in seinen Scheidewänden Nektar ab und entwickelt sich nach der Bestäubung durch Honigvögel oder Kolibris zu einer holzigen Kapsel. Die Samen sind von einem leuchtend blau gefärbten Samenmantel umhüllt, der ein wohlriechendes, antiseptisch wirkendes Fett liefert. Aus dem Stamm wird ein zuckerhaltiger Saft gewonnen.

Riesenpalmlilie 48
Yucca elephantipes Regel

Agavengewächse *Agavaceae*

Die Riesenpalmlilie (engl. Elephant Yucca) erregt durch ihren bis 8 m hohen, am Grunde verbreiterten, holzigen Stamm Aufmerksamkeit. Das Gebiet ihrer natürlichen Verbreitung erstreckt sich von Mexiko bis Guatemala. Sie wird gerne als Heckenpflanze verwendet. Der Endabschnitt des Stammes trägt auf einer Länge von 40–60 cm zahlreiche locker angeordnete, schwertförmige Blätter, die 60–100 cm lang, in der Mitte 5–8 cm breit und am Grund verschmälert sind. Die Pflanze bildet im Alter eine im Umriß fast rautenförmige Blütenrispe von 60–90 cm Länge mit zahlreichen gelbweißen, hängenden Blüten. Aus dem dreiteiligen Fruchtknoten mit seinem kurzen dicken Griffel bildet sich eine Kapsel, die zahlreiche schwarze Samen enthält. Aus den fleischigen Blüten wird nach Abkochen ein Salat zubereitet.

Palmfarne

Die Palmfarne stellen eine altertümliche Gruppe von Pflanzen dar, die in früheren Erdepochen, vor allem im Jura, in großer Mannigfaltigkeit auf der Erde verbreitet waren. Ihre heute noch lebenden rund 100 Vertreter sind somit die letzten Zeugen einer stammesgeschichtlich bedeutungsvollen Sippe, die über alle Erdteile verstreut in Resten vorhanden ist.

In systematischer Hinsicht nehmen die Palmfarne eine wichtige Übergangsstellung zwischen den Nadelhölzern und den eigentlichen Blütenpflanzen ein. Sie stehen somit botanisch gesehen weder mit den Palmen noch mit den Farnen in engerer Beziehung und verdanken ihren Namen lediglich ihrem äußeren Aussehen, das bei den größeren Formen an Palmen erinnert. Die kleinsten Vertreter besitzen einen im Boden verborgenen, rübenförmigen Sproß mit Fiederblättchen von 8–10 cm Länge, die größten erreichen bis 18 m Stammhöhe und tragen ähnlich wie Palmen aus meterlangen Fiederblättern gebildete imposante Wedelkronen. Nicht selten ist der Stamm dann verzweigt. Ökologisch gesehen besiedeln die meisten unter ihnen extrem trokkene Standorte. Dies drückt sich auch im anatomischen Bau ihrer Blätter aus. Manche der sehr langsam wachsenden Arten erreichen ein Alter von 1000 Jahren. Dazu gehört auch der Mexikanische Palmfarn, *Dioon edule,* aus dessen Stamm ein hochwertiges Sago gewonnen wird.

Alle Palmfarnarten sind getrenntgeschlechtlich. Bei den männlichen Pflanzen stehen die Staubblätter in großen Zapfen am Stammende zwischen den Fiederblättern. Sie tragen auf der Unterseite in Gruppen angeordnet zahlreiche Pollensäcke und werden deswegen auch als Pollenblätter bezeichnet. Die sich aus den Pollenkörnern entwikkelnden und die Befruchtung vollziehenden Samenzellen (Spermatozoiden) tragen einen Wimpernkranz und sind mit 0,3 mm Durchmesser die größten im Pflanzen- und Tierreich. Bei den weiblichen Pflanzen sind die Fruchtblätter nicht zu einem Fruchtknoten verwachsen. Sie lassen noch deutlich die Blattnatur erkennen, besitzen oft noch einen Blattstiel mit fiedrig gegliederter Blattspreite und tragen am Blatt freie, große, mit bloßem Auge sichtbare Samenanlagen. Sie können ebenfalls in Zapfen vereinigt stehen oder bilden sich als filzige blattähnliche, dicht mit goldbraunen Haaren besetzte Organe abwechselnd mit den Laubblättern am Ende des Stammes. Die in ihren Samenanlagen entstehenden Eizellen erreichen bis 6 mm Größe!

Eingerollter Palmfarn, Farnpalme 50
Cycas circinalis L. 51

Palmfarne *Cycadaceae*

Der Eingerollte Palmfarn (engl. Fern Palm) wird wegen seiner ornamentalen Wuchsform in den gesamten Tropen kultiviert. Seine Heimat liegt auf Ceylon, in Südindien sowie im indomalayischen Archipel. Es handelt sich um eine Pflanze mit 2–3 (5) m hohem Stamm, der an seiner Oberfläche von den braunen Blattbasen der abgefallenen Blätter berindet ist. Die Wedelkrone besteht aus 2–3 m langen, oft leicht überhängenden sehr dekorativen Fiederblättern, die beiderseits 50–60 schmal-lanzettliche Fiedern tragen. Das Blatt ist in der Jugend wie bei den Farnen schneckenförmig nach innen eingerollt. Bei den weiblichen Pflanzen sitzen die goldbraunen Fruchtblätter kegelig gedrängt an der Stammspitze (Foto 51). Sie werden im Verlauf des weiteren Wachstums der Pflanze von den sich abwechselnd mit ihnen bildenden Laubblättern zur Seite gedrängt. Über dem Stielabschnitt am Rand tragen sie 5–6 große, hell olivgrüne Samenanlagen. Bei den männlichen Bäumen stehen die Staubblätter in einem 30–50 cm langen imposanten Zapfen vereint (Foto 50). Ein einzelner Zapfen erzeugt Millionen von Pollenkörnern, die durch den Wind auf die Samenanlagen der weiblichen Bäume verstäubt werden.

Brot-Palmfarn 52

Encephalartos altensteinii Lehm.

Palmfarne *Cycadaceae*

Von den zahlreichen Palmfarnen Südafrikas, die meist nur sehr lokale Verbreitung besitzen, wird der Brot-Palmfarn (engl. Bread Plant) gelegentlich in Gärten gepflanzt. Er wird bis 5 m hoch und bildet eine Krone von 1–2 m langen Fiederblättern. Ihre zahlreichen glänzenden Fiedern bilden am Rand 3–5 scharfe Zähne, die am Grund des Blattes zu Dornen umgebildet sind. Die weiblichen Pflanzen bilden große Zapfen, die 50–60 cm Länge und 30 cm im Durchmesser erreichen. Jedes Fruchtblatt trägt unter einem schuppenförmigen Endabschnitt 2 Samenanlagen, aus denen sich stärkereiche, hartschalige Samen entwickeln. Die Zapfen besitzen bei der Reife ein Gewicht von 20–30 kg, bei dem nahe verwandten Palmfarn *E. caffer* bis 42 kg. Der Gattungsname *Encephalartos* bedeutet »im Kopfe Brot« und nimmt Bezug auf die Tatsache, daß die Brotpalmfarne nicht nur in den Samen sondern vor allem im Stamm Stärke enthalten. *E. transvenosus* bildete früher in Transvaal geschlossene Bestände, die unter dem Schutz der Bantu-Königinnen standen.

Palmen

Königspalme 53

Roystonea regia (H.B.K.) O. F. Cook 54

Palmen *Arecaceae*

Eine der schönsten und beliebtesten tropischen Zierpalmen ist die Königspalme (engl. Royal Palm). Ihr glatter, hellgrauer Stamm steigt bis 25 m Höhe empor, verdickt sich bei jüngeren Exemplaren in der Mitte und wird an der Spitze von mächtigen Fiederblättern gekrönt. Die Königspalme ist daher vor allem als Alleebaum von unvergleichlicher Wirkung. Die Heimat der anspruchsvollen Palmenart liegt auf den westindischen Inseln, vor allem Cuba. Hier gedeiht sie am besten auf tiefgründig verwitterten, nährstoffreichen Böden. Ihre Blätter erreichen bis 8 m Länge. Davon entfallen 2 m auf die glatte grüne, geschmeidig weiche Blattbasis, die weitreichende Verwendung findet, wie z. B. zum Bekleiden von Feldhütten und zum Verpacken des cubanischen Tabaks.

Die Blütenstände brechen unter der Ansatzstelle der Blattbasen zunächst als steil aufgerichtete 1,0–1,5 m lange Kolben hervor. Nachdem sich das stattliche Hüllblatt des Kolbens (Spadix) geöffnet hat, entfaltet sich der Blütenstand mit seinen zahlreichen weißgelben Blüten (Foto 55). Meist kann man Blütenkolben und Blütenstände verschiedener Entwicklungsstadien an einem Baum sehen. Aus den 3 Fruchtblättern der weiblichen Blüten entwickeln sich die zunächst grünen, später roten und schließlich dunkelbraun bis blauschwarz gefärbten Früchte. Sie sind öl- und stärkereich und dienen als Schweinefutter. Die Stämme der Königspalme zeigen oft leichte Anschwellungen und Engstellen, die von den wechselnden Ernährungs- sowie klimatischen Bedingungen herrühren. Wie bei allen Palmen wächst der Stamm gleich in seiner endgültigen Dicke heran. Die nahe verwandte Westindische Kohlpalme *(R. oleracea)* wird 40–50 m hoch. Im Wuchs ist sie vielleicht noch eindrucksvoller, aber weniger ausgewogen als die Königspalme. Die Vegetationsspitze der Westindischen Kohlpalme liefert einen ausgezeichneten Palmkohl.

Hyophorbe-Palme 55

Hyophorbe verschaffeltii Wendl.

Palmen *Arecaceae*

Der Name der Gattung *Hyophorbe* leitet sich von hyos = Schwein und phorbe = Futter ab und geht somit darauf zurück, daß die Früchte dieser wie vieler anderer Palmen als Schweinefutter verwendet wurden. Die Gattung umfaßt mehrere Arten, die auf den Maskarenen beheimatet sind. Einige von ihnen zeichnen sich dadurch aus, daß ihr ungeteilter Stamm in der Mitte oder unterhalb der Blattkrone eine Verdickung aufweist. Dies ist bei der abgebildeten Art von der Insel Mauritius der Fall. Die gefiederten Blätter des Baumes sind 2–3 m lang, sehr breit, aber zierlich gebogen. Dabei sind die Fiederblättchen sehr lang und von schwertförmiger Gestalt. Der Blattstiel ist oft etwas rötlich, unterseits meist mit goldgelbem Mittelstreifen versehen und durch braune Blattscheiden ausgezeichnet.

Rotstiel-Palme, Siegellack-Palme 56

Cyrtostachys renda Bl.

Palmen *Arecaceae*

Die Rotstiel-Palme zählt zu den schönsten und dekorativsten Zierpalmen tropischer Gärten. Ihre Heimat liegt auf Sumatra. Hier und im indomalayischen Inselarchipel sowie auf den Salomonen ist die Gattung mit 11 Arten vertreten. Sie wird bevorzugt in Südostasien als Zierpflanze angebaut. Es handelt sich um eine zierliche, dichte Gebüsche bildende Fiederpalme mit bis 10 m hohem, dünnem unbewehrtem Stamm. Die gefiederten blaugrünen Blätter fallen durch ihre leuchtend rote, glänzende Blattscheide und eine rote Mittelrippe auf. Ihre Seitenfiedern sind starr nach vorne gerichtet. Die Blütenstände erscheinen unter den Wedeln und sind im Kolbenstadium von 2 vollständig ausgebildeten Hüllblättern umschlossen. An ihnen stehen die Blüten in Dreiergruppen; jeweils die mittlere der 3 Blüten ist weiblich, und aus ihr entwickeln sich die Beerenfrüchte.

Rotfrüchtige Feuerpalme 58

Archontophoenix alexandrae (F. v. Muell.) H. Wendl. et Drude

Palmen *Arecaceae*

Es handelt sich um eine kleine schlankstämmige, schnellwüchsige Fiederpalme, die pralles Sonnenlicht liebt. Am Ende ihres bis 8 m Höhe erreichenden Stämmchens trägt sie einen Wedelkranz bogig überhängender Fiederblätter. Vor allem die Basalfiedern der relativ starren, sehr schönen Blätter können gewellt lang herabhängen und verleihen zusammen mit den korallenroten Früchten der Pflanze einen ganz besonderen Reiz. Die vielfach verzweigten, bleichgrünen bis cremefarbenen Blütenzweige erscheinen über dem grauen Stammende unmittelbar unterhalb der Ansatzstelle der langscheidigen Blätter (Foto 58). Sie tragen, wie vielfach bei den Palmen, getrennt männliche und weibliche Blüten. Nach der Befruchtung entwickeln sich die gut 2 cm langen, im Längsschnitt elliptischen, korallenroten Früchte mit aufgesetzter Spitze (Foto 59). Die Pflanze ist in Australien beheimatet. Aus der Gattung sind 4 Arten bekannt, die vom tropischen Asien bis Queensland (Australien) verbreitet sind.

Zierliche Dattelpalme

57

Phoenix roebelenii O'Brien

Palmen *Arecaceae*

Wie die Kanarische und die Echte Dattelpalme ist auch diese Art eine zweihäusige Pflanze. Die Heimat der Zierlichen Dattelpalme liegt in Assam und Cochinchina, während die meisten der 13 bekannten *Phoenix*-Arten in Afrika verbreitet sind. Sie ist eine relativ kleine, aber sehr dekorative Zierpflanze, deren Stämmchen bis 2 m Höhe erreicht. Von den nahe verwandten Arten läßt sich *P. roebelenii* durch ihre mehlig bestäubten jungen Triebe leicht unterscheiden. Bei den männlichen Blüten sind die 3 inneren Blütenblätter schmal und klappig, während sie bei den weiblichen Blüten alle 6 breiter sind und sich mit den Rändern überdecken. Die Zierliche Dattelpalme ist wenig kälteempfindlich und daher in den gemäßigten Breiten eine beliebte Zimmerpflanze.

Manila-Palme

59

Veitchia merrillii (Becc.) H. E. Moore

Palmen *Arecaceae*

Die Gattung *Veitchia* ist nach James Veitch, einem bekannten englischen Baumschulbesitzer benannt, und die als »Manila Palm« oder auch »Christmas Palm« bezeichnete Art wurde bis vor kurzem zur Gattung *Adonidia* gestellt. Die Heimat der Palme liegt auf den Philippinen, Neuen Hebriden, auf Neu Kaledonien und den Fidschi-Inseln. Sie wird heute als Zierpflanze in den Tropen weltweit kultiviert. Es handelt sich um eine mittelhohe Palme mit einer Stammhöhe bis 5 m und deutlich abgesetzter ornamentaler Wedelkrone. Die bis 2 m langen, überhängenden Blätter tragen zahlreiche schwertförmige Seitenfiedern, die bis 90 cm Länge erreichen. Die Blütenstände der einhäusigen Palme brechen am Stammende unter den glatten, grünen Blattbasen zunächst starr aufrecht stehend hervor. Aus dem Fruchtknoten der dreizähligen Blüten entwickeln sich glänzend rote Früchte, die an der Spitze durch eine auffällige nabelförmige Vertiefung ausgezeichnet sind und den ornamentalen Charakter der Pflanze steigern. In Florida finden sich aus der gleichen Gattung 5 weitere Arten in Kultur.

Chinesische Livistonie

60

Livistona chinensis (Jacq.) R. Brown ex Mart.

Palmen *Arecaceae*

Die Gattung *Livistona* wurde zu Ehren des Schottischen Barons Livingstone benannt und umfaßt zahlreiche Arten, die im tropischen Asien und vom Malayischen Archipel über Neuguinea bis Ostaustrallen verbreitet sind. Unter ihnen ist die in Südchina vorkommende abgebildete Art als Zierbaum weit verbreitet. Sie erreicht mehr als 10 m Höhe mit einem Kronendurchmesser von 7–8 m. Ihre glänzenden, vielstrahligen, nahezu runden, in der Mitte etwas verlängerten Fächerblätter hängen über und sind oft durch lang herabhängende Fasern am Ende der Fächerstrahlen geziert. Der Blattstiel ist meist bis zur Mitte mit rückwärts gerichteten Stacheln versehen. Die Livistonie ist leicht mit der in Kalifornien und Nordmexiko verbreiteten *Washingtonia filifera* zu verwechseln.

Romanzoffianische Kokospalme 61

Arecastrum romanzoffianum (Cham.) Becc.

Palmen *Arecaceae*

Das Verbreitungsgebiet von *A. romanzoffianum* (engl. Queen Palm) reicht von Mittelbrasilien bis Paraguay, Uruguay und Nordargentinien. In Südbrasilien dringt sie nach Osten gegen die Atlantikküste bis zu den Dünengebieten vor. Es handelt sich um einen schnellwüchsigen, bis 12 m hohen Baum. Der säulenförmige, kompakte Stamm trägt eine ausladende Krone aus zahlreichen gebogenen, überhängenden, wedelartigen Fiederblättern, die bis 6 m Länge erreichen. An der Mittelrippe ihrer Wedel stehen einzeln oder büschelig gedrängt die bis meterlangen, sehr schmalen Seitenfiedern. Die Palme gedeiht auch noch im subtropischen Klima.

Breitfächrige Wachspalme 62

Copernicia macroglossa H. Wendl. ex Becc.

Palmen *Arecaceae*

Die Gattung *Copernicia* wurde nach dem Astronomen Nikolaus Kopernikus benannt und umfaßt 44 Arten von den Antillen bis zum tropischen Südamerika. Allein auf Cuba finden sich 25 Arten, wo auch die breitfächrige Wachspalme (engl. Copernica Palm) beheimatet ist. Im Gegensatz zu den meist hochwüchsigen Verwandten erreicht sie nur 7–8 m Höhe. Die oberen Teile des relativ kurzen Stammes bleiben von einem Mantel aus dicht stehenden, abgestorbenen, abwärts gerichteten Blättern umhüllt. Der Blattstiel der kreisrunden, vielstrahligen Fächerblätter ist stark rückgebildet. Von den Arten dieser Gattung ist die in Brasilien, Paraguay und Argentinien verbreitete Carnauba-Palme *(C. cerifera)* der wichtigste Wachslieferant.

Großblättrige Strahlenpalme 63

Licuala grandis H. Wendl.

Palmen *Arecaceae*

Die Strahlenpalmen sind mit mehr als 80 Arten im tropischen Ostasien, im malayischen Inselarchipel, in Neuguinea und Nordaustralien verbreitet. Zu den auffälligsten Arten zählt die auf der Insel Neu-Britannien nördlich von Neuguinea beheimatete Großblättrige Strahlenpalme. Sie trägt am kurzen Stamm zahlreiche fast runde Blätter und erreicht 2 m Höhe. Die an einen runden Fächer erinnernden, dunkelgrünen Blattorgane sind am Rand über den Nerven kurz gelappt, und jeder Lappen ist an der Spitze durch einen kurzen Einschnitt in 2 Zähne geteilt. Die oft rohrartige Stämmchen besitzenden *Licuala*-Palmen gedeihen am besten in feuchtem Klima.

Kentia-Palme 64 65

Howeia spp.

Palmen *Arecaceae*

Die Kentia-Palme (engl. Howe's Island Palm) stammt von den Lord Howe-Inseln im Stillen Ozean östlich von Australien. Es sind 2 Arten bekannt. Beide gelten als beliebte Zierpalmen, die auch außerhalb der Tropen in hohen Räumen als Topfpflanzen kultiviert werden. Kentia-Palmen erreichen 8–10 m Höhe und besitzen einen lange grün bleibenden Stamm, dessen glatte Oberfläche nur von den Blattnarben gemustert wird. Die stattlichen Fiederblätter erreichen 2–3 m Länge. Sie stehen bei der Art *H. forsteriana* nahezu horizontal und sind von lebhaft grüner Färbung (Foto 64). Ihre verzweigten Blütenstände (Foto 65) tragen längliche Früchte. Die Blätter sind von blaugrüner Farbe. Im Unterschied zur vorigen Art sind die Blütenstände von *H. belmoreana* unverzweigt und bleiben lange von dem Hüllblatt umschlossen. Ihre Früchte haben eine nahezu kugelig runde Form. *H. forsteriana* wird am natürlichen Standort höher als die nahe verwandte Art. Es fehlt ihr die Verdickung an der Stammbasis, die bei *H. belmoreana* ausgebildet ist.

Brennpalme, Fischschwanzpalme **66**
Caryota urens L.

Palmen *Arecaceae*

Der Name der Brennpalme ist von dem leicht brennenden Geschmack ihrer dünnhäutigen Früchte abgeleitet. Sie wird bis 10 m hoch. Der glatte, graue Stamm zeigt auffallende Querringe. Die doppelt gefiederten, leicht überhängenden Blätter tragen Einzelfiedern von eigenartig rhombischer bis keilförmiger, fischschwanzähnlicher Gestalt (daher engl. Fishtail Palm). Die Blütenstände hängen in sehr dekorativer Weise herab und tragen dicht gedrängt männliche und weibliche Blüten, die sich im Stand von oben nach unten öffnen. Der Palmsaft, der zu Beginn der Blütezeit gezapft wird, dient in Indien als Getränk und liefert nach Vergären Palmwein und Palmspiritus. Aus den Blattscheiden wird die Kittulfaser gewonnen und zur Herstellung von Besen, Bürsten, Stricken und auch Körben vielseitig verwendet. Die nahe verwandte Milde Fischschwanzpalme *(C. mitis)* unterscheidet sich durch mehr lockeres Blattwerk und milden Geschmack der Früchte.

Kanarische Dattelpalme **67**
Phoenix canariensis hort. ex Chabaud **68**

Palmen *Arecaceae* **69**

Die Kanarische Dattelpalme (engl. Canarian Palm) ist nahe verwandt mit der echten Dattelpalme. Sie unterscheidet sich aber von ihr durch den mehr gedrungenen Stamm und die kompaktere Wedelkrone ihrer Fiederblätter. Beide Arten gehören einer Formengruppe an, die mit 14 Arten von den Kanarischen Inseln über Nordafrika bis Indien und Sumatra sowie Formosa verbreitet ist. Die einzelnen Arten sind nicht leicht voneinander zu trennen. Wegen ihres ursprünglichen Verbreitungsgebietes auf den Kanaren wird die Kanarische Dattelpalme auch in den kühleren Höhenregionen der Tropen angetroffen. Mehr noch in den Subtropen ist sie eine weit verbreitete und beliebte Zierpalme.
Alle Arten entwickeln sich im Alter zu einem wuchtig und majestätisch wirkenden Baum, dessen von den Blattbasen genarbter Stamm bis 15 m Höhe erreicht und von einer imposanten Wedelkrone mit 5–6 m langen Fiederblättern gekrönt wird (Foto 67). Die Blütenstände der männlichen Pflanzen sind stärker verzweigt (Foto 68). An den wenigen auffälligen Ständen der weiblichen Bäume (Foto 69) sitzen die mit unscheinbaren, kompakten Blütenblättern versehenen weiblichen Blüten, deren Fruchtblätter sich zu wenig fleischigen Beerenfrüchten entwickeln.

Sträucher

Weihnachtsstern, Poinsettie 70

Euphorbia pulcherrima Willd.

Wolfsmilchgewächse *Euphorbiaceae*

Da die Poinsettie (engl. Poinsettia) in den Wintermonaten blüht, hat sie den Namen Weihnachtsstern erhalten, der zugleich auf die rosettig gedrängte Anordnung ihrer leuchtend roten Hochblätter am Ende der Zweige Bezug nimmt. Der meist verzweigte 3–4 m hohe Strauch hat seine Heimat in Mexiko und Mittelamerika. Die einfachen oder verästelten braunen Zweige der Pflanze sind mit langgestielten 7–15 cm großen Blättern besetzt, deren Form variabel ist. Das Blatt besitzt einen keilförmigen Grund, ist meist lang zugespitzt und kann eirund-länglich, ungeteilt, geigenförmig oder gelappt sein. Am Sproßende sitzen die auffallend blutrot gefärbten, meist lanzettlichen Hochblätter, die bei manchen Zuchtformen auch rosa oder cremefarben bis blaßgrün sein können. Die eigentlichen Blüten sind unscheinbar und stehen über den Hochblättern in kleinen kopfförmigen Ständen, die im Zentrum eine überhängende weibliche und zahlreiche, bis auf ein Staubblatt rückgebildete männliche Blüten tragen. Männliche und weibliche Blüten sind von einem Kranz kleiner Honigblätter umgeben. Aus dem Fruchtknoten der einzigen weiblichen Blüte entwickelt sich eine dreifächrige Kapsel.

Der Weihnachtsstern, im spanischen »flor de pascuas« genannt, blüht zur Zeit des Nordwinters mehrere Monate und ist eine Zierde aller tropischen Gärten. Er gehört zu den Kurztagspflanzen, deren Blütezeit an die Jahreszeit mit kürzeren Tagen gebunden ist. Während der Trockenzeit wirft der Weihnachtsstern an seinem natürlichen Standort die Blätter ab. Der Strauch blüht besser, wenn die Triebe nach der Blütezeit gestutzt werden.

Chinesischer Roseneibisch 72

Hibiscus rosa-sinensis L.

Malvengewächse *Malvaceae*

Der Roseneibisch (engl. Hibiscus) zählt zu den bekanntesten und prachtvollsten Ziersträuchern der Tropen. Seine Heimat ist wahrscheinlich in China zu suchen. Von dort hat er sich seit frühesten Zeiten als Zierpflanze dank seiner vom Frühling bis in den Herbst dauernden Blütezeit über die Tropengärten der Erde ausgebreitet.

Es handelt sich um einen 2–5 m hohen Strauch mit abstehenden, leicht sparrigen Ästen. Die Blätter haben eine ovale, lang zugespitzte Form mit gezähntem Rand. Die korallenroten 10–15 cm breiten Blütenkronen erheben sich über den 5 grünen, an der Basis verwachsenen Kelchblättern und bilden zu dem glänzenden, dunklen Blattwerk einen reizvollen Kontrast. Aus dem Zentrum der Blütenkrone ragt eine von zahlreichen verwachsenen Staubblättern gebildete Säule hervor. Am oberen Ende stehen zahlreiche Staubgefäße sparrig ab, und die 5 auseinanderspreizenden Narben des Fruchtknotens bilden eine abschließende Krone. Die Blüten halten nur 1 Tag.

Der Hibiskus wird in allen tropischen Gebieten der Erde in zahlreichen, auch gefüllten Rassen kultiviert und ersetzt dort die Rose, ohne jedoch zu duften. Kolibris und Nektarvögel werden oft von den Blüten angelockt. Die Frucht besteht aus einer fünfgliedrigen Kapsel. Hibiskusblüten wurden früher zum Schwarzfärben der Haare und Augenbrauen, aber auch von Schuhzeug verwendet.

Zerschlitzter Roseneibisch, Fransen-Eibisch 71

Hibiscus schizopetalus (Mast.) Hook. f.

Malvengewächse *Malvaceae*

Der Zerschlitzte Roseneibisch (engl. Fringed Hibiscus) wird fast ebenso häufig kultiviert wie der chinesische Eibisch, seine Heimat liegt aber in Ostafrika. Im Wuchs ist der Strauch seiner verwandten Art ähnlich, doch lockerer beblättert. Seine schlanken, meist überhängenden Zweige tragen deutlich gestielte, oval-elliptische Blätter mit gezähntem Rand. Wie beim Chinesischen Roseneibisch gibt es auch von dieser Art Mutanten mit grün und weißgelb gescheckten, panaschierten Blättern. Beide Arten bilden die Stammeltern für eine große Anzahl von Hybriden.
Die hellrot wirkenden Blüten fallen durch ihre in zarte Fransen aufgelöste Form auf. Sie hängen an langen gegliederten Stielen von den Rutenzweigen herab, besitzen einen röhrenförmigen Kelch und zurückgebogene, fransig geschlitzte Kronblätter. Die aus den verwachsenen Staubblättern gebildete Säule mit den an der Spitze abstehenden Staubblattspitzen tritt durch die turbanartig geformte feingliedrige Blütenkrone noch stärker hervor. Sie wird von den verwachsenen Griffeln des Fruchtknotens durchragt, dessen spreizende Narben dem bizarren Charakter dieser Blüte einen krönenden Abschluß verleihen. Ähnlich wie der Roseneibisch blüht die Pflanze fast das ganze Jahr und bildet einen herrlichen Schmuck fast aller Tropengärten.

Strauchförmige Beerenmalve 73

Malvaviscus arboreus Cav. 74

Malvengewächse *Malvaceae*

Die Beerenmalve (engl. Turk's Cap) ist in der Regel ein kleiner Strauch, kann aber zu einem kleinen Bäumchen heranwachsen. Ihr Gattungsname bedeutet »klebrige Malve« und nimmt Bezug auf die unterseits mit gegliederten, nicht selten sternförmigen Haaren besetzten Blätter. Das natürliche Verbreitungsgebiet der Pflanze reicht von Mexiko über Mittelamerika und Westindien bis Peru und Brasilien. Die langgestielten, eiförmig-lanzettlichen, in eine Spitze ausgezogenen Blätter sind gesägt-gekerbt bis ganzrandig. Wie viele Malvengewächse besitzt die bis 5 cm lange blattachselständige Einzelblüte einen aus zahlreichen Blättchen bestehenden aufwärts gerichteten Außenkelch. Nach innen folgen 5 grüne Kelchblätter und 5 deutlich größere, in der Knospenlage gedrehte, feuerrote Kronblätter (Foto 73). Aus der Krone ragt die aus zahlreichen Staubgefäßen gebildete Staubblattsäule hervor, über der die 5 abspreizenden Griffel des Fruchtknotens stehen. Sie werden von den anfliegenden Kolibris und Nektarvögeln zunächst mit Pollen belegt, denn am Grund des Kelches sammelt sich reichlich Nektar. Die Frucht der Pflanze stellt eine kugelförmige Beere dar, die in 5 Teilfrüchten aufspringt. Neben den leuchtend rot gefärbten gibt es auch zart rosa blühende Kulturformen (Foto 74), aber auch gelbblühende Formen.

Wunderstrauch 75

Codiaeum variegatum (L.) A. Jüss.

Wolfsmilchgewächse *Euphorbiaceae*

Der Wunderstrauch (engl. Croton) ist nach Form und Färbung außerordentlich variabel. Seine Heimat liegt in Ostindien, auf dem Sunda-Archipel und auf Neu Gui-

nea. Im Südseegebiet entstanden durch Züchtung zahlreiche Formen. Der bis $2^1/_2$ m hohe Strauch kann elliptische, lanzettliche und linealische Blätter tragen, die auch gelappt sein können und im Extrem bis auf die Mittelrippe rückgebildet sind. Durch die unterschiedliche Färbung von rein grün über gelb oder verschieden rot bis gelbgrün bzw. rotgelb gescheckt wird die Variabilität der Blätter noch gesteigert.
Die langen Blütenstände sind unscheinbar und tragen getrennt männliche und weibliche Blüten. Meist hängen die männlichen Blütenstände leicht über und besitzen 5–6 kleine, vor dem Aufblühen dachziegelig angeordnete Blütenblätter, die mit Drüsen abwechseln. Auffällig sind die 15–30 langen Staubgefäße. Den weiblichen Blüten fehlen meist die Kronblätter. Wie viele Wolfsmilchgewächse zeichnen sie sich durch einen dreifächrigen Fruchtknoten mit 3 gestreckten Narben aus, der zu einer Kapsel heranreift und in 3 Teilfrüchte zerfällt. Sie sind weniger auffällig als die männlichen und stehen aufrecht. Die Pflanze wird auch als Croton bezeichnet und fehlt in keinem tropischen Garten. Das aus den Samen gewonnene Öl wird als stark wirkendes Abführmittel verwendet.

Wandelblume 76

Lantana camara L.

Eisenkrautgewächse *Verbenaceae*

Das natürliche Verbreitungsgebiet der Wandelblume (engl. Lantana) erstreckt sich von den tropischen Gebieten Südamerikas bis Texas und Südkarolina im Norden. Von dort hat sie sich als Zierpflanze über die gesamten Tropen verbreitet. Sie verwildert vielfach und bildet z. B. auf Ceylon und Java undurchdringliche Dickichte.
Es handelt sich um einen bis 1,5 m hohen Strauch, der nicht selten verdornt ist und auch auf dem Boden kriechen kann. An seinen vierkantigen Zweigen stehen gegenständig eirunde bis herzförmige, mit ausgezogener Spitze versehene, netzig runzlige Blätter. Sie besitzen einen gekerbt-gesägten Rand und sind vor allem auf den Adern behaart. Die fünfzähligen Blüten stehen in kopfig gedrängten Ähren und tragen einen kleinen Kelch sowie 4 in der Mitte der Kronröhre angeheftete Staubblätter. Die Wandelblume trägt ihren Namen deshalb, weil die Blütenfarbe sehr unterschiedlich sein und sich im Verlauf der Blüte noch ändern kann. So gibt es genetisch reine Formen (Klone), deren kopfig gedrängte Blüten in der Farbe von orange über leuchtend gelb nach dunkelkarmin, andere von rosafarben nach feuerrot variieren. Schließlich sind auch violett, lila, weiß oder in Zwischenfarben blühende Formen häufig. Aus dem zweiteiligen Fruchtknoten gehen glänzend blauschwarze, beerenförmige Steinfrüchte hervor, die sehr dekorativ, aber gefährlich giftig sind. Die aromatischen Blätter werden zu medizinischen Zwecken verwendet, aber auch zur Herstellung von stimulierenden Tees. Als einjähriges Sommergewächs findet die Wandelblume auch bei uns immer größere Verbreitung.

Rotblättrige Mussaenda 77

Mussaenda erythrophylla Schum. et Thonn.

Krappgewächse *Rubiaceae*

Die Gattung *Mussaenda* ist mit über 100 Arten in den Tropen der Alten Welt verbreitet. Sie umfaßt strauchige, kletternde und epiphytische Formen. Ein auffallender, aus dem tropischen Afrika stammender Zierstrauch ist die Rotblättrige Mussaenda (engl. Red Flag Bush). Es handelt sich um einen Strauch mit gegenständigen, breit elliptischen bis herzförmigen, zugespitzten Blättern. Besonders typisch ist der rote Blütenstand mit seinen intensiv gefärbten Hochblättern und Stielen. Die Blüten besitzen 5 rote Kelchblätter, von denen das nach außen gerichtete stark lappig vergrößert ist. Die Krone besteht aus 5 verwachsenen Blütenblättern. Sie ist von weißer Farbe und tritt gegenüber den übrigen leuchtend roten Partien des Blütenstandes in den Hintergrund. Auch *Warscewiczia coccinea* aus dem tropischen Regenwald von Peru, die wie Mussaenda zu den Krappgewächsen zählt, trägt ein auffallend vergrößertes, rotes Kelchblatt. Von Interesse ist, daß sich parallel zueinander auf verschiedenen Kontinenten ähnliche Formen dieser Art herausgebildet haben. Beide Arten erinnern entfernt an den Weihnachtsstern, bei dem jedoch nicht die Kelchblätter sondern die durch den roten Farbstoff Anthocyan gefärbten Hochblätter den auffälligen Blickfang bilden.

Rauhes Nesselblatt 78

Acalypha hispida Burm. f.

Wolfsmilchgewächse *Euphorbiaceae*

Wegen ihrer nesselähnlichen Blätter trägt die Gattung *Acalypha* den Namen Nesselblatt (engl. Chenille Plant), obwohl sie botanisch nicht mit den Brennesselgewächsen verwandt ist. Das Rauhe Nesselblatt stammt wahrscheinlich aus Ostindien. Es entwickelt sich zu einem Strauch, der mehrere Meter Höhe erreichen kann und durch seine langen, blattachselständigen, überhängenden Blütenstände auffällt. Sie sind von leuchtend roter Färbung und stellen weibliche kätzchenförmige Stände dar, bei denen die jeweils 3 zusammenstehenden Fruchtblätter an der Spitze durch mehrmals gegabelte lange Narben auffallen. Insgesamt erinnern die weiblichen Blütenstände an einen schlanken roten Katzenschwanz. Daneben sind kürzere Blütenstände mit weniger Blüten vorhanden, die lockerer stehen und weniger auffallen. In ihnen werden die Pollensäcke gebildet. Doch besitzen auch sie große mehrmals gegabelte Narbenäste. Die Laubblätter sind deutlich gestielt und wechselständig. Mit 430 Arten ist die Gattung in den Tropen und Subtropen der ganzen Erde verbreitet und umfaßt neben strauchigen auch krautige und baumartige Formen. Oft als Heckenpflanze genutzt, kommt das Rauhe Nesselblatt häufig im Bereich menschlicher Siedlungen vor.

Schillerndes Nesselblatt 79

Acalypha wilkesiana Muell. Arg.

Wolfsmilchgewächse *Euphorbiaceae*

Von den zahlreichen Arten und Zierformen der Gattung *Acalypha* muß die formenreiche Art *A. wilkesiana* (engl. Copperleaf) hervorgehoben werden, die zahlreiche Hybriden umfaßt. Es handelt sich um einen 2–3 m hohen Strauch, der von den Südsee-Inseln stammt. Seine Blätter sind von breit eiförmiger bis herzförmiger und zugespitzter Gestalt. Sie sind fast immer gescheckt, und ihr Farbenspiel reicht von rot und karminrosa über bronzegrün bis dunkel- und hellgrün. Die verschiedenartigen Färbungsmuster kommen dadurch zustande, daß die einzelnen Zellschichten des Blattes in wechselnder Kombination verschiedene Farbstoffe enthalten. An den rein grünen Stellen wird die Farbe der Chloroplasten nicht durch andere Farbstoffe überlagert. Die rein roten Flecken weisen keine grünen Chlorophyllkörner auf, dagegen enthalten die Außenschichten des Blattes reichlich den wasserlöslichen, roten Farbstoff Anthocyan. Durch die Kombination beider Möglichkeiten entstehen Mischfarben in vielfältiger Weise. Die Blütenstände der Pflanze sind unansehnlich, viel kürzer als die Blätter und fast versteckt. Im einzelnen werden sehr verschiedene farbenprächtige Kulturformen unterschieden, deren Herkunft nicht mehr zu ermitteln ist.

Scharlachrote Ixore, Korallenstrauch **80**

Ixora coccinea L.

Krappgewächse *Rubiaceae*

Die nach einer malabarischen Gottheit benannte Ixore (engl. Flame of the Wood) gehört durch ihre glutroten Blütenstände zu den prächtigsten Ziersträuchern der Tropen. Das Ursprungsgebiet der Gattung befindet sich im tropischen Afrika und Indien. Von den in allen Tropengebieten verbreiteten 400 Arten ist die Scharlachrote Ixore durch gegenständige, kurz gestielte, lanzettliche bis ovale, zugespitzte Blätter ausgezeichnet. Sie blüht bereits als kleiner Strauch und erreicht bis 5 m Höhe. Die dunkel feurig roten Blüten sind meist vierzählig, seltener fünfzählig, die Blütenblätter über der feinen, langröhrigen Kronröhre senkrecht abgewinkelt. Sie stehen in halbkugeligen Blütendolden vereint. Einzelne in der Knospenlage gedrehte, noch geschlossene Blüten ragen meist pfeilförmig über die Dolde empor. Die Pflanze besitzt einen zweifächerigen Fruchtknoten mit 2 kurzen Griffeln, der zu einer Beerenfrucht heranreift. Die aus Indien stammende Art wird mit anderen Arten gekreuzt, so daß man vielfach Bastarde in Kultur antrifft, die teilweise von helleren Farbtönen bis zu lachsrot variieren. Im englischen Sprachraum wird der durch seinen prächtigen Gegensatz von glänzend dunkelgrünen Laubblättern und tiefroten Blüten ausgezeichnete Strauch »Dschungel-Flamme« genannt. Die Blüten sind gut haltbar.

Losstrauch **81**

Clerodendron paniculatum L.

Eisenkrautgewächse *Verbenaceae*

In der Gattung *Clerodendron* gibt es sowohl aufrechte als auch schlingende Arten. Einer der beliebtesten Ziersträucher der Gattung ist der von Burma über Malaya bis China verbreitete Rispenblütige Losstrauch. Er fällt durch seinen ausgeprägt rispenförmigen Blütenstand auf und besitzt lang gestielte, herzförmige bis herzförmig gelappte Blätter mit ausgeprägter Aderstruktur. Die auffälligen Blütenstände erheben sich abgesetzt über dem kräftigen Blattwerk. Ihre Blüten besitzen einen glockigen fünfspaltigen Kelch und eine sehr lange schlanke Kronröhre mit ausgebreiteten Kronblattzipfeln. Die 4 Staubblätter und der Griffel ragen weit aus der Kronröhre hervor. Aus den Blüten entwickeln sich Steinfrüchte von beerenartiger Gestalt.

Tibouchine **82**

Tibouchina urvilleana (DC.) Cogn.

Schwarzmundgewächse *Melastomataceae*

Die Gattung *Tibouchina* findet sich mit 250 Arten in Südbrasilien und in den Anden. Zu den dekorativsten unter ihnen zählt die südbrasilianische Art *T. decandra* (engl.

Glory Bush), die zur Zeit des Südwinters von November bis Mai, vereinzelt auch noch außerhalb dieser Zeit blüht. Es handelt sich um einen bis 6 m hohen, prachtvollen Strauch. Er ist mit gegenständigen Blättern belaubt, die länger als 12 cm und in eine Spitze ausgezogen sind. Die mehr als 10 cm breiten, sehr dekorativen, violettrosa gefärbten Blüten sind in der Knospenlage von 2 Hochblättern umgeben, die bei Beginn der Blüte abfallen. Eigenartig geformt sind die Staubblätter mit geknickten Stielen, lang gezogenen Pollensäcken und einem Anhängsel an der Innenseite. Neben den rosafarbenen werden auch violett- und purpurfarbene Formen häufig angetroffen.

Flamboyant, Zwerg-Poinciane 83

Caesalpinia pulcherrima (L.) Sw.

Johannisbrotbaumgewächse *Caesalpiniaceae*

Die mit dem Feuerbaum verwandte, nach dem italienischen Philosophen, Arzt und Botaniker Caesalpinus benannte Caesalpine oder Zwerg-Poinciane (engl. Barbados Pride) gehört zu den schönsten Ziersträuchern tropischer Gärten. Sie ist auf den westindischen Inseln beheimatet, erreicht bis 6 m Höhe und zeichnet sich durch wundervoll zartes, doppelt gefiedertes Blattwerk aus. An der Mittelrippe jedes Blattes stehen 3–9 Seitenrippen, an denen 6–12 Paare eiförmig-linealischer, gestutzter Fiederblättchen ansetzen. Über den ornamentalen Blättern erheben sich die traubigen Blütenstände, die meist rot, nicht selten auch orange oder gelb gefärbt sind. Sie fallen durch ihre lang vorspringenden Staubgefäße und den einzigen herausragenden Griffel auf. Aus ihm entwickeln sich die hängenden, bis 12 cm langen und 3 cm breiten, abgeplatteten Hülsen. Sie werden bei der Reife braun und können dann leicht gedreht sein. Die Pflanze wurde früher in die Gattung *Poinciana* gestellt und wird auch als der »Stolz von Barbados« bezeichnet. Sie ist in den Tropen auch unter dem Namen »Flamboyant« bekannt. Blüten und Blättern wird eine fiebersenkende Wirkung zugeschrieben. Die Blätter besitzen überdies abführende Eigenschaften.

Russelie 84

Russelia equisetiformis Schlechtd. et Cham.

Rachenblütler *Scrophulariaceae*

Die Gattung *Russelia* ist nach dem englischen Naturwissenschaftler Alexander Russel benannt. Sie umfaßt etwa 20 Arten im tropischen Amerika. Die aus Mexiko stammende und am häufigsten kultivierte Art ist die Schachtelhalmähnliche Russelie (engl. Firecracker Plant). Es handelt sich um einen 80–120 cm hohen Strauch mit rutenförmigen, grünen Zweigen. Die Sprosse sind vielfach verzweigt und enden in zahlreichen, feinen, leicht überhängenden Zweiglein. Die Pflanze trägt nur am Grunde der Sprosse lanzettliche bis lineale Blätter. In den oberen Partien der Zweige sind die Laubblätter bis auf schuppenförmige Zähne rückgebildet. Die scharlachroten Blüten stehen in lockeren Trauben. Jede Blüte besitzt einen kleinen Kelch und eine $2^1/_2$ cm lange, röhrenförmige, aus 5 Kronblättern hervorgegangene, zweilippige Blüte. In der Kronröhre sind 4 verborgene Staubblätter vorhanden. Wie viele gelb- und rotblühende Pflanzen der Tropen wird auch *Russelia* von Kolibris und Nektarvögeln besucht.

Thevetie, Schellenbaum, Baumoleander 85

Thevetia peruviana (Pers.) K. Schum.

Hundsgiftgewächse *Apocynaceae*

Die Thevetie (engl. Yellow Oleander) ist eine nahe Verwandte des Oleanders und wächst als stattlicher Strauch bis kleiner Baum in den Tropen Mittel- und Südamerikas. Ihre Zweige sind mit oberseits glänzenden, schmal linealen bis lanzettlichen Blättern besetzt, die an den Meander erinnern. Die mit langer Kronröhre versehenen, in der Knospenlage gedrehten, wachsartigen Blüten stehen am Ende der Zweige. Wegen ihrer gelben Farbe wird die Pflanze als »Gelber Oleander« bezeichnet. Aus dem zweiteiligen Fruchtknoten der Blüte entwickeln sich unregelmäßig-vierkantige Schließfrüchte mit eckigen Steinschalen im Innern, die als Zierrat getragen und als Schellen benutzt werden. Sie umschließen 2 große abgeflachte Samen. Die Pflanze enthält in ihrem Milchsaft das Glykosid Thevetin, und alle Teile der Pflanze sind gefährlich giftig. Sie wird vor allem auf Hawaii kultiviert. Die Früchte werden von dort exportiert, um ein Herzmittel daraus zu gewinnen. Auch eine Form mit orangefarbenen Blüten ist in Kultur. Bei den Hindus ist die Thevetie als Blumenopfer beliebt.

Calliandra 86

Calliandra spec.

Mimosengewächse *Mimosaceae*

In der Gattung *Calliandra* (engl. Powderpuff) werden rund 150 Sträucher und kleine Bäume zusammengefaßt, die fast ausschließlich im tropischen und subtropischen Amerika natürlich verbreitet sind. Als Zierpflanzen fallen sie durch ihre prachtvollen Blütenköpfe auf. Der breite pinselförmige Blütenstand wird von zahlreichen seidig glänzenden Staubblättern der gedrängt stehenden Einzelblüten gebildet. Die Farbe der Staubblätter kann je nach Art weiß, rosarot, meist leuchtend rot bis tief dunkelrot sein. Aus den einblättrigen, oberständigen Fruchtknoten der vierzähligen Blüten entwickelt sich eine meist abgeplattete Hülse mit verdickten Rändern, die bei der Reife aufspringt. Infolge von Randverdickungen der Hülse rollen sich die beiden Hälften ein. Als häufigste Arten sind die rotblühende *C. fulgens* und *C. haematocephala* zu nennen.

Geflügelte Kassie 87

Cassia didymobotrya Fresen.

Johannisbrotbaumgewächse *Caesalpiniaceae*

Unter den strauchigen Arten der überwiegend im tropischen und subtropischen Amerika verbreiteten Gattung *Cassia* ist die geflügelte Kassie (engl. Candle Bush) als Kulturpflanze besonders häufig. Das Gebiet ihrer natürlichen Verbreitung liegt in Afrika, doch wird sie in den Tropen auf der ganzen Erde kultiviert. Die 2–3 m hohe Pflanze trägt stattliche Fiederblätter mit breit elliptischen Einzelfiedern, die meist leicht schräg stehen. Am Ende der aufrechten Sprosse bilden die ansehnlichen, leuchtend gelben Blüten, die dicht gedrängt stehen, einen abgesetzten Kandelaber (engl. God's Candle). Die Blüten sind wie bei der Großfrüchtigen Kassie (S. 29) gebaut. Am Strauch entwickeln sich geflügelte, vielsamige Hülsen.

Bauhinie 88

Bauhinia galpinii N. E. Brown

Johannisbrotbaumgewächse *Caesalpiniaceae*

Unter den Bauhinien gibt es kleine Bäume, strauchige Formen und auch Lianen. Die baum- und strauchförmigen Arten besitzen verschieden große und verschieden gefärbte Blüten. Besonders die bizarren, rosafarbenen Blüten der Buntfarbenen Bauhinie *(B. variegata)* (engl. Orchid Tree) erinnern an eine Orchideenblüte, die den im Prinzip mit der Schmetterlingsblüte übereinstimmenden Bau erst bei genauer Betrachtung erkennen läßt. Sie wird auch als »Orchideenbaum« bezeichnet und bildet glatte, braune Hülsen als Früchte. Neben den rosafarbenen gibt es mennigrot blühende Arten, zu denen die Einmännige Bauhinie *(B. monandra)* von den Antillen zählt. Sie trägt bis 15 cm lange zweispaltige, deutlich netzadrige Blätter. Das einzige fruchtbare Staubblatt erreicht 4 cm Länge. Die Hülsen sind linealisch, flach und bis 20 cm lang. Gerne gepflanzt wird auch die Gefleckte Bauhinie *(B. picta).* Sehr auffällig ist die aus Brasilien stammende mehr baumförmige Geflügelte Bauhinie *(B. alata),* deren dunkel purpurviolette Blüten bis 18 cm Größe erreichen. Die abgebildete Art (engl. Pride of Cap) stammt aus Transval, ist durch lachsrote, löffelförmige Blütenblätter ausgezeichnet und klettert an Stützen bis 10 m empor.
In allen Verbreitungsgebieten finden sich unter den Bauhinien Lianen, die sich teilweise mit uhrfederähnlichen Ranken an ihren Trägerbäumen verankern. Die Basis ihres Sprosses besteht aus einem vielgliedrig zusammengesetzten Holzkörper, der nach oben in einen abgeplatteten, hin und her gewundenen Sproß übergeht.

Petree 89

Petrea volubilis L.

Eisenkrautgewächse *Verbenaceae*

In der nach dem englischen Lord und Pflanzenliebhaber Petre benannten Gattung *Petraea* werden etwa 30 Arten zusammengefaßt, die von Mexiko bis Panama und in Westindien verbreitet sind. Zu ihnen zählen die als Zierstrauch gepflanzte *P. arborea* und der bis in 10 m Höhe windende Strauch *P. volubilis* (engl. Queen Wreath), auch Purpurkranz genannt. Die Petree ist durch gegenständige, kurz gestielte, elliptische, beiderseits rauhe Blätter ausgezeichnet und bringt vor allem in den Monaten März und April wundervoll blaue, zuweilen auch weiße, meist überhängende Blütentrauben hervor. Die fünfzähligen Blüten besitzen auffallend große Kelchblätter, die bereits vor dem Erblühen der Pflanzen stark in Erscheinung treten. Ihre Kronblätter bilden über der kurzen Röhre einen ausgebreiteten, schief fünfspaltigen Saum. Die Kelchblätter vergrünen später, bleiben als Flügel an der Frucht haften und dienen der Verbreitung.

Schönfaden 90

Callistemon spec.

Myrtengewächse *Myrtaceae*

Die Angehörigen der Gattung *Callistemon* (engl. Bottlebrush) verdanken ihre Schönheit den zahlreichen Blüten, die zylinderputzerartig rings um die Zweige angeordnet sind. Als Schauapparat dienen die zahlreichen langen, meist leuchtend roten oder gelben Staubgefäße. Die Blütenblätter sind sehr klein. Die runden, verholzten Früchte stehen knopfartig und dicht gedrängt noch lange an den Sprossen. Interessant ist, daß die Blütenstände übergipfelt werden, d. h. die Sprosse setzen sich als beblätterte Zweige weiter über den Blütenstand fort. Die Gattung *Callistemon* umfaßt 12 Arten, die in Australien und Tasmanien verbreitet sind. Man findet die Art *C. lanceolatus* als beliebten Zierstrauch auch im Mittelmeerraum.

Rhabarber von Guatemala 91

Jatropha podagrica Hook.

Wolfsmilchgewächse *Euphorbiaceae*

Die Pflanze hat ihre Bezeichnung nach den schildförmigen drei- bis fünflappigen bis 20 cm großen Blättern und wegen ihres natürlichen Vorkommens in Guatemala erhalten. Der auch in Westindien verbreitete bis 60 cm hohe Strauch (engl. Gout Plant), fällt durch seinen knollig verdickten Stamm auf. Er wirft seine Blätter während der Trockenzeit ab. Die Pflanze trägt einen bunten, rispig-verzweigten rot und orange gefärbten Blütenstand, an dem männliche und weibliche Blüten getrennt stehen. Die männlichen Blüten besitzen einen fünfteiligen Kelch, ansehnliche Kronblätter und 10 Staubgefäße, die in 2 Kreisen stehen. Bei den weiblichen Blüten fallen die gabelig geteilten Narben des dreiteiligen Fruchtknotens auf, der sich zu einer stattlichen Kapsel entwickelt. Wie die meisten Wolfsmilchgewächse führt auch diese Art Milchsaft. Die Jatrophe hat sich als Zierpflanze über alle Tropengebiete verbreitet.

Spitzblättrige Jatrophe 92

Jatropha integerrima Jacq.

Wolfsmilchgewächse *Euphorbiaceae*

Die Spitzblättrige Jatrophe (engl. Peregrina) ist sehr variabel in der Blattgestalt und deswegen mit sehr verschiedenen Namen belegt worden. Ihre langgestielten Blätter können herzförmig mit deutlicher Spitze, aber auch lanzettlich bis linealisch ganzrandig und vielfach gelappt sein. Der bis 2 m hohe Strauch trägt rispenförmige Blütenstände, deren Einzelblüten kleine grüne Kelchblätter und bis 12 mm lange, schöne karmesinrote Blütenblätter besitzen. Die Pflanze ist auf Cuba natürlich verbreitet. Sie ist in allen tropischen Gebieten der Neuen Welt als ansprechende Zierpflanze in Kultur. Die Gattung *Jatropha* umfaßt rund 150 Arten vorzugsweise im tropischen Amerika, einige auch in Afrika. Eine wichtige Art ist die Purgiernuß *(J. curcas)*, ein Strauch mit efeuähnlichen Blättern, dessen marmorierte, ölreiche Samen die Purgiernüsse liefern. Ihre Preßrückstände sind wie die des *Ricinus*-Samens giftig, und der Genuß weniger Samen soll den Tod zur Folge haben. Wegen ihrer großen, fingerförmigen Blätter ist *J. multifida* eine beliebte Zierpflanze.

Dombeye, Hortensienbaum 93

Dombeya wallichii (Lindl.) Benth. et Hook

Sterkuliengewächse *Sterculiaceae*

Die Dombeye (engl. Pink Ball Tree) zählt mit ihren rosaroten, halbkugeligen, hängenden Blütenständen zu den reizvollsten Ziergewächsen der Tropen. Ihre Heimat ist Madagaskar. Wegen der Ähnlichkeit ihrer Blütenstände mit der Hortensie wird sie auch als Hortensienbaum bezeichnet, doch ist sie systematisch mit der Kakaopflanze verwandt. Es handelt sich um einen kleinen Baum, oft auch breit lagernden Strauch von 6–8 m Höhe. Die 20–25 cm langen und breiten, weich behaarten Blätter erinnern an ein großes Lindenblatt und sind in eine Spitze ausgezogen. Die Flügel ihres herzförmigen Grundes überdecken sich mit den Rändern. Auch die großen Nebenblätter sind herzförmig, sie laufen in eine lange Spitze aus und liegen den im jungen Zustand grünen, behaarten, schwach kantigen Zweigen an. Die Blütenstände werden 12–15 cm groß und setzen sich aus zahlreichen, gedrängt stehenden, fünfzähligen 2 cm großen Einzelblüten zusammen. Die 5 Narben des Fruchtknotens spreizen weit auseinander. Nach dem Verblühen bleiben die braunen Blütenstände lange hängen. Die Gattung umfaßt 200 Arten, die in Madagaskar und Afrika überall verbreitet sind.

Kapländische Bleiwurz 94

Plumbago auriculata Lam.

Bleiwurzgewächse *Plumbaginaceae*

Zur Gattung *Plumbago* gehören 20 Arten, die sowohl in den Tropen als in den Subtropen natürlich verbreitet sind. Die beliebteste, in den Tropen und Subtropen weit verbreitete Zierart ist die aus dem Kapland stammende Bleiblume. Ihren Namen erhielt sie wegen der bleifarbenen Wurzeln (engl. Cape Leadwort). Sie wird gern als Heckenpflanze verwendet und wächst als kleiner Strauch mit zarten grünen aufrechten, zuweilen fast kletternden Sprossen. An ihnen sitzen kurz gestielt die stumpfen, kahlen, ganzrandigen Blättchen, die unterseits mit Schüppchen versehen sind. Die Blüten der Pflanze sind von zartblauer Farbe und stehen gedrängt, fast einseitswendig in Ähren an den Sproßenden. Sie bilden einen röhrigen, fünfrippigen Kelch und eine breit tellerförmige Krone über einer langen schmalen Kronröhre. Die Frucht ist eine mit 5 Klappen sich auflösende Kapsel. Neben der zart hellblauen Art gibt es auch eine weißblühende Kulturform.

Brunfelsie 95

Brunfelsia pauciflora (Cham. et Schlechtend.) Benth.

Nachtschattengewächse *Solanaceae*

Die Gattung *Brunfelsia* (engl. Yesterday, Today and Tomorrow) wurde nach dem deutschen Arzt, Botaniker und Theologen Brunfels benannt. Sie ist mit 30 Arten in Mittel- und Südamerika sowie auf den Antillen verbreitet. Es handelt sich bei *B. calycina* um einen von der Basis an verzweigten, in die Breite wachsenden Strauch, der elliptische bis verkehrt-eiförmige, zugespitzte Blätter trägt. Sie sind 8–10 cm lang, oberseits glänzend und unterseits blaßgrün. Die violetten Blüten stehen in wenigblütigen, gedrängten Scheindolden. Sie sind kurz gestielt und tragen einen abgeflachten, bis 5 cm breiten Kronsaum. Der fünfblättrige, hellgrüne Kelch ist kahl und aufgeblasen. Die 4 Staubgefäße sind im Innern der Kronröhre angeheftet. Aus dem zweiteiligen Fruchtknoten entwickelt sich eine ledrige Kapselfrucht mit relativ großen Samen. Die Heimat der Pflanze ist Brasilien, wo auch *B. hopeana* als Lieferant der Manaca-Wurzel vorkommt. Sie enthält den Stoff Manacin, der als Mittel gegen Schlangenbisse verwendet wird.

Schling- und Kletterpflanzen

Unter den tropischen Zierpflanzen ist die Gruppe der Schling- und Kletterpflanzen reicher vertreten als in den gemäßigten Breiten. Zu dieser Lebensform zählen sowohl holzige als auch krautige Arten. Ihr vermehrtes Auftreten erklärt sich dadurch, daß unter den Lebensbedingungen der feucht-warmen Tropen ein üppigeres, schnelleres Wachstum möglich ist. Dies hat zur Folge, daß in vielen natürlichen Pflanzengemeinschaften die Raumausfüllung durch die Vegetation größer ist. Dieser Tatsache haben sich zahlreiche Arten im Verlauf der stammesgeschichtlichen Entwicklung dadurch angepaßt, daß sie im Kampf um Raum und Licht verlängerte Sproßachsen ausbilden und als Schling- und Klettergewächse an die Stellen mit größerer Helligkeit emporsteigen.
Die ökologisch wichtige Gruppe der Schlingpflanzen wird auch als Lianen bezeichnet. Ihre Windebewegungen können sowohl im Uhrzeigersinn als auch in entgegengesetzter Richtung erfolgen. Sie heften sich zunächst nach Suchbewegungen der vorderen Sproß- und Blattabschnitte an entsprechende Stützen an und steigen durch nachträgliches Umschlingen ihres Trägers sowie der eigenen Achsen an die lichtreichen Orte empor. Daneben gibt es Arten, die sich mit Hilfe von Sproß- und Blattranken oder mit Adventivwurzeln an ihrem Träger befestigen. Die windenden Arten können sowohl krautig als auch holzig sein, doch werden nur die verholzten Formen als Lianen bezeichnet. Sie besitzen einen interessant gebauten, vor allem im Alter vielfach zusammengesetzten Holzkörper. Schließlich gibt es Formen, die sich durch Haken- und Dornenbildung mannigfaltigster Art einen Halt an ihren Trägern verschaffen. Unter allen erwähnten Gruppen findet sich eine große Zahl beliebter tropischer Zierpflanzen.

Drillingsblume, Bougainvillie 96
Bougainvillea spectabilis Willd. 97

Wunderblumengewächse *Nyctaginaceae*

Die Bougainvillie ist nach dem französischen Seefahrer Bougainville benannt und zählt zu den bekanntesten und beliebtesten tropischen Zierpflanzen. Sie kann im jugendlichen Stadium Hecken bilden und im Alter ganze Hauswände oder Mauern überziehen. Die Heimat der Pflanze ist Ostbrasilien, sie kommt aber jetzt bis in den Mittelmeerraum vor. Sie klettert mit Hilfe von starken, gekrümmten Sproßdornen, später können sich aber die eigenen Sprosse ähnlich wie bei der Glyzinie vielfach umeinanderschlingen und viele Meter lang werden.
Die Blätter stehen wechselständig und sind eirund bis lanzettlich, ganzrandig und in eine Spitze ausgezogen. Der eigentliche Schauapparat besteht aus 3 Hochblättern, die quirlig am Sproßende stehen und von verschiedener Färbung sein können. Sie erscheinen im typischen Fall leuchtend rosa-violett, doch gibt es Zuchtformen in allen Farbabstufungen. Die Basis der Hochblätter ist mit der schmal röhrenförmigen Blüte verwachsen. Gegenüber den Hochblättern tritt die relativ kleine Blüte in den Hintergrund. Sie ist nach der Fünfzahl gebaut und besitzt über dem rückgebildeten Kelch eine blaßgelbe Kronröhre. Die 7–8 Staubblätter sind in der Kronröhre verborgen. Aus dem Fruchtknoten entwickelt sich eine spindel bis birnförmige Frucht. Die Pflanze fällt immer wieder durch das Farbenspiel ihrer netzadrigen, zarten Hochblätter besonders auf. Es reicht von dunkel rosa-violett über alle Rotabstufungen und orange bis rein weiß. Die Bougainvillie ist eine ausgesprochen wärmeliebende Pflanze, die am besten in praller Sonnenlage gedeiht.

Mexikanischer Knöterich 98

Antigonon leptopus Hook. et Arn.

Knöterichgewächse *Polygonaceae*

Der Mexikanische Knöterich (engl. Mexican Creeper) ist eine schön blühende, hoch rankende Pflanze mit verholzter Basis. Ihre Sprosse erreichen mehrere Meter Länge und tragen bis 10 cm lange herzförmige, langgestielte Blätter mit gewelltem Rand. Die Pflanze rankt mit Hilfe von Seitensprossen. Ihre ansprechenden rosafarbenen Blüten sind durch 3 große äußere Blütenhüllblätter ausgezeichnet, die sich bei der Fruchtreife noch vergrößern. Neben diesen 3 Blütenblättern bilden 3 kleinere innere Hüllblätter den Schauapparat der Blüte. Weiter sind 7–9 Staubblätter vorhanden, die am Grund durch einen Ring verbunden sind. Der aus 3 Fruchtblättern bestehende Fruchtknoten entwickelt sich zu einer Nuß, die von den Außenkelchblättern eingehüllt bleibt. Die aus Westmexiko stammende, jetzt in allen Tropenländern kultivierte, aber oft auch verwilderte Pflanze wird in Lateinamerika als »Liebeskette« und im englischen als »Mexikanischer Kletterer« bezeichnet. Ihre Blüten werden gern von Bienen besucht. Neben der beschriebenen Form sind auch eine blaßrosafarbene und eine weiße Varietät bekannt.

Allamande 99

Allamanda cathartica L.

Hundsgiftgewächse *Apocynaceae*

Die Allamande ist eine schnellwüchsige Kletterpflanze aus Brasilien. Sie erreicht bis 6 m Höhe und fällt durch ihre leuchtend gelben bis 8 cm breiten, am Ende erweiterten Trichterblüten auf. An den biegsamen Sprossen der Pflanze stehen am Grunde quirlständig 3–4, zu der Spitze hin gegenständig 2 eirunde bis längliche, fast sitzende Blätter. Sie sind an beiden Enden zugespitzt und sehr derb mit glatter Oberfläche. Die Blüten entwickeln sich gedrängt in endständigen Trugdolden. Sie tragen an der Peripherie 5 verwachsene Kelchblätter, deren Enden als Zähne sperrig abstehen. Die Krone besteht aus einer langen, schlanken, vorspringenden Röhre, die sich am Ende breit trichterförmig öffnet und in die 5 abgerundeten Lappen der Blütenblätter übergeht. In der Knospenlage zeigen die Blütenblätter eine für die Hundsgiftgewächse typische Drehung. Unter dem gefransten Blütenschlund sind die 5 Staubblätter eingefügt. Der aus 2 Fruchtblättern bestehende Fruchtknoten entwickelt sich zu Kapselfrüchten, die mit langen Stacheln versehen sind und zweiklappig aufspringen. In ihrem Innern finden sich zahlreiche, breit hautrandige Samen. Von der sehr beliebten Zierpflanze, die nach dem holländischen Botaniker Allamand benannt ist, gibt es zahlreiche Varietäten, darunter eine von purpurner Farbe.

Pyrostegie, Feuerranke 100

Pyrostegia venusta (Ker.-Gawl.) Miers

Bignoniengewächse *Bignoniaceae*

Die brasilianische Pyrostegie (engl. Orange Trumpet Vine) klettert mit Hilfe dreispaltiger, fadenförmiger Ranken. Ihr Gattungsname bedeutet »Feuerdach«. Es handelt sich um eine Pflanze mit drei- oder zweiteiligen Blättern, deren oberseits glänzende bis 10 cm lange Einzelfiedern derb, von elliptisch-lanzettlicher Gestalt und an der Spitze verlängert sind. Der Blattrand ist geschweift und die Blattunterseite rostfarbig. Die feurig orangeroten, leuchtenden Blüten stehen in dichten Endrispen und tragen über einem kompakten Kelch eine lange gebogene, aus 4 oder 5 Kronblättern gebildete Röhre. Die Kronblätter schließen vor dem Öffnen der Blüte an der Spitze ballonartig zusammen und rollen sich später nach hinten leicht ein. Im geöffneten Stadium ragen die 4 Staubblätter und der am Grunde mit einer Scheibe versehene Fruchtknoten aus der prachtvollen Kronröhre hervor. Aus den beiden Fruchtblättern entwickeln sich lange, linealische, ledrige Balgfrüchte, die am Grund miteinander verbunden sind und im Innern die regelmäßig übereinandergeschichteten, mit feinem Hautsaum versehenen Samen bergen. Die Pyrostegie ist eine weit verbreitete dankbare Zierpflanze, die Hecken überkleiden und auch an Mauern emporklettern kann. Während der Blüte ist sie dann von besonders schöner Wirkung.

Goldbecher 101

Solandra nitida Zucc.

Nachtschattengewächse *Solanaceae*

Die Gattung *Solandra* ist nach dem schwedischen Botaniker Solander benannt, der ein Schüler von Linné war. Es handelt sich bei *S. nitida* um einen häufig kultivierten Strauch mit kletterndem Wuchs. Die elliptischen Blätter sind derb mit glänzender Oberfläche. Besonders auffallend sind die prachtvollen, flach röhrenförmigen Blüten mit schiefem, glockig erweitertem Schlund (daher auch die englische Bezeichnung »Cup of Gold«). Die Blüten stehen einzeln und sind im Knospenstadium cremefarben hellgelb. Sie ändern während der viertägigen Blütezeit ihre Farbe über goldgelb nach hellorange vor dem Abfallen. Die 10 Arten der Gattung sind in Mittel- und Südamerika beheimatet. Zu diesen zählt auch die in Mittelamerika Papaturra *(S. grandiflora)* genannte Art, die bis 1 kg schwere, fast kugelige, größtenteils vom Kelch eingehüllte Beerenfrüchte von apfel- bis melonenähnlichem Geschmack liefert. Vor allem die Art *S. nitida* hat sich als beliebtes Ziergewächs inzwischen in fast allen tropischen und auch subtropischen Regionen verbreitet.

Großblütige Thunbergie 102

Thunbergia grandiflora Roxb.

Akanthusgewächse *Acanthaceae*

Die Gattung *Thunbergia* ist nach dem schwedischen Botaniker Thunberg benannt und mit rund 100 Arten überwiegend im tropischen und südlichen Afrika sowie auf Madagaskar verbreitet. Sie umfaßt zahlreiche Zierpflanzen und ist an den beiden großen Vorblättern am Grunde der Blüte kenntlich. Die auffälligste in allen Tropenländern der Erde kultivierte Art ist die Großblütige Thunbergie (engl. Sky Vine) mit ihren samtig hell- oder dunkelblauen Blüten. Sie rankt an Mauern und Zäunen und besitzt große, eiförmige, bis 20 cm erreichende, ausgeschweift-gezähnte oder leicht gelappte, immergrüne Blätter. Die stattlichen wunderbar zarten Blüten hängen in Trauben herab und zeigen am Grund der 5 breiten, abgerundeten Lappen der Blütenkrone einen gelbbraunen mit dunkleren Längsstreifen gezierten Fleck. Der Kelch ist nur saumartig angedeutet. Die 4 Staubgefäße sind dicht über dem Grund der Kronröhre eingefügt. Aus dem zweiteiligen Fruchtknoten entwickelt sich eine Kapsel. Die Pflanze steht das ganze Jahr hindurch in Blüte.

Fensterblatt 103

Epipremnum aureum, (Lind. et André) Bunting

Syn.: *Rhaphidophora aurea* (Lind. et André) Birdsey

Aronstabgewächse *Araceae*

Unter den kletternden Zierpflanzen der Tropen stellen die Gattungen *Monstera* und *Epipremnum* eine große Anzahl sehr dekorativer Arten. Die Gattung *Monstera* ist mit mehr als 220 Arten im tropischen Amerika beheimatet, während das natürliche Verbreitungsgebiet von *Epipremnum* sich über den indomalayischen Archipel und die Inseln des Stillen Ozeans erstreckt. Die Vertreter beider Gattungen sehen sich äußerlich vielfach ähnlich, doch ist *Epipremnum* durch einen einfächerigen Fruchtknoten ausgezeichnet, der bei *Monstera* zwei bis mehrere Fächer besitzt.
Die auf Abb. 103 dargestellte Altersform von *Epipremnum aureum* (epi = auf, premnum = Baumstumpf) ist durch abschnittsweise gelb und grün gefärbte (panaschierte) Blätter ausgezeichnet und steigt mehr als 10 m hoch an einem Kapokbaum *(Ceiba pentandra)* empor. Die Pflanze stammt von den Salomonen. Die Befestigung ihres langen, krautigen, hohlen Sprosses geschieht mit Hilfe von Adventivwurzeln, von denen manche wie Bindfäden den Trägerbaum umschlingen, während andere seilförmig herabhängen. Die gleiche ökologische Anpassung zeigen auch die epiphytischen Arten der Gattung *Monstera* (= *Philodendron*), von der es neben den kletternden auch aufrechte Arten gibt. Allen kletternden Vertretern beider Gattungen ist gemeinsam, daß sie im Jugendstadium ± geschlossene Blattspreiten entwickeln, während die Folgeblätter mit Löchern versehen oder vom Rand her eingeschnitten sind. Lochbildung und Teilung des Blattes sind eine Folge der größeren Helligkeit. Die Blütenstände am Ende der kletternden Sprosse sind kolbenartig und von einem Hüllblatt (Spatha) umgeben. Es ist an der Innenseite meist grünlich, gelegentlich auch bunt oder gelb gefärbt. Der Blütenkolben von *Monstera deliciosa* (Foto 103, kleines Bild) trägt zahlreiche Blüten mit 4–6 zu einem kantigen Körper verwachsenen Staubblättern. Aus dem Fruchtknoten der Blüten entwickelt sich jeweils eine Beere. Die zahlreichen Beeren bilden dicht gedrängt stehend einen scheinbar einheitlichen Fruchtkolben. Dieser Kolben stellt somit eine Sammelfrucht dar, von der sich bei der Vollreife die Teile der Einzelblüte deckelartig ablösen. Die Fruchtstände sind bei der aus Mexiko und Mittelamerika stammenden *M. deliciosa (= Philodendron pertusum)* aromatisch, sehr wohlriechend und für Bowlen geeignet.

Sternwinde 104

Quamoclit pinnata (Desv.) Bojer

Windengewächse *Convolvulaceae*

Die Stern- oder Prunkwinde ist eine krautige einjährige Art mit natürlicher Verbreitung im tropischen Amerika. Sie trägt an ihren windenden Sprossen wechselständige, zart gefiederte Blätter, die bis auf die Mittelrippe hinab in linealische Zipfel fein zerschlitzt sind. Die schmal trichterförmigen, karminroten Blüten stehen in doldigen Trauben. Sie besitzen einen gestutzten Kelch und eine schmale, schlanke Kronröhre, aus der die 5 Staubgefäße hervorragen. Der aus 2 Fruchtblättern bestehende Fruchtknoten entwickelt sich zu einer vierfächerigen Kapsel mit 2 falschen Scheidewänden. Die Farbe der zierlichen Blüten kann von scharlachrot über leuchtend karmin bis purpurrot variieren. Auch weißblühende und rosafarbene Varietäten sind bekannt. Die Gattung umfaßt in den Tropen der Neuen Welt und in Indien 12 Arten.

Pandorenstrauch 105

Pandorea ricasoliana Bail

Syn.: *Podranea ricasoliana* (Tanf.) Sprague

Bignoniengewächse *Bignoniaceae*

Die Gattung *Pandorea* ist von Australien und Neukaledonien bis zu den Molukken verbreitet. Von den 10 bekannten Arten wird die australische *P. ricasoliana* als Kletter- und Spalierpflanze vor allem wegen der Schönheit ihrer Blüten in den Tropen weltweit kultiviert. Es handelt sich um eine schnellwüchsige, verholzende Liane mit gegenständigen, unpaarig gefiederten Blättern, die 5–11 Fiederblättchen besitzen und am Rand gesägt sind. In den Blattachseln werden oft gegenständig Seitenzweige gebildet. Die zartrosa gefärbten fünfzähligen Blüten erreichen 6 cm Länge und sind in ihrem geöffneten Schlund mit dunkelroten Längsstreifen geziert. Die schlanke, nach oben trompetenförmig erweiterte Kronröhre ist am Grund von dem aufgeblasenen Kelch umgeben. Aus dem zweiblättrigen Fruchtknoten entwickelt sich eine 25–35 cm lange zylindrische Kapsel. Sie hat wegen ihrer Ähnlichkeit mit der Büchse der Pandora zu dem Gattungsnamen Anlaß gegeben. Die prachtvolle Zierliane stellt bezüglich der Bodenbeschaffenheit keine speziellen Ansprüche, doch gedeiht sie am besten in greller Sonne. Die Pflanze klettert in kurzer Zeit an Mauern oder an Pergulawänden empor und wird gerne zur Verkleidung von Lauben verwendet.

Balsambirne 106

Momordica charantia L.

Gurkengewächse *Cucurbitaceae*

Die Balsambirne (engl. Balsam Pear, Bitter Momordica) ist ursprünglich in den Tropen der Alten Welt beheimatet, wurde jedoch durch den Menschen über alle Tropengebiete der Erde verbreitet. Es handelt sich um eine einjährige krautige Pflanze, die mit Hilfe von ungeteilten Ranken klettert und bis mehr als 2 m Höhe erreicht. Die Ranken sind umgewandelte Blätter. Diesen Ranken gegenüber sitzen die im Umriß nierenförmig-kreisrunden, fünf- bis siebenlappigen, fußförmigen Blätter. Die Lappen sind von eirund-länglicher Gestalt und können am Rand gezähnt sein. Die Pflanze besitzt kleine radförmige, fünfzipflige männliche und weibliche Blüten von orangegelber Farbe. Aus dem unterständigen Fruchtknoten der weiblichen Blüten entwickelt sich die längliche, an der Oberfläche höckerige Frucht. Sie hängt an einem schlanken Stiel herab und ist anfangs grün, später leuchtend orange gefärbt. Die in ihrem Inneren vorhandenen hellgrauen bis braunen, schwach zusammengedrückten Samen sind beiderseits erhaben gemustert und von einem blutroten Fruchtmark umgeben. Es bildet zu der äußeren orangefarbenen Schale der Beerenfrucht einen starken Farbkontrast. Ein naher Verwandter ist der ebenfalls in den Tropen allgemein verbreitete Balsamapfel *(M. balsamina)* mit breiteiförmigen, kammartig-höckerigen Früchten und im Umriß runden, nur bis zur Mitte drei- bis fünflappigen Blättern, die zur Bereitung von Tee und als Tonikum dienen.

Losstrauch 107

Clerodendron splendens G. Don.

Eisenkrautgewächse *Verbenaceae*

Der Name der Gattung *Clerodendron* leitet sich von kleros = Los, Schicksal und dendron = Baum ab. Die Gattung umfaßt insgesamt 390 Arten von überwiegend paläotropischer Verbreitung. Bei *Cl. splendens* handelt es sich um einen schlingenden Strauch aus den Gebirgen West- und Zentralafrikas, der an Stützen bis zu 10 m Höhe emporsteigt. An den verholzten Sprossen der Pflanze inserieren gegenständig kurz gestielte, schmal herzförmige, zugespitzte Blätter mit welligem Rand. Die Blüten sitzen endständig oder in den Blattachsen in doldenförmigen Rispen. Sie besitzen einen kleinen Kelch und eine lange vorspringende violettrote, meist jedoch prächtig scharlachrote, schlanke Kronröhre, aus der die 4 Staubblätter und der lange Griffel weit hervorragen. Aus dem zweiblättrigen Fruchtknoten entwickeln sich beerenartige Steinfrüchte. Die Pflanze gehört zu den schönsten tropischen Schlinggewächsen.

Prunkwinde, Strahlenwinde 108

Ipomoea carnea Jacq.

Windengewächse *Convolvulaceae*

Die Gattung *Ipomoea* umfaßt 400 tropische und subtropische Arten, von denen die meisten in Amerika verbreitet sind. Es finden sich unter ihnen aufrechte strauch- oder baumartige, überwiegend jedoch einjährige oder ausdauernde Schlingpflanzen, die vor allem in den Tropen der Neuen Welt Gebüsche und Hecken mit einem üppigen Blütenflor überziehen. Von besonderer Schönheit sind die blauen und blauvioletten oder auch hellvioletten Arten (engl. Blue Bind Weed). Ihre vielfach samtig überhauchten Blüten stehen in den Achseln der wechselständigen Blätter oder entfalten sich nacheinander an den Sproßenden in den vielblütigen Ständen. Die Blüten tragen in der mehr oder weniger kurzen Blütenröhre 5 meist ungleich lange Staubblätter. Der fadenförmige Griffel endet in einer kugeligen, zuweilen auch geteilten dicken Narbe. Aus dem zweiteiligen Fruchtknoten entwickelt sich eine Kapsel, die sich zwei- oder vierteilig, nicht selten auch mit einem Deckel öffnet. Es werden meist 4 zuweilen auch 6 große Samen gebildet.

Blaue Passionsblume 109

Passiflora caerulea L.

Passionsblumengewächse *Passifloraceae*

Die Gattung *Passiflora* (engl. Passionsflower) ist mit 500 Arten vorwiegend im tropischen Amerika verbreitet, doch kommen auch Vertreter in Asien und Australien, einige sogar in Neukaledonien, Fidschi, Neu Guinea sowie eine Art auf Madagaskar vor. Die meisten Arten klettern mit den zu Ranken umgebildeten Seitensprossen. Ihre oft einzeln oder paarweise neben den Ranken entspringenden Blüten können unscheinbar aber auch sehr auffällig sein. Sie besitzen stets den gleichen charakteristischen Aufbau, der zu der Bezeichnung Passionsblume geführt hat. Als äußere Hülle sind 2 Vorblätter und 1 Tragblatt vorhanden. Alle 3 Blattorgane sind unauffällig gefärbt und vertreten den Kelch, denn die folgenden 5 Kelchblätter zeigen auf der Innenseite die gleiche Färbung wie die 5 Kronblätter. Daher ergibt sich der Eindruck einer zehnblättrigen Blumenkrone, über der als Bildung besonderer Art die Korona emporragt. Sie stellt eine Ausgliederung des bei den Passionsblumen verbreiterten Blütenbodens dar und besteht aus einem äußeren Fadenring und einem inneren Strahlenstern, an dessen Stelle auch ein häutig gefalteter oder gekräuselter Ring treten kann.

Über der feingliedrigen Korona erheben sich auf gemeinsamer Säule die 5 Staubbeutel und der dreiblättrige Fruchtknoten mit seinen abspreizenden Narben. Der Name der Blüte rührt daher, daß man die Korona mit der Dornenkrone und die 3 abstehenden, am Ende keulig verdickten Griffelschenkel mit den Nägeln verglichen hat. Der verbreiterte Blütenboden sondert Nektar ab.
Die auch als Zimmerpflanze kultivierte Blaue Passionsblume stammt aus Brasilien und Peru. Sie ist eine hochkletternde Pflanze mit fünf- bis siebenlappigen Blättern, großen, fast nierenförmigen Nebenblättern und blauen, wohlriechenden, bis 8 cm großen Blüten, die durch einen blauen Strahlenkranz ausgezeichnet sind. Auf Abb. 109 ist die Kulturform »Kaiserin Eugenie« abgebildet. Eine beliebte Zierpflanze ist auch die Traubige Passionsblume *(P. racemosa).*

Krautige Arten

Strandpflanzen

Tropische Strandwinde, Ziegenfußwinde **110**

Ipomoea pes-caprae (L.) R. Br. **112**

Windengewächse *Convolvulaceae*

Die Strandwinde (engl. Beach Vine) ist an allen Küsten der Tropen vor allem an Sandstränden verbreitet. Ähnlich wie die im Mittelmeer und am Atlantik verbreitete Meerstrandwinde bildet sie lange kriechende Sprosse, die bei günstigen Standortsbedingungen mehr als 10 m Länge erreichen. Mit ihren zahlreichen Adventivwurzeln dienen sie der Festigung des Sandstrandes. An den gestreckten, weithin kriechenden Sprossen sitzen wechselständig die großen gestielten, abgerundet zweilappigen Blätter, die entfernt an den Abdruck eines Bocksfußes erinnern und ihr daher den Namen »pes-caprae« gaben. Die großen rosafarbenen, radförmigen Blüten (Foto 112) erreichen mehr als 10 cm Durchmesser und sind wie die ganze Pflanze sehr auffällig. Aus dem zweiblättrigen Fruchtknoten entwickeln sich stattliche Kapselfrüchte, die lange im Seewasser treiben können. Foto 110 zeigt die Meerwicke *(Canavalia maritima),* ein Vertreter der Schmetterlingsblütler, die an den Stränden der Karibik vorkommt.

Oscherstrauch, Sodomsapfel **111**

Calotropis procera (Ait.) Ait. R. Br.

Seidenpflanzengewächse, *Asclepiadaceae*

Der Oscherstrauch (engl. Giant Milkweed) ist eine von Westafrika bis Hinterindien verbreitete Pflanze, die an trockenen steppen- bis wüstenhaften Standorten oft massenhaft auftritt. Sie wird in Indien Madar oder Jerkum genannt und kommt bis zum Toten Meer vor. Die am Grunde verholzte Pflanze erreicht mehr als 4 m Höhe und kann zu einem kleinen Baum heranwachsen. Die starken, aufrecht stehenden Triebe sind mit großen breit ovalen, in eine Spitze auslaufenden filzigen Blättern besetzt. Sie sind gegenständig und kurz gestielt. Die kräftigen Blattnerven treten vor allem auf der Unterseite plastisch hervor. Die weißen fünfzähligen Blüten werden in den Achseln der Blätter gebildet und tragen in ihrem Innern einen purpurfarbenen Fleck. Aus dem zweiblättrigen Fruchtknoten gehen große, ovale, grüne rotbackige Früchte hervor, die auch als Sodomsäpfel bezeichnet werden. Sie enthalten zahlreiche Samen, deren feine Flughaare pflanzliche Seide bilden. Für die Fasergewinnung sind sie wenig brauchbar, finden aber als Stopfmaterial Verwendung. Die Gattung ist in den warmen Gebieten Afrikas und Asiens mit 5 Arten verbreitet. *C. procera* wurde vor wenigen Jahrzehnten ins tropische Amerika eingeschleppt, wo sich die Art innerhalb kurzer Zeit über weite Gebiete ausdehnte. In Südasien und Melanesien liefert die Rinde der verwandten Art *C. gigantea* die sehr gute Jercum-Faser. Der weiße Milchsaft dieser Art erinnert in getrocknetem Zustand an Guttapercha und ihre Samenhaare sind als Fasern verspinnbar.

Zentroseme 113

Centrosema spp.

Schmetterlingsblütler *Fabaceae*

Die Gattung *Centrosema* ist mit rund 30 Arten in den tropischen und temperierten Gebieten Amerikas beheimatet. Ihr Name leitet sich davon ab, daß die Fahne der Blüte auf der Rückseite einen kurzen Sporn trägt. Es handelt sich um kletternde, zuweilen auch kriechende Pflanzen mit gefiederten Blättern, bei denen die Zahl der relativ großen Einzelfiedern oft 3 beträgt. Die ansehnlichen Blüten stehen auf relativ langen, blattachselständigen Stielen. Die Blüten zeichnen sich durch eine sehr breite kreisförmige oder gar herzförmige Fahne und nach innen gebogene Flügel aus, die dem Schiffchen anliegen. Aus dem einzigen Fruchtblatt gehen nahezu sitzende, linealische Hülsen hervor. Weit verbreitet im Karibischen Raum und im tropischen Amerika ist die behaarte Zentroseme *(C. pubescens),* deren Fruchtblätter auf der Unterseite behaart sind.

Stauden

Scharlachrote Alpinie 114

Alpinia purpurata (Vieill.) K. Schum. 115

Ingwergewächse *Zingiberaceae*

Die Gattung *Alpinia* umfaßt 230 Arten und ist nach dem italienischen Botaniker Prospero Alpino benannt, der um 1600 lebte. Es handelt sich um stattliche Stauden mit einem knolligen aromatischen Wurzelstock, der mehrfach verzweigt sein kann. Am Rhizom entspringen Sprosse mit wechselständigen, lanzettlichen an die Banane erinnernden Blättern. Die Scharlachrote Alpinie (engl. Red Ginger) stammt aus Malaya und ist in tropischen Ziergärten weit verbreitet. Sie erreicht 1,50–2,0 m Höhe und trägt fast das ganze Jahr hindurch auffallend rote, ährenförmige Blütenstände (Foto 115). Die dekorative Wirkung der Staude beruht auf ihren fleischigen, wachsartig glänzenden Tragblättern. In ihren Achseln entspringen die reinweißen, wenig auffälligen Blüten. Sie sind wie bei allen Ingwergewächsen dadurch ausgezeichnet, daß von den für die Einkeimblättler charakteristischen 6 Staubblättern nur das mittlere des inneren Kreises fruchtbar ist. Die beiden äußeren Staubblätter des Innenkreises sind zu einer Lippe (Labellum) verwachsen. Der aus 3 Blättern bestehende Fruchtknoten wächst zu einer Kapsel heran, die nach der Reife lange geschlossen bleibt. Charakteristisch für die Pflanze ist, daß sie im Blütenstand wie die Agave Adventivpflanzen bildet, die auf der Mutterpflanze bis zu 30 cm großen Jungpflanzen auswachsen und sich leicht vermehren lassen.

Nickende Alpinie 116

Alpinia zerumbet (Pers.) B. H. L. Burtt et R. M. Sm.

Syn.: *A. speciosa* (Wendl.) K. Schum.; *A. nutans* hort.

Ingwergewächse *Zingiberaceae*

Die Nickende Alpinie (engl. Shell Ginger) ist in China und Südjapan beheimatet und gelangte bereits 1792 über Ostindien nach Europa. Sie wird als dekorative Schmuckstaude in allen Tropengärten kultiviert. Die Pflanze erreicht bis 3 m Höhe und trägt an dem kräftigen Sproß lanzettliche, kurz zugespitzte, an der Basis verschmälerte Blätter. Diese sind wie bei der Scharlachroten Alpinie glatt und kahl. Der sehr dekorative, bis 30 cm lange Blütenstand ist überhängend und trägt dicht gedrängt zahlreiche Blüten. Die großen Kelchblätter sind wie die Kronblätter weiß und stehen glockenförmig zusammen. Die durch Verwachsung der beiden inneren unfruchtbaren Staubblätter gebildete bis 4 cm große Lippe ist breit eiförmig, dreilappig und am Rand eingerollt. Sie ist gelb und rosarot gefleckt und durch zarte Streifen geziert. Als Frucht bildet sich eine rote Kapsel. Die Samen besitzen wie bei fast allen Ingwergewächsen ein deutlich ausgebildetes Anhängsel.

Das aromatische Rhizom verschiedener *Alpinia*-Arten wird zu Heil- und Gewürzzwecken verwendet. Am bekanntesten ist der Galgant oder Siam-Ingwer *(A. officinarum),* der auf der südchinesischen Halbinsel Hainan beheimatet ist und auch in Thailand angebaut wird. Sein Wurzelstock erreicht 1 m Länge und liefert eine Droge von würzigem Geruch und bitter aromatischem, leicht brennendem Geschmack. Sie enthält 0,5–1,5% ätherische Öle sowie Galganol und Alpinol, 2 scharf schmeckende, chemisch noch nicht bekannte Stoffe. Das Rhizom ist ein Bestandteil von Gewürzmischungen (Curry) und wird zur Likörfabrikation verwendet. Der von den Molukken stammende Unechte Galgant *(A. galanga)* bildet ein Rhizom, das wie der Echte Galgant in Südasien zu Heilzwecken verwendet wird.

Weiße Hedychie, Schmetterlingsblume 117

Hedychium coronarium J. G. Koenig

Ingwergewächse *Zingiberaceae*

Die Gattung *Hedychium* umfaßt 50 Arten, von denen die meisten in Ostindien, 2 auf den Philippinen und 2 auf Madagaskar verbreitet sind. Es sind meist ansehnliche Pflanzen mit knolligem, gegliedertem Wurzelstock. Aus diesem treiben die stattlichen Sprosse mit sitzenden Blättern und großen Blütenähren. Unter den zahlreichen Arten ist das weißblühende *H. coronarium* (engl. White Ginger) wohl am bekanntesten. Die im Himalaya wildwachsende Pflanze erreicht in Kultur mehr als 1 m Höhe und besitzt steife, länglich lanzettliche, fein zugespitzte Blätter, die oberseits glatt und unterseits weichhaarig sind. Sie werden bis 60 cm lang und 30 cm breit. Die großen schneeweißen Blüten stehen in wenigblütigen, bis 20 cm langen Ständen. Ihre Deckblätter sind grün und bräunlich berandet.

Die großen, sehr intensiv riechenden Blüten besitzen 3 Kelchblätter, die eine schmale lange Röhre bilden. Nach innen folgen 3 schlanke, zipfelförmige Kronblätter. Die beiden unteren überdecken ein auffällig großes, lippenförmiges Blütenorgan, das aus 2 miteinander verwachsenen Staubblättern hervorgegangen und in der Mitte stumpf herzförmig eingeschnitten ist. Von den Staubblättern ist nur noch eines vorhanden, das den Griffel eng umschließt und weit und bizarr aus der Blüte hervorragt. Sein schmaler Staubfaden wird von der gewimperten Narbe überragt. Die weiße Blüte verströmt vor allem in den Abendstunden einen herben Wohlgeruch, der auch zu dem Gattungsnamen *Hedychium* (süßer Schnee) geführt hat.

Kostwurz 118

Costus speciosus (J. G. Koenig) Smith

Ingwergewächse *Zingiberaceae*

Das Wort »Costus« bezeichnet im griechischen eine würzige, pfefferähnliche Wurzel und kennzeichnet im lateinischen einen indischen Strauch, aus dessen Wurzel eine kostbare Salbe hergestellt wird. Es nimmt somit Bezug auf die bei vielen Ingwergewächsen vorhandenen aromatischen Inhaltsstoffe. Sie finden sich auch bei der in Indien beheimateten *C. speciosus* (engl. Crape Ginger), die in allen Tropengärten kultiviert wird. Aus dem kräftigen, aromatischen Wurzelstock der Pflanze entspringen meist zahlreiche bis 3 m hohe, am Grunde halbholzige Sprosse, die in schraubiger Anordnung zahlreiche lanzettliche, kurz gestielte, seidenhaarige, bis 20 cm lange Blätter tragen. Sie sind allmählich in eine Spitze ausgezogen und mit einem Gelenkpolster versehen. Die Blüten der Pflanze stehen dicht gedrängt in aufrechten elliptischen oder eiförmigen Ähren und besitzen rote Tragblätter. Die Kelchblätter bilden eine kurze Röhre, ebenso die Kronblätter. Das eigentliche Schauorgan der Blüte wird von den 5 verwachsenen Staubblättern gebildet und wegen seiner Form als Labellum bezeichnet. Es ist von weißer Farbe und hat im Mittelpunkt einen orangeroten Fleck. Aus dem dreiblättrigen Fruchtknoten entwickelt sich eine stattliche Kapsel. Die zuweilen verzweigte Art ist sehr formenreich.
Neben der indischen findet sich auch häufig die Afrikanische Kostwurz *(C. afer)* in Kultur. Sie ist in Senegal und Lagos beheimatet. Ihre Blätter sind wenig kleiner und geschwänzt in eine Spitze ausgezogen. Das weiße Labellum besitzt einen ausgenagtgezähnten Rand und trägt am Grund einen gelben Fleck.

Gelbe Hedychie 119

Hedychium gardneranum Rosc.

Ingwergewächse *Zingiberaceae*

Wie die Weiße so ist auch die Gelbe Hedychie (engl. Yellow Ginger) im Himalaya und Nordindien beheimatet. Ihre Blütenschäfte erreichen mehr als 1,5 m Höhe und schließen mit einer reichblütigen, lockeren Ähre ab. Die Blätter sind linealisch bis lanzettlich und in eine feine Spitze ausgezogen. Sie werden mehr als 45 cm lang und 15 cm breit. Die goldgelben Blüten stehen zu je 2 in den Achseln der Tragblätter. Sie zeigen im Prinzip den gleichen Bau wie bei der Weißen Hedychie, wirken jedoch schlanker. Sie besitzen eine zweispaltige Lippe, die doppelt so lang ist wie die roten Staubblätter. Der intensive Duft der Blüten erinnert an den von Orangen oder Jasmin. Aus dem dreiblättrigen Fruchtknoten gehen die innen roten Kapselfrüchte hervor. Sie umschließen Samen, die mit besonderen Samenmänteln (Arillus) umgeben sind.

Wagnersche Heliconie 120

Heliconia wagneriana Petersen

Bananengewächse *Musaceae*

Die Gattung *Heliconia* ist nach dem Berg Helicon, dem Sitz der griechischen Musen auf Euböa benannt. Sie umfaßt 150 Arten im tropischen Mittel- und Südamerika. Alle Arten besitzen einen ausdauernden Wurzelstock, an dem wie bei der Banane ein aus den zusammengerollten Blattscheiden gebildeter Scheinstamm entspringt. Manche Arten erreichen mehr als 3 m Höhe. Fast alle besitzen lang gestielte, große lanzettliche Blätter, die in 2 Zeilen stehen. Sie reißen wie bei vielen Bananengewächsen parallel zu den senkrecht von der Mittelrippe abgehenden Seitennerven ein und ähneln dann gefiederten Blättern. Der Blütenstand fällt durch die großen kahnförmigen, orangefarbenen bis leuchtend roten Tragblätter (Deckblätter) auf. In ihrem scheidenförmigen Blattgrund sitzen die relativ unscheinbaren Blüten wickelförmig angeordnet. Sie bestehen im typischen Fall aus 3 äußeren Kelchblättern, 3 inneren Kronblättern und 5 fruchtbaren Staubblättern. Das sechste Staubblatt ist unfruchtbar und blütenblattförmig. Der aus 3 Blättern gebildete Fruchtknoten entwickelt sich zu einer Kapsel, die sich bei der Reife öffnet und in jedem Fach einen Samen enthält. Alle Heliconien sondern am Grund der Blütenblätter reichlich süßen, klebrigen Nektar ab, der sich nicht selten in den Tragblättern mit dem aufgefangenen Regenwasser vermischt. Blütenbiologisch handelt es sich um ausgeprägte Vogelblumen.

Die aus Panama stammende prunkvolle *H. wagneriana* (engl. Wild Plantain) erreicht bis 2,5 m Höhe und trägt in der Regel 4–5 lang gestielte, lineal-lanzettliche Blätter, die in eine Spitze ausgezogen sind und mehr als 80 cm Länge erreichen. Die gedrängt aufrecht stehenden, eine kompakte Einheit bildenden, breit kahnförmigen Tragblätter (Brakteen) sind von rosarotem Farbton, der am Rand in orangerot übergeht. Sie sind mit einem kräftigen, plastischen, grünen Rand geziert. Die oberen Tragblätter erscheinen kürzer und gedrungener als die unteren. Diese sind teilweise in eine farbige Spitze ausgezogen. In den Brakteen sammelt sich reichlich Wasser. Die in Wickeln stehenden, grünen Blüten ragen zahlreich aus den Tragblättern hervor. Das mittlere äußere Blütenblatt steht isoliert und ist deutlich vergrößert, die übrigen 5 Blätter sind verwachsen. Es sind 5 fruchtbare Staubblätter und ein unfruchtbares kurzes (petaloides) Staubblatt vorhanden. In jeder Blüte wird reichlich Nektar ausgeschieden.

Papageien-Heliconie 121

Heliconia psittacorum L.

Bananengewächse *Musaceae*

Die in Guayana und Brasilien beheimatete Papageien-Heliconie erreicht bis 1 m Höhe. Sie besitzt lang gestielte Laubblätter, die am Grunde verschmälert sind und in den Blattstiel übergehen. Sie können bis 45 cm lang und 5 cm breit sein. Der Blütenstand zeigt rote und orangefarbene Töne, so daß ein exotisch schillerndes Farbenspiel entsteht, was zu dem Namen der Pflanze Anlaß gegeben hat. An den Tragblättern der Blütenstände ist häufig noch der Übergang vom Deckblatt zum Laubblatt zu sehen. Die Blütenstände werden bis 9 cm lang und besitzen 4–5 glänzend rote Tragblätter. Die Blüten selbst sind von grünlich-gelber Farbe und an der Spitze mit schwarzen Flecken geziert. In ihrer Größe und auch Farbe kann die Pflanze sehr variieren.

Geschnäbelte Heliconie 122

Heliconia rostrata Ruiz et Pavon

Bananengewächse *Musaceae*

Die in Peru beheimatete Pflanze gehört zu den schönsten Arten der Gattung. Es handelt sich um eine kräftige, über 3 m hohe Art mit deutlich zweizeilig gestellten Blättern von 2–3 m Länge. Sie bestehen aus einem drehrunden Stiel mit lineallanzettlicher Spreite, die in einer kurzen Spitze endet und wie der Stiel leicht bereift ist. Die dekorativen Blütenstände hängen an himbeerroten kräftigen Stielen bogig über und tragen bis 12 kurze, leuchtend rosarote, bei der Vollblüte entfernt stehende Tragblätter. Diese sind am Rand gelb mit grün berandeter, gestutzter Spitze und erinnern an den gewölbten Oberschnabel eines Vogels. Die Blütenblätter sind leuchtend schwefelgelb und ragen bei der Blüte vogelschnabelförmig spreizend aus dem bereiften Tragblatt hervor.

Orange Strelitzie, Paradiesvogelblume 123

Strelitzia reginae Banks.

Bananengewächse *Musaceae*

Die Gattung *Strelitzia* ist nach Charlotte von Mecklenburg-Strelitz, der späteren Gemahlin von König Georg III. von England benannt und umfaßt 4 Arten in Südafrika. Unter ihnen ist die Paradiesvogelblume oder fälschlich auch als »Vogelschnabelorchidee« (engl. Bird of Paradise) bezeichnete *S. reginae* die weitaus häufigste und bekannteste. Es handelt sich um eine 1–2 m hohe, mit einem kräftigen Rhizom versehene Pflanze, bei der Blätter und Blütenstand nahezu die gleiche Höhe erreichen. Die an die Banane erinnernden Blätter bestehen aus derben langen Stielen mit einer lederartigen, glatten länglich-eiförmigen Blattspreite, haben meist rote Mittelnerven und erreichen mehr als 1 m Höhe. Zwischen den Blättern ragt der sehr dekorative Blütenstand hervor. Er besitzt ein kahnförmiges, grünes, oft rot bis blauviolett überlaufenes Tragblatt, aus dem im Verlauf des Blühvorgangs die Blüten von der Basis zur Spitze hin hervortreten. Die Einzelblüten setzen sich aus 3 äußeren schmal lanzettlichen, orangefarbenen Blütenblättern und umgebildeten, metallisch blau schillernden inneren Blütenblättern zusammen, die pfeilförmig aus der Blüte hervorragen. Sie umschließen die 5 Staubblätter und den Griffel. Aus dem dreiblättrigen Fruchtknoten entwickelt sich eine vielsamige Kapsel.

Weißblütige Strelitzie 124

Strelitzia nicolai Regel et Koern.

Bananengewächse *Musaceae*

Im Gegensatz zur orangefarbenen Art bildet die Weißblütige Strelitzie (engl. White Bird of Paradise) einen deutlich entwickelten Stamm. Sie ist in Kapland und in Natal beheimatet. Der Stiel der bananenähnlichen Blätter erreicht bis 2 m und die mit abgerundetem Grund versehene Spreite wird bis 1 m lang. Je nach Kulturform ist die kahnförmige Blütenscheide metallisch blau oder rötlich bis kastanienbraun. Die 3 milchweißen Blätter des äußeren Blütenhüllkreises sind schmal lanzettlich und lang zugespitzt. Von den 3 inneren, hellblauen Blütenblättern werden nur 2 halbseitig ausgebildet. Sie liegen eng zusammen und bilden wie bei der Paradiesvogelblume ein scheinbar einheitliches pfeilförmiges Blattorgan. In einer Falte dieses Organs sind 5 Staubblätter und der Griffel eingeschlossen. Aus dem dreifächrigen Fruchtknoten geht eine vielsamige Kapsel hervor. Neben der Weißblütigen Strelitzie finden sich auch die beiden anderen Arten der Gattung in Kultur.

Spathiphyllum, Scheidenblatt 125

Spathiphyllum hybridum (Lind. et André) N. E. Br.

Aronstabgewächse *Araceae*

Von den 36 bekannten Arten der Gattung *Spathiphyllum* stammen weitaus die meisten aus den Tropen Amerikas, nur 2 Arten finden sich im indo-malayischen Inselarchipel, darunter *S. commutatum* auf den Philippinen. Obwohl alle Formen ein weißes Hüllblatt besitzen, finden sich nicht wenige, deren Einordnung infolge Bastardierung schwierig ist. Am bekanntesten ist das aus Kolumbien stammende *S. floribundum*. Es handelt sich um eine Pflanze mit kurzem Sproß und Blättern, bei denen Blattstiel und Blattspreite etwa die gleiche Länge besitzen. Der 12–20 cm lange Stiel ist am Grund deutlich scheidenförmig und trägt eine länglich-ovale, zugespitzte, oberseits glänzend grüne, unterseits matte Spreite. Die Hauptnerven der Blattspreite sind auf der Oberseite kaum sichtbar, treten aber auf der Unterseite plastisch hervor. Das Hüllblatt ist von schneeweißer Farbe und steht an einem etwa 20–30 cm langen Stiel, an dem es etwas herabläuft. Es umhüllt zunächst den Blütenkolben, breitet sich später aus und bleibt lange erhalten, mit dem Kolben einen charakteristischen Winkel bildend. An dem dichtblütigen Kolben, der keinen sterilen Fortsatz aufweist, stehen nur zwittrige Blüten, aus denen wenigsamige Beerenfrüchte hervorgehen. Das verblühende Hüllblatt behält lange seine weiße Färbung und verfärbt sich erst später grünlich. Wegen der Langlebigkeit des Hüllblattes hat die Gattung ihren Namen erhalten, wobei »spathe« Blütenscheide und »phyllon« Blatt bedeutet. Ein Merkmal der Gattung besteht darin, daß der Blütenstand kürzer ist als das Hüllblatt.

Zantedeschie, Zimmer-Calla

Zantedeschia aethiopica (L.) Spreng.

Aronstabgewächse *Araceae*

Die Gattung *Zantedeschia* ist nach dem italienischen Botaniker und Physiker F. Zantedeschi benannt und umfaßt 8 Arten, die alle in Südafrika verbreitet sind. Unter ihnen ist die sehr häufig auch Zimmer-Calla genannte *Z. aethiopica* (engl. Trumpet Lily) die bekannteste. Entgegen ihrer Artbezeichnung stammt sie nicht aus Äthiopien sondern ebenfalls aus Südafrika und füllt z. B. in der Umgebung von Kapstadt flächenhaft flache Gewässer aus. Die auch in außertropischen Breiten beliebte Zimmer- und Aquarienpflanze hat ein dickes fleischiges Rhizom, an dessen Ende die stattlichen Blätter stehen. Sie tragen an langen, am Grunde scheidigen Stielen eine derbe, fleischige Blattspreite von pfeil- bis herzförmiger Gestalt. Die Spreite besitzt eine starke Mittelrippe, von der die Seitenrippen bis zum Rande des Blattes verlaufen. Der Blütenstand überragt die Laubblätter und erreicht mehr als 1 m Länge. Er besteht aus einem 12–16 cm langen dekorativen, weißen Hüllblatt (Spatha), das am Grunde kurzröhrig, darüber trichterförmig und dann flach verbreitert ist. Es endet in einer Spitze und umhüllt den kolbigen Blütenstand, der am Grunde die weiblichen und darüber die männlichen Blüten trägt. Aus den eiförmigen Fruchtknoten gehen

wie beim einheimischen Aronstab Beerenfrüchte hervor. Der Wurzelstock dieser schönen Pflanze ist giftig. Bemerkenswert ist, daß die Fruchtknoten für Pollen der gleichen Pflanze oder ihrer Ableger nicht empfänglich sind. Die Zantedeschie wird in den Tropen, aber auch auf Madeira und den Kanaren vielfach verwildert angetroffen. In den gemäßigten Breiten wird eine kleine Form als Zimmerpflanze kultiviert, deren Blütenschaft einen halben Meter Höhe erreicht. Hier sind eine ganze Reihe verschiedener Sorten bekannt. Im Gegensatz zu der empfindlichen *Z. aethiopica* kann die durch gefleckte Blätter ausgezeichnete, kleinere *Z. albo-maculata* auch bei uns an geschützten Stellen im Freiland kultiviert werden.
Als weitere Zierpflanzen sind noch die Arten *Z. melanoleuca, Z. pentlandii* und *Z. rehmannii* zu nennen.

Samtblatt-Anthurie, Samtblättrige Schweifblume 127

Anthurium crystallinum Lind. et André

Aronstabgewächse *Araceae*

Die aus Kolumbien stammende Samtblatt-Anthurie fällt durch ihre überaus dekorativen Blätter und einen kurzen, gestauchten Sproß auf. Sie trägt auf langen, nahezu runden, zuweilen schwach geflügelten Blattstielen stattliche breit herzförmige tief dunkelgrüne Blätter mit übereinandergreifenden Herzlappen von samtartigem Glanz. Die Netznervatur des Blattes ist breit silbergesäumt. Das bis 50 cm lange und 30 cm breite Laubblatt ist unterseits blaßgrün und im Jugendstadium blaßrosa überhaucht. Der dunkelbraune, langstielige, aufrechte Blütenschaft überragt deutlich das Blattwerk. Er trägt eine schmale, unscheinbare, bräunliche, oft zurückgeschlagene, häutige Spatha, die unter dem schmalen, grünlichen, walzenförmigen Blütenkolben wie ein Rudiment erscheint. Die Pflanze ist ausgesprochen schatten- und luftfeuchtigkeitsbedürftig wie viele der im feuchten Regen- und Bergwald beheimateten *Anthurium*-Arten. Der überaus dekorative Wert dieser Pflanze beruht auf ihren ornamentalen Blättern.

Große Flamingoblume 128

Anthurium x cultorum Birdsey

Syn: *A. andreanum* hort. non Linden
Aronstabgewächse *Araceae*

Die Stammeltern dieser Kulturart mit einem großen Formenkreis sind nicht mehr zu ermitteln. Sie unterscheidet sich durch Größe, Blattform und Hüllblatt von der kleinen Flamingoblume *(A. scherzerianum,* engl. Flamingo Flower), die wild im Amazonasgebiet vorkommt und einen schlanken gebogenen oder gewundenen Blütenkolben besitzt. Der Sproß von *A. x cultorum* trägt langstielige, schmale, herzförmige, bis 30 cm lange, in eine deutliche Spitze ausgezogene, mattgrüne, wenig glänzende Blätter. Das Hüllblatt des Blütenstandes ist lackartig glänzend, deutlich verbreitert, oberseits netzig geadert und vielfach mit kurzer gestutzter Spitze versehen. Die Netzfelder sind oft blasig, und die Farbe variiert von dunkel- bis hellrot über lachsfarben bis weiß. Der Kolben wächst stets aufrecht und ist gerade oder leicht gebogen. Die Blüten setzen, ohne befruchtet zu werden, Früchte an, die sich aus dem beim Abblühen fleischiger werdenden Kolben deutlich vorwölben. Ähnlich wie bei den Spathen können die Kolben infolge Blattgrünbildung eine fleckig grüne Färbung annehmen.

Medinille 129

Medinilla magnifica Lindl.

Schwarzmundgewächse *Melastomataceae*

Die Gattung *Medinilla* ist nach dem spanischen Gouverneur der Marianen-Inseln, José de Medinilla y Pineda benannt worden, und umfaßt 300 Arten von aufrechten meist wurzelkletternden oder auch epiphytischen Sträuchern. Ihre Verbreitung reicht von Westafrika über Indonesien bis zu den Fidschi-Inseln. Die wohl eindrucksvollste Art ist die auf den Philippinen beheimatete prächtige *M. magnifica.* Es handelt sich um einen Strauch, der bis 1,5 m Höhe erreicht und dicke vierflüglige, an den Knoten borstig behaarte Sprosse bildet. Die derben, lederartigen Blätter sind gegenständig, sitzend und am Grund fast stengelumfassend. Sie besitzen eine herzförmig-eirunde, zuweilen auch längliche Gestalt und enden in einer feinen Spitze. Charakteristisch sind ihre 3 kräftigen Nerven, die am Grunde eine fiedrige Verzweigung aufweisen und bis 30 cm Länge erreichen. Die zahlreichen Blüten von rosenroter Farbe stehen in prächtigen, hängenden bis 50 cm langen End- oder Seitenrispen und fallen durch ihre sehr großen, rosa-weißen Tragblätter auf. Aus ihrem Fruchtknoten geht eine Beerenfrucht hervor. Die Pflanze zählt in den außertropischen Breiten zu den schönsten Warmhauspflanzen.

Calathea 130

Calathea cylindrica (Rosc. et K. Koch) K. Schum.

Pfeilwurzgewächse *Marantaceae*

In der Gattung *Calathea* werden 130 Arten der feucht-warmen Gebiete des tropischen Amerika zusammengefaßt. Der Gattungsname ist von dem griechischen Wort »calathos« (Korb) abgeleitet, weil die Lippe der Blüte korbförmig gestaltet ist. Die in Brasilien beheimatete Staude ist von kräftigem Wuchs und erreicht mehr als 1,5 m Höhe. Die getrennt von dem kolbig-zylindrischen Blütenstand stehenden Blätter bilden über einem langen Stiel eine elliptische oder längliche, kurz zugespitzte Spreite, die am Grunde abgerundet ist. Sie ist dünn, beiderseits meist glatt und erreicht 50 cm Länge. Der wenig auffällige, meist im Laub der Pflanze versteckte Blütenstand besitzt auffallend fleischige, hellgrüne, spiralig angeordnete Tragblätter, in deren Achseln die Blüten stehen. Es handelt sich um dreizählige Blüten mit langer, schlanker Blütenröhre, an deren Grund die 3 äußeren, grünlich weißen, kleinen Blütenhüllblätter stehen. Auch die 3 inneren Perigonblätter sind an der Außenseite grün überlaufen, und die Blütenröhre springt weit hervor. Zur Gattung *Calathea* zählen Arten mit reizvoll gezeichneten Blättern, unter denen die ebenfalls aus Brasilien stammende *C. makoyana* mit violett gefleckten Blättern die auffälligste ist.

Adenium 131

Adenium obesum (Forsk.) Roem. et Schult.

Hundsgiftgewächse *Apocynaceae*

Die Gattung *Adenium* ist mit 10 Arten in den tropischen Gebieten Afrikas und in Südafrika sowie in Arabien verbreitet. Meist sind es Steppen- und Wüstenpflanzen mit dickem, fleischigem Stamm. Unter ihnen ist das besonders in den Trockengebieten von Ostafrika verbreitete *A. obesum* (engl. Desert Rose) die bekannteste Art. Es handelt sich um eine Pflanze mit sukkulenten, verholzenden Sprossen, an denen in spiraliger Stellung die schlank verkehrt eiförmigen, in eine kurze Spitze ausgezogenen Blätter stehen. Die auffallend, rosaroten, fünfzähligen Blüten besitzen eine lange Kronröhre, und die fast tellerförmig abstehenden Blütenblattzipfel lassen auch nach der Entfaltung noch die in der Knospenlage gedrehte Anordnung erkennen. Bei Verletzung tritt aus allen Teilen der Pflanze reichlich Milchsaft aus. Er ist bei den meisten Arten sehr giftig und wurde zur Herstellung von Pfeilgift verwendet.

Beloperone, Zimmerhopfen 132

Beloperone guttata Brandeg.

Akanthusgewächse *Acanthaceae*

Mit 30 Arten ist die Gattung *Beloperone* (engl. Shrimp Plant) in den wärmeren Gebieten der Neuen Welt natürlich verbreitet. Die Gefleckte Beloperone stammt aus Mexiko und wird überall in den Tropen kultiviert. Sie bildet einen bis meterhohen, reich verzweigten, weichästigen, kurzhaarigen Halbstrauch. An den Zweigen sitzen 2–6 cm lange kurz zugespitzte Blätter, die sich plötzlich in einen dünnen Stiel verjüngen. Sie sind ganzrandig und beiderseits kurz behaart. Die überhängenden 10–20 cm langen, ährenförmigen Blütenstände sind dicht mit flaumhaarigen, braunroten Deckblättern besetzt, die sich dachziegelig decken. Aus ihren Achseln entspringen weiße, leicht gebogene, hinfällige Blüten, die deutlich in Ober- und Unterlippe gegliedert sind. Die Unterlippe ist mit 3 Reihen purpurroter Flecken im Schlunde geziert. Als Früchte entwickeln sich langgestielte Kapseln. Die Pflanze blüht fast das ganze Jahr. Sie wird im englischen deshalb »shrimp plant« genannt, weil ihre leicht gekrümmten Blütenstände an den Schwanz eines gekochten Krebses oder Hummers erinnern.

Goldähre, Kurzähre 133

Pachystachys lutea Nees

Akanthusgewächse *Acanthaceae*

Die der Beloperone sehr nahe stehende Gattung *Pachystachys* kommt mit 7 verschiedenen Arten ebenfalls in den Tropen Amerikas vor. Es handelt sich um eine sehr dekorative Schmuckstaude, die über 1 m Höhe erreicht. An dem kantigen Sproß sitzen gegenständig oberseits glänzende, lanzettförmige, plastisch geaderte Blätter. Der Blütenstand fällt durch seine leuchtend goldgelben, herzförmigen Tragblätter auf, die streng angeordnet in 4 Zeilen stehen. In ihren Achseln sitzen die weißen Blüten, die an Lippenblüten erinnern, da sie eine deutliche Gliederung in Ober- und Unterlippe erkennen lassen. Die Blütenröhre umschließt 4 Staubblätter und einen oberständigen, zweifächerigen Fruchtknoten, aus dem sich eine Kapsel entwickelt. Die Pflanze wird in den Tropen im Freiland, bei uns im Gewächshaus angebaut.

Strauchige Keulenlilie 134

Cordyline fruticosa (L.) A. Chev. 135

Syn.: *Cordyline terminalis* (L.) Kunth

Agavengewächse Agavaceae

Von den zahlreichen Arten der Gattung *Cordyline* ist die Strauchige Keulenlilie (engl. Ti) durch besondere Formenmannigfaltigkeit ausgezeichnet und als Zierpflanze in den Tropen überall anzutreffen. Das Gebiet ihrer natürlichen Verbreitung reicht von Vorderindien über den indomalayischen Inselarchipel und Nordaustralien bis Neuseeland und Papua. Es handelt sich um einen kleinen Strauch mit einem schlanken Stämmchen, das 4–5 m Höhe erreicht und einfach oder gegabelt ist. Die 30–50 cm langen, lanzettförmigen Blätter hinterlassen am Stämmchen typische Narben und können grün oder sehr verschiedenartig bunt, überwiegend rot gefärbt sein. Der Blütenstand erscheint seitenständig, ist übergeneigt und locker mit den weißlichen, lilafarbenen oder rötlichen, etwa 1,5 cm großen Blüten besetzt. Aus ihnen entwickelt sich eine rote Beere. Die Pflanze wird in den temperierten Klimagebieten vielfach als Topfpflanze im Gewächshaus kultiviert und weist dann meist nur halbstrauchigen Wuchs auf (Foto 134). Die Herkunft der zahlreichen Formen und Gartensorten ist im einzelnen nicht mehr zu ermitteln.

Rhoeo 136

Rhoeo spathacea (Sw.) Stearn

Commelinengewächse *Commelinaceae*

Die Gattung *Rhoeo* umfaßt nur 1 Art, die in Mittelamerika natürlich vorkommt. Von dort wurde sie durch den Menschen über die gesamten Tropen verbreitet und tritt nicht selten verwildert auf. Sie wird in Gärten gerne zur Einfassung von Wegen verwendet. Es handelt sich um eine kräftige, kahle Staude mit kurzer Sproßachse, die an ihrem oberen Ende einen Schopf aus lineal-lanzettlichen bis 35 cm langen und 8 cm breiten Blättern trägt, die schräg aufwärts gerichtet sind. Sie sind auf der Unterseite meist rotviolett überlaufen. Die dreizähligen weißen Blüten stehen gedrängt zwischen muschelförmigen Hochblättern, die sich in den Blattachseln entwickeln (engl. Boat Lily). Neben der reinen Art mit grüner Blattoberseite gibt es Varietäten, die oberseits gelbliche Längsstreifen auf den Blättern besitzen. Am bekanntesten sind var. *vittata* und var. *variegata.* Die Zellen der Blattunterseite erhalten ihre Farbe von dem Farbstoff Anthocyan. Es muß noch darauf hingewiesen werden, daß die gesamte Pflanze giftig ist.

Hakenlilie 137

Crinum augustum Roxb.

Amaryllisgewächse *Amaryllidaceae*

Die Gattung *Crinum* umfaßt 150 Arten in Asien und Afrika, unter denen sich viele attraktive Strandpflanzen befinden. Eine der auffälligsten ist das auf Mauritius und den Seychellen beheimatete *C. augustum* (engl. Milk and Wine Lily), bei dem es sich wahrscheinlich um eine nahe verwandte, kleinere Form von *C. amabile* handelt, das von Sumatra stammt. Wie alle Angehörigen der Gattung bildet auch diese Art eine stattliche Zwiebel mit deutlich ausgeprägtem Hals. Die Pflanze besitzt zahlreiche bis 1 m lange und 10 cm breite Laubblätter, die in einer Spitze enden. Der Blütenschaft ist zweischneidig zusammengedrückt und trägt über 2 Hüllblättern eine Dolde dekorativer, wohlriechender Lilienblüten von roter Färbung. Die mit unterständigem Fruchtknoten ausgezeichneten großen Blüten besitzen 6 Blütenblätter, die am Grunde eine auffallend lange Röhre bilden. Die freien Endabschnitte der Blütenblätter stehen aufrecht und sind an der Außenseite ebenso wie die Staubblätter lebhaft rot gefärbt. Der dreiblättrige Fruchtknoten endet in einer kopfigen Narbe und entwickelt sich zu einer fast kugeligen, unregelmäßig aufreißenden Kapsel. *C. augustum* wird auch als Varietät des etwas größeren *C. amabile* aufgefaßt. Auch von dem weißblütigen *C. asiaticum* gibt es eine ganze Anzahl sehr unterschiedlicher Erscheinungsformen.

Baumförmige Aloë 138

Aloë arborescens Mill.

Liliengewächse *Liliaceae*

Die Gattung *Aloë* ist mit 250 Arten in den Trockengebieten des ostafrikanischen Raumes von Abessinien bis zum Kapland sowie auf den östlich vorgelagerten Inseln von Sokotra, den Maskarenen und Madagaskar verbreitet. Die Heimat der Baumförmigen Aloë liegt in Südafrika. Es handelt sich um eine bis 3 m hohe Art mit gegabeltem, etwa 8 cm dickem Stamm. Die Blattrosetten an den Stammenden erreichen bis 1 m Durchmesser. Ihre Blätter stehen dicht gedrängt aufwärts bis abspreizend. Sie besitzen schwertförmige Gestalt, werden 45–60 cm lang, 5–7 cm breit und bis 2 cm dick. Sie sind von matter, grauer bis blaugrüner Farbe und mit dreieckigen, bis 5 mm langen Stacheln versehen. Der Blütenstand der sehr variablen Pflanze erreicht bis 80 cm Länge. Die Blüten können sowohl schmal als auch breit konisch sein und auch in der Größe sehr schwanken. Ihre Staubblätter sind in der Blütenröhre verborgen. Aus dem dreiblättrigen Fruchtknoten geht eine Kapsel hervor. Von dieser Art sind zahlreiche Varietäten beschrieben. Nahe verwandt sind mehrere *Aloë*-Arten, aus deren Blättern das Aloë-Harz gewonnen wird.

Das bittere Aloë-Harz wird in großen Zellen der Blätter gebildet, die rings um das Leitbündel liegen. Es wird gewonnen, indem man die Blätter abschneidet, den heraustropfenden, zähflüssigen Saft sammelt und an der Luft trocknen läßt. Das Harz enthält als Bitterstoff Aloin, ist von mattem Glanz, undurchsichtiger Konsistenz und von olivbrauner Färbung. Wertvoller ist das durchscheinende, graugelbe bis rötliche Aloë-Harz der auf Sokotra beheimateten *A. lucida*. Den größten Teil des gehandelten Aloë-Harzes liefern südafrikanische Arten, unter denen *A. ferox* einen bis 6 m hohen Stamm und einen dichten Schopf dornig gezähnter, lanzettförmiger, fleischiger Blätter trägt.

Eine weitere sehr bekannte Art ist *A. barbadensis (=A. vera)* mit 30–60 cm hohem Stamm. Er trägt am Ende einen Schopf graugrüner Blätter und einen 60–90 cm langen Blütenstand aus gelben, zylindrischen Blüten. Von dieser Art gibt es Zierformen mit orangeroten Blüten.

Mexikanische Wolfsmilch 139

Euphorbia fulgens Karw. ex Klotzsch

Wolfsmilchgewächse *Euphorbiaceae*

Die umfangreiche Gattung *Euphorbia* umfaßt 1600 Arten, unter denen sich sowohl krautige als auch holzige Arten, sowie Formen von abgestufter Sukkulenz finden. Alle Arten sind durch den Besitz eines weißen giftigen Milchsaftes ausgezeichnet, der in gestreckten Drüsenzellen im Gewebe gebildet wird. Sehr beliebt ist die aus Mexiko stammende *E. fulgens* (engl. Scarlet Plume), die in den temperierten Zonen als Zier- und Schnittpflanze im Gewächshaus kultiviert wird. Es handelt sich um eine ausdau-

ernde, verholzende, wenig verzweigte Art, deren Sprosse kahl und ohne Dornen sind. Ihre Äste sind schlank, rutenförmig verlängert und mit wechselständigen gestielten Blättern besetzt, deren Gestalt lanzettförmig ist. Der Blattstiel geht in einen verschmälert keilförmigen Blattgrund über. Die Blattspreite ist meist lang zugespitzt und mit einem starken Mittelnerv sowie dünnen Seitennerven versehen. Die Größe des glattrandigen Blattes schwankt zwischen 6–14 cm Länge und 1,5–2,5 cm Breite.
Der dekorative Charakter dieser Pflanze wird durch die schönen Blütenstände gesteigert, die einseitswendig am Ende der schlanken Sprosse stehen. Sie repräsentieren sehr komplex gebaute Stände (Cyathien), bei denen die 5 orangerot bis orangegelb gefärbten Tragblätter der Einzelblütenstände im Kreis stehend eine runde Blütenkrone vortäuschen. Jedes einzelne Tragblatt besitzt am Grund eine quer gestellte leuchtende Nektardrüse. Die in den Achseln der Tragblätter stehenden Blütenstände setzen sich aus rückgebildeten Einzelblüten zusammen, von denen meist nur Staubblätter und ein Fruchtknoten übriggeblieben sind, der oft einzeln, auf kurzem gebogenem Stiele stehend, den Rest der vielfach einzigen vorhandenen weiblichen Blüte des Cyathiums darstellt. Er wird in der Regel aus 3 Fruchtblättern aufgebaut und entwickelt sich, falls eine Befruchtung erfolgt, zu einer kleinen dreiteiligen Kapsel. Die Hauptblütezeit der dekorativen Pflanze ist im Dezember und Januar.

Christusdorn 140

Euphorbia milii Desmoulins

Syn.: *E. splendens* Boj. ex Hook.

Wolfsmilchgewächse *Euphorbiaceae*

Der aus Madagaskar stammende Christusdorn (engl. Crown of Thorns) ist ohne Zweifel die bekannteste tropische Art der Gattung *Euphorbia.* Er wird in den temperierten Klimazonen als Fenster- und Gewächshauspflanze kultiviert, während er in den Tropen und Subtropen im Freiland oft als Hecken- oder Einzelstrauch zu finden ist. Hier erreicht diese Art bis 2 m Höhe und eignet sich wegen ihrer ausgeprägten Bedornung vorzüglich als Heckenpflanze. Die schwach kantigen, verzweigten, biegsamen und vielfach ineinander verflochtenen Sprosse tragen stumpf eirunde bis länglich spatelige, bis 8 cm lange, frisch grüne Blätter, deren Spreite am Grund in den kurzen Blattstiel verschmälert ist. Die Blätter fallen bald ab und hinterlassen eine Narbe, die zwischen gestreckten kleinen Polstern des vielfach grünlich schimmernden Sprosses liegt. Zu beiden Seiten der Narben, aber auch der noch vorhandenen Laubblätter, stehen paarig 2 schlanke, spitze, bis 2 cm lange Dornen, die umgebildete Nebenblätter darstellen. Da sie die Sprosse in der ganzen Länge bedecken, entstand die Bezeichnung Christusdorn.
Die Blüten erscheinen ähnlich wie bei der mexikanischen Wolfsmilch in komplexen Ständen (Cyathien) am Ende der Zweige zwischen den jungen Dornen. Auf den wiederholt gegabelten Blütenstandsachsen stehen paarig beieinander jeweils 2 Cyathien, deren leuchtend rot gefärbte, in der Mitte oft in eine kurze Spitze ausgezogene Tragblätter den Schauapparat des Blütenstandes bilden. Die in den Achseln dieser Tragblätter sitzenden, rückgebildeten Einzelblüten sind ähnlich wie bei *E. fulgens.*
Der Christusdorn ist eine sehr variable Wolfsmilch-Art, deren Formen unter verschiedenen Artnamen in Kultur sind. Neben der überwiegend in den Winter- und Frühjahrsmonaten blühenden *E. milii,* die durch eine leicht angeschwollene Dornbasis ausgezeichnet ist, gibt es die etwas sukkulentere *E. bojeri* mit verkehrt eirunden bis keilförmigen Laubblättern und fast kreisrunden, ebenfalls hochroten Tragblättern

am Cyathium. Darüber hinaus kennt man von *E. milii* eine Form mit hellgelben Tragblättern (forma *lutea*). Da der Christusdorn ausgeprägte Trockenperioden verträgt, stellt er eine beliebte, sehr weit verbreitete Zierpflanze der Tropen dar.

Seidenpflanze **141**

Asclepias curassavica L.

Seidenpflanzengewächse *Asclepiadaceae*

Die Gattung *Asclepias* ist nach Asclepios, dem griechischen Gott der Arzneikunst benannt. Sie umfaßt im weiteren Sinn 150 Arten, die in den Tropen von Süd- und Mittelamerika beheimatet sind. Von dort reicht ihr Verbreitungsgebiet über Mexiko bis nach Nordamerika. Das ursprüngliche Vorkommenszentrum von *A. curassavica* (engl. Butterfly Weed) liegt in den Tropen Amerikas. Wegen ihrer Auffälligkeit wurde die Pflanze durch den Menschen in alle wärmeren Länder verbreitet. Es handelt sich um einen Halbstrauch, der über 1 m Höhe erreichen kann. Seine in der Regel unverzweigten Sprosse tragen lanzettliche, kurz gestielte 12–15 cm lange Blätter, die oberseits von dunkelgrüner, unterseits von bläulichgrüner Färbung sind. Die bis 1 cm großen, fünfzähligen Blüten besitzen über einem wenig auffälligen Kelch 5 dunkelorangerote Kronblätter und stehen in lockeren 5–10 blütigen Dolden. In der Mitte der Blüte ragen 5 Nebenkronkappen empor, die Auswüchse der 5 Staubblätter darstellen. Sie sind in der Regel orangerot, von eiförmiger Gestalt und seitlich zusammengedrückt. Die Staubblätter sind mit dem Narbenkopf des zweiblättrigen Fruchtknotens verwachsen. Durch die weißen Samenhaare, die in der auffälligen, zweiteiligen Kapselfrucht die Samen umgeben, entstand der Name Seidenpflanze. Die Samenhaare sind nur bei wenigen Seidenpflanzengewächsen verspinnbar. In den Tropen findet man die Pflanze vielfach verwildert.

Wunderblume **142**

Mirabilis jalapa L.

Wunderblumengewächse *Nyctaginaceae*

Der Gattungsname der Wunderblume (engl. Four o'Clock) leitet sich von »mirabilis« (wunderbar) ab und nimmt auf die Tatsache Bezug, daß die Blütenhülle der Pflanze sehr verschieden gefärbt sein kann. Die Färbung variiert von weiß über rosa, rot, gelb, gelb mit rot gestreift und weiß mit rot gestreift. Auch drei- und sogar vierfarbige Blütenhüllen mit wechselnden Farbübergängen kommen vor. Wegen dieser Variabilität wurde die Pflanze zur Erforschung der Vererbungsgesetze verwendet.
Es handelt sich um eine meist ausdauernde, 60–100 cm hohe Art, deren Heimat in Mexiko liegt. Sie besitzt eine schwärzliche, rübenförmige Wurzel und gabelästige, runde Sprosse, die an den Knoten oft rötlich angelaufen sind. Die gegenständigen, bisweilen auch wechselständigen, kahlen Blätter sind von gestreckt eiförmiger Gestalt, weisen einen stumpfen, fast herzförmigen Grund und eine in der Regel ausgezogene Spitze auf. Die Blüten stehen büschelig gedrängt an den Sproßenden. Sie bilden über einer fünfzipfligen, grünen kelchartigen Hülle eine röhrig-trichterförmige, über dem Fruchtknoten zusammengeschnürte Blütenröhre. Diese umschnürt am Grunde seitlich die 5 aus der glockenförmig erweiterten Blütenröhre herausragenden Staubblätter sowie die darüber kopfig emporragende Narbe des einblättrigen Fruchtknotens. Aus dem oberständigen Fruchtknoten entwickelt sich eine Nuß, die von der sich

bei der Fruchtreife vergößernden, bleibenden Kelchhülle umgeben wird. Die knolligen Wurzeln der auch als Falsche Jalapa bezeichneten Pflanze dienten früher als kräftiges Abführmittel.

Catharanthe 143

Catharanthus roseus (L.) G. Don

Hundsgiftgewächse *Apocynaceae*

Die Gattung *Catharanthus* umfaßt 6 Arten, von denen 4 in Madagaskar verbreitet sind. Eine Art findet sich in Indien, während die häufigste Art *C. roseus* (engl. Madagascar Periwinkle) ebenfalls aus Madagaskar stammt. Sie wird in allen Tropengebieten vielfach verwildert angetroffen. Es handelt sich um eine halbstrauchige Pflanze, die 60 cm Höhe erreicht. Ihr in der Regel ästig verzweigter Sproß ist stielrund und kahl. Die spiralig stehenden Blätter sind deutlich gestielt, von lanzettlicher Gestalt und an der Spitze abgerundet. Sie sind oberseits dunkelgrün und besitzen eine helle Mittelrippe. Ihre Unterseite ist blaßgrün und mehr oder weniger flaumhaarig. Meist sind die Blütenstiele kürzer als die Blattstiele, so daß die schönen rosenroten Blüten fast sitzend erscheinen. Die Kelchabschnitte sind linealisch-zugespitzt, schmal und behaart. Die samthaarigen Blüten mit radförmiger Krone besitzen einen purpurfarbenen Schlund. Neben den typisch rosenrot gefärbten Zuchtformen gibt es auch rein weiße Formen und weiße mit rosenrotem oder gelbem Schlund. Die Pflanze wird in der verschiedenartigsten Weise medizinisch verwendet, auf Jamaica z. B. gegen Diabetes.

Fleißiges Lieschen 144

Impatiens wallerana Hook.

Springkrautgewächse *Balsaminaceae*

Das Fleißige Lieschen (engl. Busy Lizzie) ist eine beliebte, weit verbreitete Zimmerpflanze und einjährige Sommerpflanze, die sich vegetativ leicht vermehren läßt. Seine Heimat liegt in den Gebirgen des tropischen Afrika und auf Sansibar. Dort wächst es vielfach als Freilandpflanze zu einem 30–60 cm hohen krautigen Halbstrauch heran, der stark verästelt ist und sich durch seine kahlen, glatten, dicklichen und glasig transparenten Sprosse auszeichnet. Die elliptischen bis lanzettlichen Blätter sind in den Blattstiel verschmälert, zugespitzt und angedrückt gezähnt. Sie stehen in der Basalregion des Sprosses wechselständig, im oberen Teil quirlständig. Die meist karminroten, oft aber auch scharlach-, zinnober-, rosenrot oder weiß gefärbten flachen Blüten überragen die häutigen Tragblätter. Sie werden bis 4 cm breit, tragen einen feinen langen Sporn und erscheinen fast radiär.

Ruhmeslilie 145

Gloriosa superba L.

Liliengewächse *Liliaceae*

Die im tropischen Asien und Afrika beheimatete Ruhmeslilie (engl. Glory Lily) ist eine Pflanze von auffallender Schönheit. Als Kletterpflanze verankert sie sich am natürlichen Standort mit spiraligen Ranken am Ende ihrer Laubblätter im Unterwuchs von Wäldern. Sie besitzt einen knolligen unterirdischen Wurzelstock, aus dem der hoch emporkletternde, oft verzweigte Sproß entspringt, an dem die Blätter gegen- oder zu dreien quirlständig stehen. Sie sind am Ende in eine Rankenspitze ausgezogen, und die Blüten erscheinen einzeln in den Achseln der oberen Blätter. Sie sind im Knospenstadium nickend, doch richten sich die am Grunde leuchtend gelben, an der Spitze feuerroten und am Rande kraus gewellten 6 Blütenhüllblätter bald empor. Diese gelbrote Färbung entspricht dem mittleren Stadium des Blühens, denn in der Jugend sind die Blütenblätter gelb, im Alter rot gefärbt. Die Staubgefäße stehen bogenförmig emporgekrümmt seitlich weit ab und tragen in der Mitte eingelenkt die linealischen schwebenden Staubbeutel. Der lange schlanke Griffel steht eigenartig abgewinkelt waagrecht ab. Auf diese Weise entsteht eine Blüte von außergewöhnlicher, bizarrer Färbung und Gestalt. Aus dem dreiblättrigen Fruchtknoten entwickelt sich eine Kapsel. In der Gattung *Gloriosa,* deren Name sich von »gloriosus« (ruhmvoll) ableitet, gibt es 5 weitere Arten, die ebenfalls in Asien und Afrika beheimatet sind. Sie sind alle sehr ähnlich und fallen durch die steil aufwärts gerichtete Blütenhülle auf. Ein besonderes Merkmal besteht darin, daß im abgetrockneten Zustand die Perigonblätter an der Frucht haften bleiben. In Blumengeschäften wird die *Gloriosa* neuerdings auch öfter als Schnittblume angeboten.

Tropentrompete 146

Brugmansia aurea Lagerheim

Nachtschattengewächse *Solanaceae*

Die Tropentrompete ist mit dem Stechapfel verwandt und wird auch zur Gattung *Datura* gestellt. Sie gehört einem Formenkreis an, der systematisch schwierig ist. Man kennt etwa 20 verschiedene Arten, die sich in eine krautige und eine verholzende Artengruppe aufspalten. Bei der abgebildeten Art handelt es sich um einen baumartigen Strauch aus Peru, der bis 4 m Höhe erreicht. Die gestielten, eirund-lanzettlichen, zugespitzten Blätter stehen gebüschelt und sind beiderseits schwach flaumhaarig. Die unteren sind meist ausgebuchtet-kantig, die oberen ganzrandig. Die endständigen, auffallend schlanken Blüten erreichen bis 30 cm Länge. Sie sind lang röhrenförmig und durch zurückgebogene Kronblattzipfel ausgezeichnet. Die aufgeblasene Kelchröhre ist 5-kantig und am Saum mit 2 oder mehr großen Abschnitten versehen. Wie viele Nachtschattengewächse ist die Pflanze giftig.

Weißer Stechapfel 147

Brugmansia candida Persoon

Nachtschattengewächse *Solanaceae*

Der Weiße Stechapfel (engl. White Angel's Trumpet) gehört zu den strauch- bis baumförmigen Vertretern der Gattung und ist nahe verwandt mit dem Baumförmigen Stechapfel *(B. arborea)*. Er unterscheidet sich von diesem dadurch, daß der Kelch bei der Fruchtreife nicht abfällt, sondern an der stachligen Kapsel haften bleibt. Die Blüte erreicht auch bei dieser Art bis 30 cm Länge, unterscheidet sich aber dadurch, daß der weit trompetenförmig geöffnete Kronsaum zwischen den fein ausgezogenen Zipfeln nicht ausgebuchtet ist. Die Fruchtkapsel geht aus 2 Fruchtblättern hervor und enthält zahlreiche Samen. Die Heimat dieser Art liegt wahrscheinlich in den Gebirgen von Peru und Chile. Der Verwandtschaftskreis dieses Stechapfels umfaßt weitere Arten, die sich sehr ähnlich sehen. Sie sind durch Kultur verbreitet und wahrscheinlich gekreuzt worden. Bei der Selektion werden rosafarbene Zuchtformen bevorzugt. Manche Arten und Kulturformen zeichnen sich durch Wohlgeruch in den Abend- und Nachtstunden aus. Alle Teile der Pflanze sind giftig und wirken narkotisch.

Aechmea **148**

Aechmea fasciata (Lindl.) Baker

Ananasgewächse *Bromeliaceae*

Die Gattung *Aechmea* ist mit rund 150 Arten in Mittel- und Südamerika verbreitet. Ihr Name leitet sich von »aichme« (Lanzenspitze) ab und nimmt auf die Deckblätter des Blütenstandes Bezug, die oft mit einer stechenden Spitze versehen sind. Die Pflanze wächst epiphytisch und besitzt an gedrängter Sproßachse 10–20 Blätter, die eine röhrenförmige Rosette bilden. Sie erreichen bis 0,5 m Länge, sind 6–8 cm breit, mit abgerundeter Spitze und aufgesetzter Stachelspitze versehen. Am Rand sind sie dicht schwärzlich bestachelt. Die Blätter erscheinen an der Außenseite hell und dunkel gebändert bis marmoriert. Die helleren, wunderschön gezeichneten Zonen werden durch Saugschuppen gebildet, mit deren Hilfe die Ananasgewächse Wasser und die darin enthaltenen Nährstoffe aufnehmen. Bei vielen Ananasgewächsen ist die Schuppenbildung über das gesamte Blatt ausgedehnt, das dann weißfilzig erscheint, und die Wurzeln dienen nur noch beschränkt der Nährstoffaufnahme. Wie viele andere epiphytische Bromeliengewächse bildet auch diese Art oft interessante Mikrobiotope. So laichen einige Laubfroscharten in den mit Wasser gefüllten Blattrosetten. Der Blütenstand der Pflanze wird mehr als 30 cm hoch und steht aufrecht. Sein Stiel ist weißwollig und mit blaßroten Scheidenblättern besetzt.Der Stand selbst ist von dicht pyramidaler Gestalt, und die prachtvoll rosafarbenen Tragblätter sind am Rand gesägt. In ihren Achseln stehen die violetten Blüten mit tief wimperartig eingeschnittenen Blütenblättern. Aus dem unterständigen Fruchtknoten geht eine beerenartige Frucht hervor. Die in Brasilien beheimatete Pflanze zählt zu den häufigsten, auffälligsten und beliebtesten Vertretern der Ananasgewächse, die als Zierpflanze in den außertropischen Breiten zunehmend an Bedeutung gewinnen.

Guzmanie **149**

Guzmania lingulata (L.) Mez

Ananasgewächse *Bromeliaceae*

Die Gattung *Guzmania* umfaßt 120 Arten, deren Verbreitungsgebiet in Mittelamerika, auf den Antillen und in Südamerika liegt. 1 Art dringt bis in den Süden der USA vor. Der Name wurde der Gattung zu Ehren des spanischen Apothekers A. Guzman gegeben, der zugleich ein Sammler naturhistorischer Gegenstände war. Die auf den Antillen beheimatete Pflanze wächst epiphytisch und besitzt bis 45 cm lange, kräftig grüne, am Grunde stark verbreiterte, unterseits mit einigen rötlich-braunen Linien versehene Blätter. Sie sind bei der var. *cardinalis* noch etwas verbreitert. Aus der Rosette erhebt sich ein 40–50 cm hoher Blütenstand, der mit spiralig angeordneten, leuchtend roten Blättern besetzt ist. An seinem Ende stehen kopfig gedrängt die Blüten in den Achseln von gelblichen, oft glasig transparenten Tragblättern. Alle 6 Blütenblätter sind milchweiß. Ihre 3 äußeren stehen aufrecht und sind bis zur

Hälfte verwachsen. Die 3 inneren hängen mit den oberen Abschnitten zusammen und bilden am Ende der auf diese Weise entstehenden Röhre einen dreispaltigen, glockigen Saum. Die Staubblätter sind den Endabschnitten (Nägeln) der 3 inneren Blütenblätter angeheftet und nur an der Spitze frei. Aus dem dreiteiligen Fruchtknoten mit seinem fadenförmigen Griffel entwickelt sich eine dreikantige, vielsamige Kapsel. Die großen roten Hochblätter bilden gerade bei dieser Varietät einen wirkungsvollen Kontrast zu den Laubblättern. Wie bei allen Ananasgewächsen tritt die Bildung rot gefärbter Hochblätter erst ein, wenn die Pflanze zu blühen beginnt.

Nidularie 150

Nidularium spec.

Ananasgewächse *Bromeliaceae*

Die Gattung *Nidularium* ist mit 30 Arten in Brasilien verbreitet. Ihr Name leitet sich von »nidulum« (Nestchen) ab. Sämtliche Arten wachsen epiphytisch, allerdings finden sich in dieser Gattung auch felsbewohnende Vertreter. Die linealischen bis lanzettlichen Blätter der Pflanze sind am Rande dornig gezähnt und bilden eine Rosette, in der die Blütenstände ähnlich einem rispigen Kopf nisten, worauf der Gattungsname Bezug nimmt. Bunte Hochblätter umgeben die Blüte dicht gedrängt, und jede von ihnen steht in der Achsel eines häutigen Deckblattes. Die Kelchblätter der Blüte sind von länglicher bis schmaler Gestalt und die Kronblätter am Grunde oder auch höher hinauf zu einer Röhre verwachsen. Sie besitzen eine stumpfe Spitze, die aufrecht gerichtet ist oder kaum seitlich absteht. Insgesamt erscheint die Blüte am Grunde oft grünlich und an der Spitze weiß gefärbt. Jedes Fach des dreifächrigen Fruchtknotens trägt bei der Reife in der Mitte angeheftet zahlreiche Samen. Die Gattungen *Nidularium* und *Neoregelia* sind nahe verwandt, so daß je nach Abtrennung die Zahl der Arten, welche jede Gattung umfaßt, schwanken kann. Beide Gattungen umfassen gemeinsam mit der Gattung *Canistrum* epiphytisch wachsende Bromelien von besonderer Eigenart und Auffälligkeit.

Neoregelie 151

Neoregelia carolinae L. B. Smith var. *tricolor* L. B. Smith

Ananasgewächse *Bromeliaceae*

Die Gattung *Neoregelia* ist mit 45 Arten in Brasilien, Guayana und Peru verbreitet. Die weitaus meisten Arten finden sich in Brasilien. Der Name leitet sich von »neo« (neu) und »regelia« (Regel) ab. E. A. von Regel lebte 1815–1892 und war Direktor des Botanischen Gartens in Petersburg. Bei dieser Gattung handelt es sich um epiphytisch lebende Pflanzen, die durch ihre geschlossenen Rosetten auffallen. Die Blätter der Rosetten tragen scharf dornig gesägte oder gezähnte Ränder. Sie sind i. d. R. gleichmäßig grün, doch gibt es zahlreiche Kultivare mit gestreiften Blättern (var. *tricolor*, Foto 151). Die oberen Blätter fallen durch ihre bunten Farben auf. Sie können violett, blau, weiß oder rot erscheinen. In der von den endständigen kleinen dichtstehenden Blättern gebildeten Zisterne nistet der Blütenstand. Seine Blüten stehen zu mehreren in den Achseln eines Tragblattes. Die Kelchblätter der Blüte sind bei dieser Gattung zu einer Röhre verwachsen und stehen aufrecht. Sie liegen den ebenfalls röhrig verbundenen Kronblättern an, die am Ende dreispaltig sind. Die Staubblätter sind am Grunde der Kronblätter befestigt. Die aus den dreiblättrigen

Fruchtknoten entstehenden Beerenfrüchte enthalten zahlreiche kleine eiförmige Samen. Am Ende der Blattrosette steht über dem nistenden Blütenstand oft das Wasser, so daß die Blüten oder Früchte nicht mehr sichtbar sind.

Orchideen

Unter den tropischen Pflanzen nehmen die Orchideen eine Sonderstellung ein. Sie haben eine unvorstellbare Formenmannigfaltigkeit entwickelt und sind mit 27000 beschriebenen Arten eine der artenreichsten Familien des Pflanzenreiches. Daneben kennt man mehr als 50000 Züchtungen. Besonders groß ist die Zahl der Orchideen in den Tropen, ja sie werden vielfach neben den Palmen als Charakterpflanzen tropischer Vegetation angesehen. Aber auch auf Grönland gibt es noch Orchideen.

Im Hinblick auf ihre Lebenweise lassen sich erdbewohnende (terrestrische) und baum- und felsbesiedelnde (epiphytische) Arten unterscheiden. Gerade die letzteren erreichen in den Tropen eine außergewöhnliche Vielgestaltigkeit. Hier besiedeln sie nicht nur die ständig feuchten Lebensräume wie den tropischen Regen- und den Nebelwald, sondern sie finden sich auch in Biotopen mit einem Wechsel von Regen- und Trockenzeit, z. B. in Savannen und Steppen. Die Anpassungen an die eingeschränkte Wasserversorgung sind dann sehr vielseitig. Es finden sich einerseits Formen, die in verschiedenartig gestalteten Sproßknollen (Pseudobulben) das Wasser speichern, andererseits Formen mit fleischigen Blättern mit bis zu drehrundem Querschnitt, die so die Wasserabgabe einschränken.

Die tropischen epiphytischen Arten sind mit Wurzeln auf ihren Trägerbäumen verankert. Diese Wurzeln besitzen an der Peripherie ein besonderes Gewebe zur Wasseraufnahme (Velamen), das mit dem auftropfenden oder vorbeifließenden Wasser gleichzeitig Nährstoffe aufnimmt. Im Extremfall kann die Pflanze fast nur aus Wurzeln bestehen, die der Baumborke angeschmiegt oder frei in den Raum stehend viel Blattgrün (Chlorophyll) enthalten, so daß mit Hilfe der Wurzeln auf dem Weg der Photosynthese die benötigte organische Substanz produziert werden kann.

Eine der eindrucksvollsten biologischen Erscheinungen im Leben der Orchideen besteht darin, daß im Anschluß an eine einzige Blütenbestäubung sehr zahlreiche, bei bestimmten tropischen Arten bis zu 4 Millionen Samen gebildet werden, die allerdings kein eigenes Nährgewebe besitzen. Sie sind daher bei Keimung und Weiterentwicklung auf die Anwesenheit von Pilzen (Mykorrhiza) angewiesen, die ihnen im Jugendstadium oder auch zeitlebens Nährstoffe zuführen. Bezüglich der Abhängigkeit vom Pilzpartner gibt es gerade bei den tropischen Orchideen die vielfältigsten Wechselbeziehungen. Inzwischen sind sogar Formen bekannt geworden, die unterirdisch wachsen und auch blühen.

Unerschöpflich ist die Formenmannigfaltigkeit der Orchideenblüte. Trotz der verwirrenden Erscheinungsformen läßt sie im Grundbauplan stets 3 äußere und 3 innere Blütenblätter erkennen. Aufmerksamkeit verdient vor allem das mittlere Blütenblatt des Innenkreises, das als Lippe (Labellum) ausgebildet ist. In Hinblick auf die Blütenform sind eine Fülle von Übereinstimmungen zwischen Blütenbau und Bestäubern bekannt geworden. So gibt es tropische Orchideen der Gattung *Oncidium,* die weiblichen Prachtbienen (Gattung *Euglossa*) ähnlich sehen und von den Männchen dieser Bienen bei leisester Windbewegung bestäubt werden. Von Vertretern der Gattung *Cattleya* ist bekannt, daß sie nur vor Tagesanbruch während einer Zeitspanne von 15 Minuten von Bienen aufgesucht werden. Bemerkenswert ist, daß vor allem in Südafrika und Australien sehr eigenständige Orchideenarten vorkommen.

Venusschuh 152

Paphiopedilum sukhakulii Schoser et Sengh.

Orchideen *Orchidaceae*

Die Gattungsbezeichnung *Paphiopedilum* leitet sich ab von Paphia, dem Beinamen der Venus und von »pedilon« (Fuß oder Schuh). Er nimmt somit Bezug auf die pantoffelförmig gestaltete, auffällige Lippe der Blüte. Die Gattung *Paphiopedilum* ist mit 65 Arten von Vorderindien über den Malayischen Archipel und die Gewürzinseln bis Neu Guinea verbreitet. Die nach dem thailändischen Orchideensammler Sukhakul benannte Art ist erst seit 1964 bekannt und ein Beispiel dafür, daß noch lange nicht alle Pflanzen entdeckt und beschrieben sind. Wie alle *Paphiopedilum*-Arten besitzt auch sie eine gedrängte Blattrosette aus 4–7 schmal elliptischen Blättern, die bis 25 cm lang und 4–7 cm breit sind. Der in der Regel 25 cm messende, dunkelbraune Blütenstiel trägt meist 1 Blüte von 10–12 cm Größe. Die 3 äußeren Blütenblätter (Sepalen) sind von den inneren sehr verschieden. Die beiden unteren sind wie bei allen *Paphiopedilum*-Arten verwachsen, abwärts gerichtet und hinter der großen Lippe wenig auffällig. Das mittlere Blütenblatt des äußeren Kreises steht senkrecht nach oben und wird als Fahne bezeichnet. Es besitzt eine weiße bis gelbgrüne Grundfarbe und zahlreiche grüne Längsstreifen. Die beiden äußeren Blütenblätter des inneren Kreises (Petalen) stehen auffällig ausgebreitet waagerecht zur Seite. Sie haben meist eine hellgrüne Grundfarbe und feine dunkelgrüne Längsstreifen. Außerdem sind sie am Rand dunkel behaart und mit auffallenden rotvioletten Punkten versehen. Die Lippe der Blüte ist relativ schlank, zur Öffnung hin violett, und zur Spitze hin grünlich überlaufen. In der Mitte der Blüte steht das sterile Staubblatt in Gestalt einer flach halbkugeligen Scheibe.

Elfenbein-Venusschuh 153

Paphiopedilum bellatum (Rchb.) Pfitzer

Orchideen *Orchidaceae*

Der Elfenbein-Venusschuh ist in Thailand, Burma und Tonkin natürlich verbreitet und wächst dort im milden Humus von Kalkfelslöchern. Die Artbezeichnung *concolor* (gleichfarbig) nimmt auf die Blütenfarbe Bezug. Die Pflanze besitzt nur etwa 4 dunkel- und graugrün marmorierte, breit zungenförmige Blätter von 10–15 cm Länge und 4 cm Breite. Sie sind unterseits karmesinrot gesprenkelt. Die 7–8 cm großen Blüten erheben sich auf einem 10 cm hohen, rötlich behaarten Blütenschaft und sind von vollendeter Schönheit. Ihre 3 abstehenden Blütenhüllblätter einschließlich der Fahne erscheinen abgerundet, jedoch sind die beiden in eine stumpfe Spitze ausgezogenen Petalen leicht zurückgebogen. Weniger auffällig als bei anderen Venusschuh-Arten ist die seitlich abgeflachte Lippe. Die im Grundton weiße, hellgelb bis ockergelb überlaufene Blüte wird von kleinen, rotvioletten Punkten geziert.

Malayenblume

Phalaenopsis amabilis (L.) Bl.

Orchideen *Orchidaceae*

Die Gattung *Phalaenopsis* ist mit 70 Arten im indomalayischen Archipel über die Philippinen bis Formosa und Nordost-Australien sowie Neuguinea verbreitet. Der

Gattungsname leitet sich von »phalaina« (Nachtfalter) ab und nimmt auf die Gestalt der sehr schönen großen Blüten Bezug. Es handelt sich bei der Art *amabilis* (liebenswert, lieblich) wie bei allen Vertretern der Gattung um eine epiphytische Orchidee mit kurzem beblätterten Sproß, an dem die knollenlosen, verkehrt-eiförmigen und länglichen bis 30 cm langen und 12 cm breiten Blätter stehen. Die Pflanze trägt einen schlanken bis 80 cm langen, übergeneigten Blütenschaft, an dem sich bis 20 prachtvolle 8–10 cm große Blüten entwickeln. Ihre 3 äußeren Blütenblätter sind breit lanzettlich und schwach abgestumpft, die 3 inneren Blütenblätter breit rhombisch bis kreisförmig und am Grund deutlich verschmälert. Die bizarr gestaltete Lippe der weißen Blüte zeigt am Grunde rotgestrichelte Seitenlappen und einen rhombisch-zungenförmigen in 2 Antennen auslaufenden Vorderlappen. Die Seitenlappen sind aus der Blütenebene heraus in der gleichen Richtung gebogen, aus der sich die Säule (Gynostemium) erhebt. Auf der Lippe befindet sich eine hohe, sattelförmige goldgelb und rot punktierte Schwiele. Die schlanke, halbstielrunde Säule bildet einen deutlichen Fuß und trägt Staubbeutel mit 2 gefurchten, kugeligen, wachsartigen Blütenstaubmassen. Von dieser eindrucksvollen in Indonesien und Neuguinea verbreiteten Art gibt es viele Bastarde von besonders schönen Erscheinungsformen. Die Varietät *rimestadiana* besitzt reinweiße, nur am Lippengrund gelbe Blüten.

Dendrobium 155

Dendrobium phalaenopsis Fitzg.

Orchideen *Orchidaceae*

Die Gattung *Dendrobium* ist mit 1500 Arten im tropischen Asien von Ceylon bis zu den Samoa- und Tonga-Inseln, nördlich bis Japan verbreitet. Der Name leitet sich von »dendron« (Baum) und »bioein« (leben) ab. Die wegen ihrer Blütengestalt nach der Gattung *Phalaenopsis* benannte Art (engl. Pigeon Orchid) trägt an langen schlanken, zylinderförmigen bis 70 cm Länge erreichenden Scheinknollen (Pseudobulben) länglich-lanzettliche, dunkelgrüne Blätter, die sich mehrere Jahre halten. Am Ende der Pseudobulbe steht der bis 50 cm lange, leicht gebogene, traubenförmige Blütenstand mit 3–15 schönen Blüten. Sie sind 8 cm groß und in der Farbe variabel. Die 3 äußeren Blütenblätter sind breit lanzettlich und zugespitzt, die mehr als doppelt so breiten inneren Blütenblätter werden in der Regel etwas dunkler als die rosen- bis kirschroten Blütenblätter der äußeren Blütenhülle. Die Lippe mit zungenförmigem, zugespitzten Vorderlappen ist im Schlunde dunkel-purpurn, vorn wie die inneren Blütenhüllblätter gefärbt und mehr oder weniger deutlich dunkel geadert. Der Lippenschlund endet in einen kurzen Sporn. Die Säule der Blüte ist kurz und ihre Staubbeutel besitzen 4 wachsartige, paarweise zusammengedrückte Blütenstaubmassen. Die Heimat dieser sehr beliebten Orchidee liegt in Queensland (Australien), auf Timor und in Süd-Neuguinea. Sie blüht nicht selten mehrmals im Jahr.

Miltonie 156

Miltonia-Hybride

Orchideen *Orchidaceae*

Die Gattung *Miltonia* ist mit 20 Arten von Costa Rica bis Ecuador verbreitet, aber die Zentren des Vorkommens liegen in Brasilien und Kolumbien. Diese Gattung wurde zu Ehren des englischen Lords Fitzwilliam Milton benannt, der Orchideenliebhaber war. Alle Angehörigen der Gattung *Miltonia* wachsen als Epiphyten. Sie besitzen gut ausgebildete, aber kurze Scheinknollen (Pseudobulben), an denen 1–3 dünne Blätter stehen. Die am Grunde der jüngeren Pseudobulben entspringenden Blütenstände sind aufrecht und tragen 1 bis mehrere Blüten. Sie zeichnen sich durch ihre flache Gestalt und eine unverhältnismäßig große wenig geteilte Lippe aus, die am Grunde einige kurze Leisten aufweist. Die äußeren und inneren Blütenblätter sind fast gleich. Die Säule der Blüte ist kurz, an der Spitze oder vorne mit 2 kleinen Ohren versehen oder zweiflüglig. Ihre Staubbeutel weisen 2 an einem dreieckigen Stielchen sitzende Blütenstaubmassen auf. Von dieser Gattung gibt es zahlreiche Hybriden, die durch besondere Schönheit ausgezeichnet sind. Manche Züchtungen tragen den Namen von Städten, z. B. Hannover oder Herrenhausen.

Masdevallie 157

Masdevallia tovarensis Rchb. f.

Orchideen *Orchidaceae*

Die Gattung *Masdevallia* ist nach dem spanischen Arzt und Botaniker Masdevall benannt, der im Jahre 1801 starb. Die Artbezeichnung ist von der Landschaft Tovar in Venezuela abgeleitet, in der die Pflanze in einer Höhe von ca. 2000 m vorkommt. Alle 300 Arten der Gattung wachsen epiphytisch, in Felsspalten oder am Boden oft in dichten Rasen. Aus dem kriechenden Wurzelstock (Rhizom) wachsen 12–15 cm lange elliptische bis spatelförmige, an der Spitze eingezähnte Blätter. *M. tovarensis* besitzt einen dreikantigen 15–18 cm langen einblättrigen Blütenschaft, der 2–3 Jahre lang Blüten bildet. Von den zartweißen Blüten sind 2–4 jeweils gleichzeitig geöffnet. Die 3 äußeren Blütenblätter sind miteinander verwachsen und stellen wie bei allen *Masdevallia*-Arten den Schauapparat der Blüte dar. Der Abstand zwischen der Spitze des nach oben gerichteten äußeren Blütenblattes und den nadelförmigen Spitzen der beiden abwärts gerichteten 2 weiteren äußeren Blütenblätter beträgt 8–10 cm. Die lang ausgezogenen Spitzen dieser Blütenblätter erscheinen hellgelb getönt. Stark zurückgebildet sind die 3 inneren Blütenblätter. Dies gilt auch für die Lippe am Fuß der Säule, die unauffällig und ebenfalls weiß ist. Die Staubblätter sind einfächrig und tragen 2 wachsartige, ungestielte Blütenstaubmassen. Wegen ihrer weißlich durchscheinenden Beschaffenheit, ihrer schneeweißen Längsstreifen und ihrer bizarren Form fällt die Blüte besonders auf. Die lang ausgezogenen Fortsätze der äußeren Blütenblätter werden auch als Schwänze bezeichnet und können bei anderen Arten bis 20 cm lang sein. Viele der an kühl-feuchtes, tropisches Höhenklima angepaßten *Masdevallia*-Arten bilden leuchtend rote Blüten.

Angraecum 158

Angraecum eburneum Bory

Orchideen *Orchidaceae*

Die Gattung *Angraecum* ist mit 200 Arten im tropischen Afrika, vor allem auf Madagaskar verbreitet. Hier gibt es allein 120 verschiedene Arten. Der Gattungsname *Angraecum* bedeutet in der Sprache der Malayen epiphytische Orchidee. Eine Art der Gattung kommt auf Ceylon vor. Der Artname leitet sich von »eburneus« (elfenbeinweiß) ab. Die auf Madagaskar beheimatete Art bildet sehr kräftige, dicht beblätterte Sprosse, die 1 m Höhe erreichen. An ihnen sitzen die aufstrebenden,

rinnenförmigen Blätter. Sie werden bis 50 cm lang und 5 cm breit und sind an der Spitze ungleich zweilappig. Die Art bildet meist mehrere dichtblütige Blütentrauben, die aufrecht oder schräg stehen und bis 15 einseitswendig orientierte Blüten tragen. Ihre duftenden Blüten sind 8–10 cm breit und zeichnen sich dadurch aus, daß die Lippe (Labellum) nach oben gerichtet ist. Sie ist von zungen- bis nierenförmiger Gestalt, in eine Spitze ausgezogen, am Rand elfenbeinfarben, zum Schlund hin grün überlaufen und dort mit einem fleischigen Längskiel versehen. Die Stellung der Lippe nach oben ist ein ursprüngliches Blütenmerkmal. Neben der primären Stellung des Labellums ist diese Art durch einen fadenförmigen Sporn ausgezeichnet, der bis 8 cm Länge erreicht. Die übrigen 5 Blütenblätter sind wenig verschieden. Sie sind lang zungenförmig, zugespitzt, von hellgrüner Färbung und glänzender Beschaffenheit. Die Säule der Blüte ist sehr kurz, und die Pollen liegen in Gestalt von 2 kugeligen Blütenstaubmassen von wachsartiger Konsistenz vor.
Unter den zahlreichen Arten der Gattung muß vor allem das auf Madagaskar beheimatete *A. sesquipedale* hervorgehoben werden. Es besitzt einen bis 45 cm langen Sporn (»sesquipedale« = $1^1/_2$ Fuß) und wird von einem Nachtfalter bestäubt, dessen Rüssel so lang ist, daß er den Nektar am Grunde des Sporns erreicht. Bereits Darwin vermutete die Existenz solch eines langrüsseligen Falters. Er wurde aber erst im Jahre 1903 entdeckt und hat einen Rüssel von 22,5 cm Länge.

Coelogyne 159

Coelogyne cristata Ldl.

Orchideen *Orchidaceae*

Die Gattung *Coelogyne* umfaßt 150 Arten, die vom Himalaya über Süd-China bis Neuguinea, die Fidschi-Inseln und Samoa verbreitet sind. Der Gattungsname leitet sich von »koilos« (hohl) und »gyne« (Weib) ab und nimmt auf die ausgehöhlte Gestalt der Narbe Bezug. Es handelt sich um eine epiphytische Art,die im Himalaya in 1600–2300 m Höhe verbreitet und in den außertropischen Zonen schon Jahrhunderte in Kultur ist. An den Wurzelstöcken der Pflanze stehen gedrängt die nahezu kugeligen, grünen Scheinknollen (Pseudobulben), die bald runzelig werden und 2 lanzettförmige, zugespitzte bis 30 cm lange Laubblätter tragen. Am Grunde der letzten Pseudobulbe entspringt der hängende Blütenstand mit 5–9 angenehm duftenden, porzellanartig erscheinenden Blüten. Die Blüten sind 9–10 cm breit. Ihre schmal elliptischen, schneeweißen Blütenblätter sind am Rande gewellt und an der Spitze leicht zurückgebogen. Die dreiteilige Lippe (Labellum) ist nach vorne gerichtet und trägt in der Mitte 5 längs orientierte orangegelbe Kämme. Von diesem Merkmal leitet sich die Artbezeichnung »cristata« ab. Die abgerundeten Seitenlappen des Labellums sind nach oben, der Mittellappen ist an den Rändern leicht zurückgebogen. An der schlanken Säule befinden sich Staubbeutel mit 4 Pollenmassen.

Odontoglossum 160

Odontoglossum bictoniense (Batem.) Lindl.

Orchideen *Orchidaceae*

Die Gattung *Odontoglossum* ist mit rund 300 Arten von Mexiko über Mittelamerika bis Bolivien und Brasilien verbreitet und findet sich vor allem in den Anden. Der Gattungsname leitet sich von »odontus« (Zahn) und »glossa« (Zunge) ab und nimmt

Bezug darauf, daß die Lippe der Blüten entfernt zungenförmig gestaltet und am Grund mit zahnartigen Höckern besetzt ist. Die von Mexiko über Guatemala bis Costa Rica verbreitete, epiphytische Art bildet ovale, flachgedrückte Pseudobulben von 12–15 cm Länge, an deren Ende die bis 50 cm langen, schlank elliptischen, zugespitzten, weichen, hellgrünen Blätter stehen. Aus den mit einer Scheide umgebenen Pseudobulben entspringt an der Basis der bis 1 m lange, aufrechte Blütenstand, der in der Regel 8–12 Blüten trägt. Sie sitzen mit dem gestreckten, unterständigen Fruchtknoten in den Achseln schuppiger Tragblätter unmittelbar an der Blütenstandsachse. Die 4–5 cm großen Blüten besitzen 3 äußere und 2 innere lanzettförmige Blütenblätter, die auf rotbraunem Grund leuchtend gelbe, bizarre Muster oft in Form mehr oder weniger vollständiger Querbänder tragen. Die herzförmige, am Rand leicht kräuselig gewellte Lippe ist zart rosa und in eine leichte Spitze ausgezogen. Das durch Verwachsung von Fruchtknoten und dem einzigen vorhandenen Staubblatt entstandene Säulchen (Gynostemium) ragt in der Mitte leicht bogenförmig deutlich aus der Blüte empor. Die Art findet sich vor allem in den kühl-feuchten Nebelwäldern und ist eine weit verbreitete Warmhaus-Orchidee.

Oncidium 161

Oncidium nubigenum Ldl.

Orchideen *Orchidaceae*

Die Gattung *Oncidium* ist mit 750 Arten von Florida über Mexiko und Mittelamerika bis Paraguay und Argentinien verbreitet. Der Gattungsname leitet sich von »onkidion« (Wulst) ab und nimmt auf die schwielige bis warzige Beschaffenheit der Lippe Bezug. Es handelt sich um epiphytische Orchideen, deren Blütenstände mehrere Meter Länge erreichen können. *O. nubigenum* bildet an den Sproßachsen eiförmige, flache Scheinknollen (Pseudobulben), die 4–6 cm lang werden und 1–2 riemenförmige bis 15 cm lange Blätter tragen. Der seitlich entspringende überhängende Blütenstand erreicht bis 50 cm Länge und besteht aus 6–12 Blüten von 3 cm Größe. Die äußeren und inneren Blütenblätter sind schokoladenbraun oder auch grünlich dunkelbraun bis dunkelviolettrot. Das innere Blütenblatt des Außenkreises ist den beiden äußeren des Innenkreises ähnlich, länglich-oval, zugespitzt und am Rand leicht gewellt. Die beiden äußeren Blütenblätter des Außenkreises sind verwachsen, an der Spitze zweizipflig und werden durch die Lippe verdeckt, die entfernt geigenförmig gestaltet ist. Sie besitzt 2 kleinere, abgerundete, basale Seitenlappen und 2 große, fast nierenförmige, am Rand schwach gewellte, distale Vorderlappen. Die gesamte Lippe ist weiß bis rosa getönt und zeigt kräftige violettpurpurfarbene Punkte. Zwischen den beiden basalen Seitenlappen befindet sich eine leuchtend goldgelbe Schwiele. Die Säule ist kurz und gestaucht, und die Staubbeutel sind gewölbt. Die meisten *Oncidium*-Arten besitzen gelbbraune Blüten von variierender hell- bis goldgelber Tönung und sind an der geigenförmigen Lippe zu erkennen.

Cattleya 162

Cattleya granulosa Ldl.

Orchideen *Orchidaceae*

Die Gattung *Cattleya* ist mit 65 Arten vor allem in Brasilien und in den tropischen Teilen der Anden verbreitet. Sie findet sich aber auch in den tropischen Wäldern

Mittelamerikas. Sie wurde nach dem englischen Gärtner und Botaniker William Cattley benannt. Die Heimat von *C. granulosa* liegt in Guatemala und Brasilien. Es handelt sich wie bei allen Angehörigen der Gattung um eine epiphytische Pflanze mit einem kräftigen Wurzelstock, an dem die schlanken, stammartigen, 40–60 cm hohen Pseudobulben stehen. Die paarigen, derben Blätter der Pflanze sind länglich lanzettförmig und abgestumpft. Sie erreichen etwa 15 cm Länge. Der kurze, gestielte, ungegliederte Blütenstand trägt 5–8 glänzende, langlebige, intensiv duftende, derbe Blüten von 8–12 cm Durchmesser. Die 3 äußeren Blütenblätter sind schmäler als die inneren. Das mittlere steht aufrecht nach oben, die beiden seitlichen sind hakenförmig abwärts gebogen. Sie sind von olivgrüner Farbe und mit dunkelroten Punkten versehen. Die beiden äußeren Blütenblätter des Innenkreises sind breiter als die des Außenkreises, fast lanzettlich mit stumpfer Spitze und kraus gewelltem Rand. Sie sind ebenfalls dunkelrot gefleckt. Die Lippe der Blüte ist deutlich dreilappig. Die beiden äußeren, kürzeren Seitenlappen umfassen tütenförmig die Säule. Sie sind an der Außenseite weißgelb, an der Innenseite gelblich bis rosafarben. Der Mittellappen der Lippe ist fächerförmig und vergrößert. Er ist in der Mitte körnig, am Rand fein gefranst und besitzt bei weißer Grundfarbe im vorderen Teil eine rosafarbene bis rote Sprenkelung. Zum Schluß hin ist er gelb mit roter Zeichnung. Von seiner körnigen Oberfläche leitet sich die Artbezeichnung ab. Die Blütenstaubmasse an der Säule (Gynostemium) ist vierteilig, von wachsartiger Beschaffenheit und findet sich in 2 Fächern.

Die Gattung *Cattleya* umfaßt zahlreiche Arten, die sehr dekorativ sind. Sie gehören wegen ihrer Schönheit und Farbenpracht zu den bekanntesten und beliebtesten Orchideen. Angehörige der Gattung sind mit denen anderer Gattungen z. B. *Laelia, Brassavola* und *Sophronitis* gekreuzt worden, so daß Gattungsbastarde entstanden sind. Es ist gelungen bis 3 Gattungen ineinander zu kreuzen. Ein bekannter Bastard ist *Brassolaeliocattleya.*

Wasserpflanzen

Königliche Wasserlilie 163

Victoria amazonica (Poepp.) Sowerby

Syn.: *Victoria regia* Lindl.

Seerosengewächse *Nymphaeaceae*

Die Gattung *Victoria* wurde zu Ehren der englischen Königin Victoria benannt, die im Jahre 1837 den britischen Thron bestieg. Sie umfaßt 2 Arten, die beide in Südamerika beheimatet sind. *V. amazonica* (engl. Royal Water Lily) findet sich in ruhigen Gewässern des Amazonas sowie in Bolivien und Britisch Guayana von 4° nördlicher Breite bis 15° südlicher Breite. Sie besitzt einen im schlammigen Untergrund verankerten Wurzelstock, aus dem die mächtigen, an dicken, tauartigen Stielen sitzenden, mehr oder weniger kreisrunden Schwimmblätter entspringen. Die Blätter erreichen in der Regel 2–3 m Durchmesser, doch berichten Forschungsreisende von noch größeren Ausmaßen, die im Gebiet der natürlichen Verbreitung unter günstigen Bedingungen bis 4 m betragen können. Am Rand sind die Blätter kuchenblechartig emporgewölbt. Die Aufstülpung ist in Richtung des Stielansatzes und an der entgegengesetzten Seite unterbrochen, sodaß bei den heftigen tropischen Regenfällen der größte Teil des sich ansammelnden Wassers schnell abfließen kann. Außerdem tragen alle Blätter an der Außenseite wie auch die Stiele scharfe spitze Stacheln und gleichen bei der Entfaltung einem bestachelten, kleinen, runden Boot. Die oberseits glänzend grüne Blattoberfläche zeigt unter der Lupe feine siebartige Durchlöcherungen, und die Blattfläche besitzt an der kupferroten Unterseite ein rippen- bis brettartig vorspringendes Adernetz, das die Schwimmfähigkeit und zugleich die Festigkeit der Blätter steigert. Die Blattfläche vermag – gleichmäßige Verteilung vorausgesetzt – eine Last von 40–75 kg zu tragen.

Im Gegensatz zu den schwimmenden Blättern ragen die Blüten im geöffneten Stadium ein wenig über die Wasseroberfläche empor, sinken jedoch nach dem Abblühen wieder nach unten, so daß die Früchte im Wasser heranreifen. Der Durchmesser der sehr wohlriechenden Blüten beträgt 25–40 cm. Eine deutliche Trennung in Kelch- und Kronblätter ist nicht wahrnehmbar, doch sind die äußeren 4 Blütenblätter (Sepalen) an der Außenseite grün gefärbt und dienen im Knospenstadium als Hüllorgane. Nach innen folgen die in großer Anzahl vorhandenen Blütenblätter, die spiralig angeordnet sind. Sie gehen gleitend in die einwärts folgenden zahlreichen Staubblätter über. Während die innersten Staubblätter über einem schmalen Stiel deutlich abgesetzte Pollensäcke tragen, verbreitert sich der Stiel der nach der Peripherie der Blüte sitzenden Staubblätter zunehmend blütenblattartig, und die Staubbeutel verkleinern sich. Die morphologische Ableitung des Blütenblattes vom Staubblatt ist auf diese Weise in selten eindringlicher Weise zu erkennen. Es kommt hinzu, daß sogar die Blütenblätter wie alle Organe der Pflanze von Luftkanälen durchzogen sind, welche die Schwimmfähigkeit steigern.

Die Blüten der fälschlicherweise als Königliche Wasserlilie bezeichneten Seerosenart sind zwei Nächte lang geöffnet. Sie öffnen sich bei Sonnenuntergang mit weißer Farbe und schließen sich im Verlauf des nächsten Vormittags. Am Nachmittag des gleichen Tages öffnen sie sich zum zweiten Male und schließen sich am Morgen des nächsten Tages endgültig. Dabei sinken sie gleichzeitig unter den Wasserspiegel. Ihre Farbe ändert sich während des Blühvorgangs von weiß über rosa nach rot. Diese Verfärbung hängt mit den intensiv ablaufenden Stoffwechselvorgängen unter tropischen Bedingungen zusammen. Der intensive Atmungsprozeß während des Blühens erzeugt soviel Wärme, daß die Temperatur im Innern der Blüte gegenüber der Umgebung bis zu 10 °C gesteigert sein kann. Die Bestäubung wird durch Käfer vermittelt. Die mehr als faustgroßen, stacheligen Früchte enthalten zahlreiche erbsengroße, dunkel olivgrüne bei der Nachreife schwarz werdende Samen. Sie werden von den Indianern als Wassermais gegessen.

Entdeckung, Beschreibung und wissenschaftliche Benennung der Pflanze sind sehr wechselvoll. Sie wurde am Rio Marmora, einem Nebenfluß des Amazonas, von dem deutschen Botaniker Thaddaeus Haenke 1801 erstmals entdeckt. Von seinen Aufzeichnungen blieb jedoch wenig erhalten, da er später auf den Philippinen verstarb. Danach wurde die Pflanze mehrfach wiederentdeckt, von D'Orbigny benannt und beschrieben, später aber nochmals umbenannt. Die ersten Samen keimten in Europa 1846 in den Kew Gardens bei London, jedoch gelangten die Pflanzen nicht zur Blüte, was erst 1849 in den Gewächshäusern des Herzogs von Devonshire zu Chatsworth der Fall war.

Die zweite mit *V. amazonica* verwandte Art ist *V. cruciana*. Sie ist im nördlichen Argentinien und in Paraguay verbreitet. Ihre Blätter sind etwas kleiner, auf der Unterseite grün und durch rötliche Rippen ausgezeichnet. Diese nicht mehr nur tropische Art unterscheidet sich neben weiteren Merkmalen durch die Höhe des aufgerichteten Randes. Er ist 12–18 cm hoch, rundlich umgebogen und gesättigt braunrot. Bei *V. amazonica* ist er nur 4–6 cm hoch. Von beiden Arten gibt es in Kultur vielfach Bastarde.

Seerose
Nymphaea-Hybriden
Seerosengewächse *Nymphaeaceae*

164
165
166
167

Die Gattung *Nymphaea* (engl. Water Lily) umfaßt 40 verschiedene Arten und ist nahezu über die gesamte Erde verbreitet. Dementsprechend zählen auch tropische Arten zu dieser Gattung. Sie sind meist durch bunte Blüten ausgezeichnet. Dies gilt vor allem für Hybriden, deren Herkunft oft nicht mehr zu ermitteln ist. Allgemein gilt: je schillernder und ansprechender das Farbenspiel der Blüte, umso komplexer ist die genetische Herkunft. Der Name der Gattung leitet sich von dem Wort »nymphaia« ab, denn nach der griechischen Sage soll die Blüte aus einer an Eifersucht gestorbenen Nymphe entstanden sein. Nach Plinius entstand sie aus einer Nymphe, die aus unerwiderter Liebe zu Herkules starb.

Alle *Nymphaea*-Arten bilden im Schlamm kriechende Wurzelstöcke, die waagrecht oder senkrecht orientiert und gleichmäßig dick oder auch knollig sein können. Die gleichmäßig dicken Rhizome erreichen die Stärke eines Männerarmes und sind an der Oberfläche mit den Narben der abgefallenen Blattstiele gemustert. Dementsprechend entspringen die auf der Wasseroberfläche schwimmenden, runden, ovalen oder herzförmigen Blätter mit ihren langen Stielen stets an den Wurzelstöcken. Sie besitzen eine glänzende, grüne Oberseite, während die Unterseite andersfarbig, oft bereift oder rötlich überlaufen ist. Die auffallenden, schönen Blüten schwimmen entweder auf der Wasseroberfläche oder ragen darüber empor. Sie bestehen aus einer großen Anzahl spiralig angeordneter Blütenblätter, die ähnlich wie bei der Königlichen Wasserlilie alle Übergänge von Staubblättern zu Blütenblättern erkennen lassen. Auch hier können die 4 äußeren Blütenhüllblätter als Kelchblätter angesehen werden. Die zahlreichen Fruchtblätter werden sekundär von der Blütenachse umwallt, sodaß eine scheinbar einheitliche Frucht zustande kommt. Sie reift stets unter Wasser und zerfällt nach der Reife. Die Wurzelstöcke zahlreicher Arten sind eßbar.

Indische Lotosblume
168

Nelumbo nucifera Gaertner
Seerosengewächse *Nymphaeaceae*

Die Gattung *Nelumbo* umfaßt wie die Gattung *Victoria* nur 2 Arten. Ihr Name ist von einer volkstümlichen Bezeichnung für die indische Lotosblume (engl. Indian Lotos) auf Ceylon abgeleitet. Das Verbreitungsgebiet dieser Art reicht von Japan bis Nordost-Australien und von dort bis zum Kaspischen Meer. In Ostasien ist die Pflanze vielfach infolge Kultur eingebürgert.

An dem im Schlamm kriechenden Wurzelstock stehen auf 1–2 m langen Stielen die 30–60 cm großen blaugrün bereiften, flach trichterförmigen, runden Blätter. Ihr Stiel ist bestachelt und in der Blattmitte eingefügt. Die Pflanze besitzt somit ein Schildblatt, an dessen wachsüberzogener Außenfläche die Wassertropfen wie kleine Quecksilberkugeln abrollen. Ihre Blüten erheben sich meist noch ein wenig höher als die Laubblätter. Sie weisen bei einem Durchmesser von 18–35 cm eine frisch rosenrote Farbe auf und bestehen aus zahlreichen Blütenblättern. Doch gibt es auch andersfarbige Arten, wie die gelbe *N. lutea* (siehe Foto). Typisch sind die zahlreichen Staubblätter der Blüte. Bemerkenswert ist vor allem die verkehrt kegelförmige Gestalt der am Ende verbreiterten Blütenachse, in welche die getrennt stehenden

Fruchtblätter eingesenkt sind. Ihre Narben schauen zunächst Stiften vergleichbar aus der an eine Gießkannenzotte erinnernden Umhüllung heraus. Nach der Befruchtung vergrößert sich die Umhüllung, und in ihrem Innern reifen die Nußfrüchte heran (*N. nucifera,* kleines Foto). Sie sind wie das Rhizom eßbar und werden als pythagoräische Bohnen bezeichnet. Die auch als »Padma« bezeichnete indische Lotosblume wird besonders in Indien als Symbol des Ganges verehrt. Sie breitete sich durch menschliche Einwirkung von dort weiter nach Ägypten aus und galt dort ebenfalls als heilige Pflanze. In der Baukunst wurde sie vielfach als Motiv verwendet.

Wasserhyazinthe 169

Eichhornia crassipes (Mart.) Solms

Pontederiagewächse *Pontederiaceae*

Die Gattung *Eichhornia* ist mit 6 Arten im tropischen und subtropischen Amerika verbreitet. Sie wurde nach dem preußischen Minister J. A. F. Eichhorn benannt. Es handelt sich bei *E. crassipes* um eine schwimmende Wasser- oder Sumpfpflanze. Sie trägt an gedrungener Sproßachse eine größere Anzahl rosettig angeordneter Blätter, deren Stiele deutlich blasenartig aufgetrieben sind, worauf die Artbezeichnung *crassipes* Bezug nimmt. Das im Innern der Stiele vorhandene Gewebe ist stark lufthaltig, was das Schwimmvermögen der Pflanze fördert. Je nach Standort kann die Dicke der blasigen Stielauftreibung variieren. Sie geht gleitend in die breit-eiförmige bis nierenförmige, glatte, hellgrüne Blattspreite über. Der Blütenstand der Pflanze stellt eine Scheinähre dar, bei der die einzelnen Blüten sehr kurz gestielt sind. Die Blüte selbst besteht aus 6 mehr oder weniger gleichartig gestalteten, hellblau bis hellviolett gefärbten Blütenblättern, die nur am Grunde miteinander verbunden sind. Das mittlere, aufrecht stehende Blütenblatt ist durch eine dunklere Netzzeichnung und einen leuchtend gelben Fleck geziert. Überdies zeigt die Blüte im Aufbau keine deutlich radiäre Symmetrie mehr, eine Tatsache, die durch die aufwärts gerichteten Staubblätter unterstrichen wird. Aus dem dreiblättrigen Fruchtknoten entwickelt sich eine Kapsel. Die Pflanze fällt weiter durch die zahlreichen Wurzeln auf, die kammartig gefiedert erscheinen. Die schwimmenden Rosetten vermehren sich durch Ausläufer, die in den Blattachseln entspringen und an ihren Enden neue Blattrosetten bilden.

Im letzten Jahrhundert nach Indien eingeschleppt, hat sich die Wasserhyazinthe mangels natürlicher Feinde schnell zu einer Plage entwickelt. Durch ihre schnelle Vermehrung – die Ausläufer einer Pflanze können in wenigen Monaten mehrere 100 m^2 Fläche bedecken – werden Kanäle verstopft und Teiche für die Fischzucht unbrauchbar. Einerseits werden Herbizide zur Vernichtung entwickelt, andererseits versucht man durch Vergärung die pflanzliche Substanz zur Gewinnung von Biogas nutzbar zu machen.

1

2

3

4 6 7 5

8

9

10

11

12

13

14

15

16

17

18

19

20

21 22

25 23 24

26

27

28

29

30

31

32

33

34

35

36

37

38

39

40

41

42

43

44

45

46

47

48

49

50 51 52

53

54

55

56

57

58

59

60

61

62

63

64

65

66

67

68

69

71

72

73

74

75

76

77

78

79

80

81

82

85

83

84

86

87

88

89

90

93 91 92

94

95

96

97

98

99

100

101

102

104

106

107

105

108

109

110 112 113 111

114

115

116

119 117 118

120

121

122

123

124

125

126

127

128

129

130

131

132

133

134

135

136

137

139

140

141

142

143

144

145

146

147

149

150

151

154

152

153

155

156

157

158

159

160

161

163

164

165

166

167

168

169

170

171

172

173

174

175

176

177

178

179

180

181

182

183

184

185

186

187

188

189

190

191

192

193

194

195

196

197

199

200

201

202

203

203

204

206

207

208

209

210

211

212

213

214

215

216

217

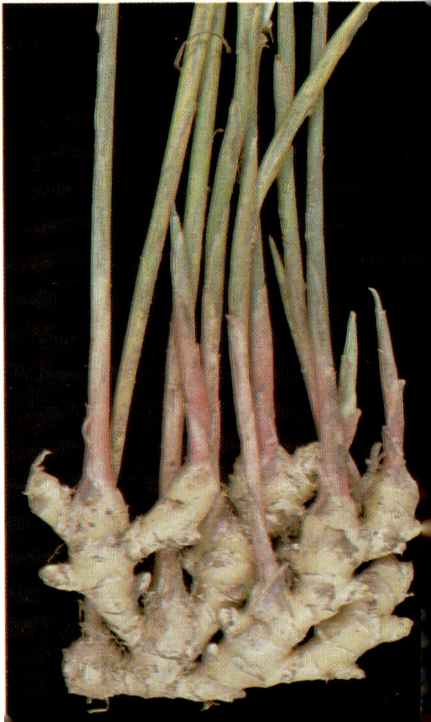

218

219

220

221

222

224

225

226

227

228

229

230

231

232

233

234

235

236

237

238

239

240

241

242

243

244

245

246

247

248

249

250

251

252

253

254

255

256

257

258

259

260

261

262

263

264

265

266

267

268

269

270

271

272

273

274

Nutzpflanzen

Die Zahl der tropischen Nutzpflanzen ist sehr groß und umfaßt einen sehr weiten Bereich. Ihre Verbreitung ist außerordentlich verschieden. Wir kennen einerseits Pflanzen, die über die Tropen der ganzen Erde verbreitet sind, andererseits solche, die nur sehr lokal vorkommen. Nur die erste Gruppe kann im Rahmen dieses Buches berücksichtigt werden. Außerdem dürfte es auch heute noch Nutzpflanzen z. B. bei den Indios am oberen Amazonas und am Orinoko geben, deren Verwendung noch immer nicht bekannt ist.

Entsprechend ihrer verschiedenartigen Verwendung lassen sich die Nutzpflanzen der Tropen zu folgenden Gruppen zusammenfassen: An erster Stelle müssen die tropischen **Stärkepflanzen** genannt werden, die für die menschliche Ernährung in den Tropen am wichtigsten sind. Reis, Mais und Hirse gehören zu den bekanntesten. Nur in den Tropen verbreitet sind Batate, Maniok, Taro, Yams, Okumo und Brotfrucht. Von untergeordneter lokaler Bedeutung sind z. B. die unterirdischen Knollen von Erdbirne, Reismelde, Knollen-Bohne, Sauerklee- und *Tropaeolum*-Arten. Auch das Zuckerrohr gehört zu den Kohlenhydrate liefernden Pflanzen der Tropen.

Daneben gibt es eine Gruppe von Nutzpflanzen, die **Eiweiß-** und vielfach auch **Fettlieferanten** zugleich sind. Wichtige Vertreter dieser Gruppe sind Bohne, Erdnuß, Paranuß und Akee-Frucht. Auch viele Palmen wie z. B. die Kokospalme gehören hierher. Die eiweiß- und fettreichen Früchte zahlreicher Palmen, die zugleich Stärke enthalten, dienen vielfach nur der tierischen Ernährung. Hinzu kommt daß viele als Nutzpflanzen kultivierte Formen zugleich sehr dekorativ und dementsprechend auch als Zierpflanzen zu betrachten sind. Dies gilt für viele Palmen, aber auch für den Brotfruchtbaum und viele tropische Obstbäume.

Eine umfangreiche Gruppe stellen die **tropischen Obstarten** dar. Zu ihr zählen viele Bäume, aber auch Sträucher und Schlingpflanzen. Viele werden in den Tropengebieten der ganzen Erde kultiviert, andere findet man nur in Südostasien. Bestimmte Formen gelangen wegen ihres besonderen Aromas, Geschmacks oder Geruchs, wegen ihrer Anfälligkeit beim Transport oder wegen ihres geringen Wertes auch im Zeitalter der Luftfahrt nicht in die gemäßigten Breiten. Eine Trennung in Formen, die als Obst und Gemüse zugleich oder als Obst und Stärkepflanze dienen wie z. B. bei der Banane, ist nicht immer möglich.

Schließlich gibt es die Gruppe der als **Gewürze, Stimulantien, Genußmittel** und **technische Nutzpflanzen** verwendeten Arten. Besonders umfangreich ist die Gruppe der als Stimulantien und medizinisch verwendeten tropischen Pflanzen, die unmöglich alle behandelt werden können. Das gleiche gilt für die als Färbepflanzen und die zu Schmuckzwecken brauchbaren Formen, von denen z. B. die Samen oder bestimmte Teile der Pflanze Verwendung finden. Färbepflanzen werden nicht nur für Gewebe sondern auch zum Anfärben von Speisen oder des menschlichen Körpers benutzt. Abschließend muß das unerschöpfliche Reservoir tropischer Hölzer erwähnt werden. Gerade Hölzer, Stimulantien, Gewürze und Färbepflanzen sind oft regional in ihrer Benutzung begrenzt. Andererseits enthalten sie oft wichtige Inhaltsstoffe, die nicht synthetisch hergestellt werden können und große medizinische Bedeutung haben. Da die tropischen Nutzpflanzen meist nicht nur in einer Hinsicht verwertbar sind, ist es oft schwer, sie den oben angegebenen Gruppen eindeutig zuzuordnen. Bei der folgenden Aufzählung wurde darauf geachtet, möglichst alle die Vertreter in einer Gruppe zusammenzustellen, die **vorwiegend** unter gleichem Aspekt genutzt werden.

Stärkelieferanten

Reis 170

Oryza sativa L. 171

Gräser *Poaceae* 172

Obwohl der Reis (engl. Rice) eine überwiegend tropische Stärkepflanze ist, erstreckt sich seine Kultur bis in die subtropischen Klimagebiete der Erde. Sein Anbaugebiet spannt sich von 45° nördlicher Breite bis 40° südlicher Breite. Nach dem Weizen und Mais ist er die Getreideart mit den höchsten Erntemengen. Von allen Getreidearten erreicht der Reis mit 10 t/ha die höchsten Hektarerträge.
Die Geschichte der Reispflanze als Nutzpflanze läßt sich bis 6000 v. Chr. zurückverfolgen. Vermutlich wurde seine Kultur unabhängig voneinander in Indien und China entwickelt. Von diesen frühen Anbauzentren aus hat sich die Reiskultur dann bis nach Japan, Australien, Südamerika, Californien, aber auch nach Westafrika, Ägypten und Madagaskar ausgedehnt.
In das Mittelmeergebiet gelangte die Pflanze um 800 n. Chr. und wird noch heute in Italien, Spanien und Südfrankreich angebaut. Die Heimat der Reispflanze liegt wahrscheinlich in Indien, wo *Oryza* noch heute als Wildpflanze verbreitet ist. Daneben gibt es aber auch Wildformen in Südamerika, Afrika und Australien. Meist wird er als Bewässerungs- oder Naßreis, weniger als Berg- oder Trockenreis kultiviert. Insgesamt gibt es ein breites Spektrum von Varietäten, und im einzelnen kennt man eine große Zahl von domestizierten Formen, die in Südamerika, Afrika, Indien und Südostasien genetisch verwandten Formenkreisen angehören. Sie reichen von 30 cm hohen, aufrecht wachsenden bis 7 m langen, im Wasser flutenden Formen.
Der Reis ist ein Rispengras, das entweder ausgesät und in Gebieten intensiver Kultur mit genügend Arbeitskräften von Hand dann weiterverpflanzt oder maschinell als Einzelsamen in den Boden gebracht wird. Die Pflanze beginnt sich bereits nach 20 Tagen zu bestocken. Beim Schossen bilden die bis 1,80 m Höhe erreichenden aufrechten Halme zunächst nur Niederblätter in Form von Blattscheiden, später bis 50 cm lange, im Wasser noch längere Blattspreiten. Die Blütenrispen (Foto 172) erreichen bis 50 cm Länge und tragen dreiblütige Ährchen, in denen sich jedoch nur die endständige Blüte als Zwitterblüte entwickelt.
Die Pflanze stellt an Temperatur sowie Nährstoff- und Wasserversorgung hohe Ansprüche. Das Substrat muß humus- und nährstoffreich sein. Beim Naßreis stehen die Pflanzen im überfluteten Schlamm (Foto 170); während des Heranwachsens wird der Wasserspiegel verändert. Ein Teil des Stickstoffbedarfs wird durch die im Wasser lebenden Blaualgen gedeckt, die den Stickstoff der freien Luft binden. Die Temperatur muß zwischen 25 ° und 30 °C liegen. Nach der Blüte wird der Wasserstand allmählich gesenkt, bis die Felder zur Erntezeit trocken stehen. Der Trockenreis, dessen Anbau bis 1800 m Höhe möglich ist, verlangt hohe Niederschläge und wird daher gern auf brandgerodeten Regenwaldflächen angebaut. Seine Temperaturansprüche liegen mit durchschnittlich 18 °C etwas niedriger.
Von der Aussaat bis zur Ernte vergehen je nach Sorte und Umweltbedingungen 3–9 Monate. In manchen Gebieten sind somit 3–4 Ernten im Jahr möglich. Die Ernte erfolgt überwiegend von Hand mit der Sichel, in den USA und in Australien mit Hilfe von Mähdreschern. Zum Dreschen läßt man in Asien u. a. Wasserbüffel solange über die ausgelegten Garben trampeln, bis die Hüllspelzen abgefallen sind. Doch werden auch dort in zunehmendem Maße Dreschmaschinen verwendet. Das gewonnene, von den Spelzen umhüllte Produkt wird als Paddyreis bezeichnet.

Die große wirtschaftliche Bedeutung des Reis ist bekannt. Besonders in den asiatischen Entwicklungsländern gilt er als wichtigste Stärkepflanze. Mehr als 60% der Welternte fallen allein auf China, Indien und Indonesien. Doch reichen die dort erzeugten Mengen für die wachsende Bevölkerung nicht mehr aus, so daß Länder wie Indien, Indonesien und Vietnam Reis aus den USA importieren müssen. Je nach Stand der landwirtschaftlichen Entwicklung sind die Hektarerträge sehr unterschiedlich, sie schwanken von 1,32 t/ha in Senegal bis 15,8 t/ha in Australien.

Süßkartoffel, Batate 173

Ipomoea batatas (L.) Lam. 174

Windengewächse *Convolvulaceae* 175

Die Süßkartoffel oder Batate (engl. Sweet Potato) bildet wie die Mandioka- oder Kassave-Pflanze Wurzelknollen aus. Sie wird in den gesamten Tropen, teilweise auch in den Subtropen kultiviert und liefert dort eine verbreitete Nahrung. In ihren Knollen wird überwiegend Stärke und soviel Zucker gespeichert, daß sie süß schmeckt. Sehr wahrscheinlich liegt ihre Heimat in Südamerika, da »Batate« eine indianische Bezeichnung ist. Wie aus Gräberfunden in Peru hervorgeht, war die Pflanze bereits während präkolumbianischer Zeit in Kultur. Nachweislich gelangte die Batate vor der Kartoffel zu Beginn des 16. Jahrhunderts von den Kanaren nach England. Hier wurde ihr Name in »potato« verändert und später auf die Kartoffel übertragen. Spanier sollen die Pflanze auf die Philippinen und Molukken gebracht haben.

Die Batate benötigt zu ihrem Gedeihen frostfreies Klima und leidet bereits bei 10 °C. Optimale Umweltbedingungen sind 26–30 °C während der Vegetationszeit und 850–900 mm Jahresniederschlag. Während der Wachstumsphase sind hohe Feuchtigkeit und in der Reifeperiode trockenes Wetter optimal. Die Pflanze kann bis 40° nördlicher und südlicher Breite und bis 2200 m Höhe kultiviert werden, sofern die mittlere Temperatur 22 °C nicht unterschreitet. Auf wasserdurchlässigem, schwach sauren Boden kommen die Wurzelknollen in 4–5 Monaten zur Reife.

Die Süßkartoffel ist eine ausdauernde Pflanze, die nach Art der Windengewächse in Kultur auf dem Boden kriecht (Foto 173). Die mehrere Meter langen Sprosse gehen aus einer Wurzelknolle hervor, die während des Wachstums ausgesogen wird. Ihre Blätter sitzen wechselständig an der kriechenden Sproßachse und können von sehr verschiedener Gestalt sein. Sie sind stets deutlich gestielt, und die Gestalt der Blattspreite variiert von nahezu rund über rhombisch-gelappt bis tief geteilt und zerschlitzt (Abb. S. 188). Neben den rein grünblättrigen gibt es infolge Anthocyanbildung unterseits violett überlaufene Varietäten (Foto 174). Die moderne Zuchtrichtung geht dahin, möglichst kurzsprossige, buschig wachsende Formen zu selektionieren. An den Knoten der lagernden Sprosse entstehen sproßbürtige Wurzeln, die teils als Nährwurzeln dienen, teils unter Kohlehydratspeicherung zu spindelförmigen Knollen anschwellen (Foto 175). Sie erreichen bis 3 kg Gewicht, sind von blaßroter, gelbbrauner oder weißlicher Färbung und stellen die eigentlichen Nutzknollen dar. Beim Zerschneiden der unreifen Knolle tritt ein Milchsaft aus, der nicht giftig ist.

Die Süßkartoffel blüht als Kurztagspflanze nur in den Tropen und entwickelt Blütenstände aus 3–4 trichterförmigen weißen oder rötlichen Windenblüten. Aus den 2 Fruchtblättern bilden sich Kapseln, die 2–4 schwarze, sehr harte Samen enthalten. In Kultur wird die Pflanze aus bewurzelten Schößlingen oder durch Knollen vermehrt.

Die Erträge schwanken je nach Standort und Pflege zwischen 10 t/ha in Mauretanien und 48 t/ha in Italien. Der Mittelwert der Weltproduktion liegt bei 16,8 t/ha im Jahr.

Produktion von Süßkartoffeln (in Mill. t)

Land	1969/71	1975	1980
VR China	81,4	114,4	87,1
Indonesien	2,2	2,5	2,0
Südkorea	2,1	2,0	1,1
Brasilien	2,2	1,7	1,0
Indien	2,3	1,7	1,6
Japan	2,6	1,4	1,4
übrige Länder	10,1	11,9	13,1
insgesamt	102,9	135,6	107,3

Im einzelnen geht die Erzeugung verschiedener Länder aus der Tab. oben hervor. Der Zuckergehalt der Knollen ist umso höher, je näher das Anbaugebiet am Äquator liegt. Die Knollen werden gekocht, geröstet oder gebraten verzehrt. Aus getrockneten Knollen werden Schnitzel, Mehl, Stärke und sog. Reiskörner, eine Art Sago, gewonnen. In Westindien und Lateinamerika werden unter Vergärung die alkoholischen Getränke »Mobby« und »Mormoda« aus den rohrzuckerhaltigen Knollen hergestellt. Auf den Osterinseln sollen die Knollen der Batate seit Jahrhunderten das wichtigste Nahrungsmittel der Bewohner sein.

Ipomoea batatas: Verschiedene Blattformen von Landsorten des karibischen Raumes.

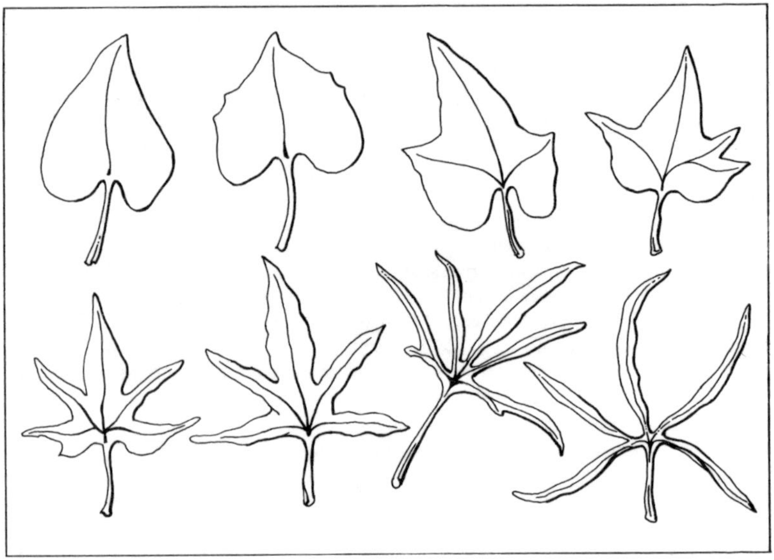

Mandioka, Maniok, Kassava 176

Manihot esculenta Crantz

Wolfsmilchgewächse *Euphorbiaceae*

Die Kassave (engl. Cassava) ist eine der wichtigsten Nutzpflanzen in den warmfeuchten Tropen. Ihre Heimat liegt in der Neuen Welt, doch ist das genaue Ursprungsgebiet ebenso wie die genaue Abstammung bisher ungeklärt. Als Gebiete der natürlichen Verbreitung kommen Venezuela, Brasilien und Mittelamerika in Betracht. Wahrscheinlich ist die derzeitige Kulturform durch Kreuzung verschiedener Arten entstanden. Von Brasilien, Kolumbien und Westindien ausgehend, hat sich der extensive Anbau über die tropischen Gebiete Westafrikas bis nach Indien, Thailand und Indonesien ausgebreitet.

Die Kultur der Pflanze reicht bis etwa 3000–2500 v. Chr. zurück. Im 16. Jahrhundert gelangte sie durch die Portugiesen nach Westafrika, wo sich der Anbau in Westafrika südlich des Äquators rasch, in Ostafrika sehr zögernd ausbreitete. Erst 1786 gelangte die Pflanze nach Ceylon und 1835 nach Java.

Für die Ausbildung guter Wurzelknollen sind warmes Klima mit einem Jahresmittel um 20 °C und Niederschläge zwischen 500–5000 mm bei nicht zu hoher Luftfeuchtigkeit erforderlich. Die Pflanze ist ausgesprochen lichtbedürftig, stellt aber an den Nährstoffgehalt des Bodens nur mittlere Ansprüche. Sie verträgt keine Staunässe, und der Boden muß tiefgründig sein. Die Kassave ist eine ausdauernde mehrsprossige Staude, die mehrere Jahre alt wird. Ihre Sprosse erreichen bis 5 m Höhe und verholzen mit der Zeit. Sie sind durch die Narben der abgefallenen Blätter gezeichnet, die wechselständig angeordnet sind und an langen Stielen tief handförmig geteilte bis neunlappige Blattspreiten tragen. Die Blattform kann bei den einzelnen Kulturformen sehr verschieden sein. Bei den rispenförmigen Blütenständen am Ende der Sprosse sitzen am Grund wenige weibliche, darüber zahlreiche männliche Blüten. Auf 200 männliche entfallen etwa 20 weibliche Blüten, die sich vor den männlichen öffnen, so daß in der Regel Fremdbestäubung gesichert ist. Die dreispaltigen Kapselfrüchte zerspringen mit einem Knall und schleudern dabei die Samen aus.

An der Sproßbasis bildet die Pflanze an die Dahlie erinnernde kegel- bis spindelförmige Wurzelknollen, die bei einer Länge von 30–50 oder auch 90 cm und 5–10 cm Durchmesser ein Gewicht von 2–5 kg erreichen (Abb. S. 190). Sie sind reich an Stärke und relativ eiweißarm. Wie alle Teile der zu den Wolfsmilchgewächsen zählenden Pflanze sind sie von Milchröhren durchzogen, deren Saft das giftige Blausäureglykosid Linamarin enthält. Aus ihm wird durch ein in den Zellen vorhandenes Enzym Blausäure freigesetzt. Kochen, Dämpfen oder Rösten der geschälten Knollen genügen, um das gefährliche Linamarin zu zerstören. Von den Eingeborenen Südamerikas wird die Stärke vor dem Verzehr mit Hilfe eines besonderen kleinen Gerätes, »Tipiti« genannt, gesondert gewonnen. Es handelt sich um einen aus Palmfasern geflochtenen, 20–30 cm langen Schlauch, den man durch Pressen und Ziehen verlängern und verdicken kann. Die rohen Kassave-Wurzeln werden zunächst durch Stampfen oder Reiben zerkleinert. Dann wird der Brei in das Tipiti gefüllt und durch Kneten des Gerätes so gepreßt, daß sich in seinem unteren Teil die Stärke ansammelt.

Die Kassave ist trotz geringer Ansprüche eine tropische Stärkepflanze von hohem Produktionsvermögen. Da die Knollen nur bedingt lagerfähig sind und ungleichzeitig reifen, wird sie noch immer nicht in dem Maße in Großplantagen angebaut, wie es möglich wäre. Sie wird vielfach noch immer in kleinen Pflanzungen oder in Hausgärten um die Hütten je nach Bedarf aus Sproßstecklingen gezogen. Bleiben die Pflanzen länger stehen, so treiben sie neue junge Sprosse. Die Ernte ist nach 6–24, meist

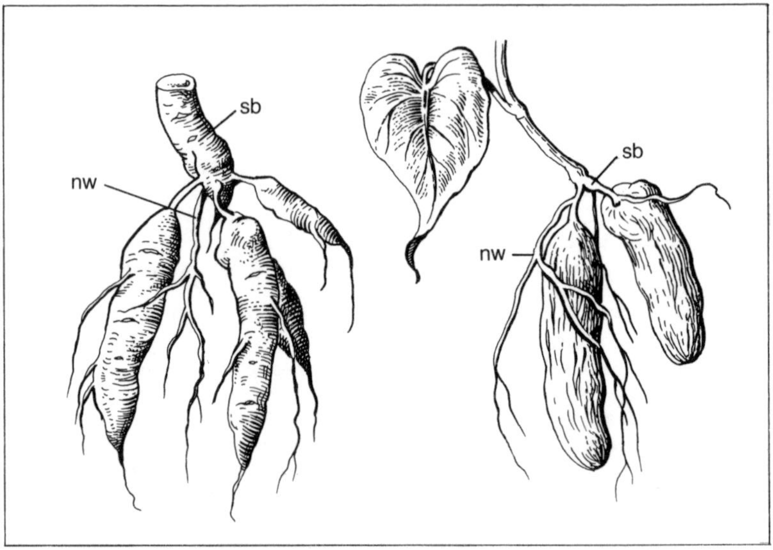

Links: Wurzelknollen der Kassave *(Manihot esculenta)*. Rechts: Wurzelknollen der Yams *(Dioscorea spec.)* sb = Basis der Sproßachse; nw = Nährwurzel.

nach 12 Monaten bei Einsetzen der Blattverfärbung möglich. Süße Sorten reifen früher als solche, die mehr Bitterstoffe enthalten. Bald nach der Ernte müssen die Knollen verarbeitet werden, da sie sich blau verfärben, rasch zu faulen beginnen und durch Atmung in 2 Monaten 10–20% Stärkeverlust auftritt. Die Erträge liegen im Weltdurchschnitt bei 9 t/ha, die Spitzenerträge bei 80 t/ha.
In den tropischen Kulturgebieten werden die gekochten Knollen meist zu Brei zerstoßen und mit Soßen genossen oder zu Fladen verbacken. Ein großer Teil wird im Hand- oder Fabrikbetrieb zu Mehl verarbeitet. Hierbei werden die geschälten und gewaschenen Wurzelknollen zu einer weißen Masse verrieben, die zuerst in der Sonne, dann auf einer heißen Platte getrocknet wird. Nach dem Mahlen erhält man ein haltbares, giftfreies Mehl, das vor allem in Brasilien als »Farinha« in den Handel kommt. Zur Gewinnung von Exportstärke werden die Knollen geraspelt, die Raspelmasse in Wasser ausgeknetet, so daß der Milchsaft abfließt. Die zurückbleibende Stärke wird abermals gewaschen und in der Sonne getrocknet. Sie liefert das Handelsprodukt »Tapioka«, das auch zu Sago verarbeitet werden kann.

Kartoffel-Yams
Dioscorea bulbifera L.

Schmerwurzgewächse *Dioscoreaceae*
Der Kartoffel-Yams (engl. Potato Yam) zeichnet sich dadurch aus, daß er an den windenden Sprossen Adventivknollen bildet. Dies hat ihm auch den Namen Luftkar-

toffel eingetragen. Die Luftknollen werden in beträchtlicher Zahl produziert und erreichen ein Gewicht von 500–2000 g (Abb. S. 192b). Schneidet man die Knollen durch, so sind sie im Innern infolge Anthocyangehalt der Zellen vielfach dunkel rotviolett gefärbt. Die Produktion der oberirdischen Knollen übertrifft daher beim Kartoffel-Yams die der unterirdischen Speicherorgane. Seine Heimat ist nicht mehr genau zu ermitteln. Der Kartoffel-Yams wird heute besonders in Mikronesien, Indonesien, Indien, Japan, Nordaustralien und Afrika kultiviert. Aus seiner weiten Verbreitung in Mikronesien kann man darauf schließen, daß der Kartoffel-Yams dort beheimatet ist, doch soll er auch in Indien und Afrika wild vorkommen.

Alle *Dioscorea*-Arten bilden Wurzelknollen im Boden, während relativ wenige Arten Adventivknollen an den windenden Sprossen entwickeln. Sie verlangen als Tropenpflanzen ein Jahresmittel von mindestens 20 °C, hohe Luftfeuchtigkeit, regelmäßige Niederschläge und lockere humusreiche Böden. Für die Knollenbildung sind Kurztagsbedingungen notwendige Voraussetzung. Die Vermehrung erfolgt durch Stengelstecklinge oder durch kleinere Knollenstücke. Man gewinnt sie, indem man bei der Ernte den oberen Knollenteil an der Pflanze beläßt und nur die größeren Basalteile der Knollen erntet.

Die Erträge belaufen sich beim Yams in Westafrika auf 8–18 t/ha, in Ostafrika auf 15–30 t/ha und im karibischen Raum auf 20–60 t/ha im Jahr. Für den Eigenbedarf läßt man die Knollen vielfach bis zum Verbrauch im Boden, doch verlieren sie dann an Aroma. Vielfach werden sie auch an Schnüren aufgereiht. Die Inhaltsstoffe entsprechen etwa denen der Kartoffel, allerdings kommt bei manchen Arten das giftige Alkaloid Dioscorin in den Knollen vor, das durch Kochen zerstört wird. In Westafrika wird aus gekochten Yamsknollen ein Brei mit dem Namen »Fufu« hergestellt, der mit scharfen Soßen gewürzt unter Zugabe von Fleisch oder Fisch ein beliebtes Gericht darstellt.

Yams-Wurz, Flügel-Yams, Großer Yams 177

Dioscorea alata L.

Schmerwurzgewächse *Dioscoreaceae*

Die Gattung *Dioscorea* umfaßt rund 600 Arten in den Tropen der gesamten Erde und wurde nach dem griechischen Arzt Dioscorides benannt. Fast alle Arten bilden unterirdische Wurzelknollen, die bis 50 kg Gewicht erreichen können (s. Foto). Die Knolle kann kompakt und ungeteilt sein und über die Erdoberfläche hervorragen. Sie besitzt dann an der Außenseite als Abschluß ein Korkgewebe und ist mehr oder weniger tief rissig gefeldert. In anderen Fällen werden zahlreiche Wurzelknollen gebildet, die am Grunde mehr oder weniger miteinander verwachsen sind oder keulige Gestalt besitzen (Abb. S. 192). Diese Knollen gehen aus sproßbürtigen Wurzeln an der Stengelbasis hervor und erreichen 20–70 cm Länge und bis 20 kg Gewicht. Aus dem unterirdischen Knollensystem treibt ein bis 30 m langer windender Sproß nach oben, der jedes Jahr einzieht und Adventivknollen bilden kann, die an Kartoffelknollen erinnern. An den langen, flexiblen Sproßachsen sitzen wechselständig meist herzförmige Blätter mit Netznervatur. Die Blüten sind getrenntgeschlechtig und hängen in männlichen und weiblichen Blütenständen herab. Soweit bisher bekannt sind alle Arten zweihäusig. Die Zahl der männlichen Blüten ist größer als die der weiblichen. Bei beiden Geschlechtern haben die Blüten 2–4 mm Durchmesser und sind meist von weißer oder grünlicher Farbe. Trotz ihrer geringen Größe werden

sie von Insekten besucht, da sie stark riechende Duftstoffe bilden. Als Frucht entsteht an den weiblichen Pflanzen eine Beere.
Insgesamt kennt man 3 Häufigkeitszentren des Anbaus und sehr verschiedene Arten, deren systematische Zugehörigkeit vielfach nicht restlos geklärt ist. Sie liegen in Ostasien, im tropischen Afrika und im karibischen Raum. Eine Übersicht über die verschiedenen Arten und Ausbildungsmöglichkeiten der Knollen zeigt die unten stehende Abbildung. Bei genauer Analyse ist zu erkennen, daß sie aus Wurzel und Sproß aufgebaut sind. Kolumbus lernte die Pflanze 1492 unter dem Namen »nyame« kennen.
Zu den in den Tropen am häufigsten kultivierten Arten gehört die Yams-Wurz (engl. Greater Yam), auch Wasseryam genannt. Den Artnamen hat sie nach den Flügeln (»alata« = geflügelt) ihres vierkantigen Stengels erhalten. Zu ihrer Intensivkultur sind Stützen erforderlich, in Mischkulturen läßt man die Pflanzen z. B. auf Jamaica an Stämmen hoher Bäume emporwinden. Die Art besitzt besonders tiefliegende Knollen, so daß sie gegen wühlende Schweine und Schadtiere besonders gut geschützt ist. Sie bildet meist nur eine, aber sehr große Knolle, die allerdings auch mehrfach geteilt sein kann. Eine Einzelpflanze bringt im Mittel 6–10 kg Knollenertrag.
Die Flügel-Yams ist asiatischen Ursprungs, hat sich aber schon seit Jahrhunderten über die Tropen der ganzen Erde ausgebreitet. Nach Westindien wurde sie im 16. Jahrhundert durch portugiesische Seefahrer gebracht, denen sie als Schiffsproviant diente. In Afrika ist sie weniger beliebt, da ihr Gehalt an Stärke geringer ist, als bei den dort kultivierten Formen des Cayenne-Yams *(D. cayennensis).*

Schematische Darstellung der Wuchsformen von a) *Dioscorea alata* (Asien); b) *D. bulbifera* (Asien); c) *D. trifida* (Zentralamerika); d) *D. cayennensis* (Afrika).

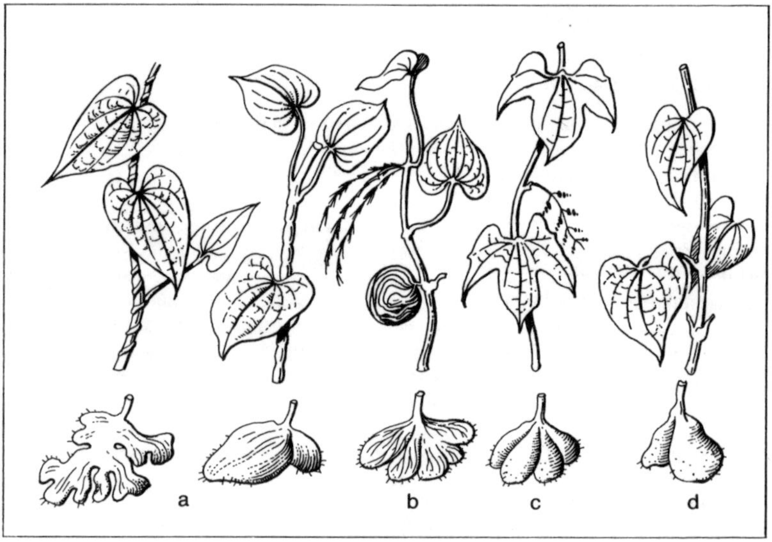

Okumo, Tania 178

Xanthosoma sagittifolium (L.) Schott

Aronstabgewächse *Araceae*

Die Okumo-Pflanze (engl. Yautia Plant) ist seit Jahrtausenden in den Tropen der Neuen Welt in Kultur. Sie wird auch als Tania bezeichnet, doch ist es besser, den Namen Okume zu benutzen, um Verwechslungen mit *Colocasia esculenta* zu vermeiden, die ebenfalls Tania heißt. Auch bei ihr wird der stärkereiche Wurzelstock genutzt, an dessen oberem Ende bei den Kulturformen nur wenige große Blätter sitzen. Sie bestehen aus einem bis 2 m langen, an der Innenseite rinnenförmig vertieften Stiel, an dessen Ende die bis 1 m lange Blattspreite eingelenkt ist. Das Blatt ist in der Regel dreieckigpfeilförmig und besitzt 3 Hauptnerven, von denen einer in die Blattspitze, die beiden anderen in die vorgezogenen Spitzen der Blattbasis verlaufen. Von den Hauptnerven zweigen zahlreiche starke Seitennerven mehr oder weniger senkrecht ab. Die Blätter sind auf der Oberseite glänzend, unterseits matt bereift. Die Wildformen tragen zahlreiche in der Regel kleinere Blätter. Neben den rein grünen gibt es auch Kulturformen mit violetten Stengeln und Blattnerven, deren Blätter auch als Gemüse verzehrt werden. Die Blütenstände haben das für die Aronstabgewächse typische Hüllblatt. Am Grunde des Blütenstandes sitzen die weiblichen, in Polygonen angeordneten Blüten, die nur selten Beerenfrüchte bilden.

Die Arten der Gattung *Xanthosoma* sind wild in Westindien und von Mexiko über Mittelamerika bis Brasilien verbreitet. Vor allem *X. jacquinii* kommt in Mexiko, Kolumbien, Venezuela und in Westindien als Wildart häufig vor. *X. violaceum* ist nach den violetten Blattstielen und Hauptnerven der Blattspreite benannt.

Die bis 2 kg schweren Wurzelstöcke der Pflanze führen reichlich Stärke, haben aber den Nachteil, daß sie Bündel von Calciumoxalatnadeln (Raphiden) enthalten, die beim Verzehr sehr lästig sind. Manche Formen sollen in rohem Zustand giftig sein. Auf den Kanarischen Inseln, wo bestimmte Zuchtformen eben noch gedeihen, werden die Rhizomknollen nur in gekochtem Zustand verkauft.

Zur Zeit des Sklavenhandels wurden auf den Galeeren Sträflinge gezwungen, Teile der rohen Wurzelknollen zu zerkauen. Die Raphidennadeln riefen dabei Schleimhautwunden im Mund und die eindringenden Giftstoffe Schwellungen von Zunge und Mundhaut und quälende Schmerzen hervor.

Die Okumo-Pflanze ist überwiegend in den Tropen der Neuen Welt in Kultur, vor allem auf Cuba gibt es große Pflanzungen. Sie ist sehr lichtbedürftig und produziert auf gut besonnten Flächen wesentlich größere Knollen als im Schatten. Manche halbkultivierten Eingeborenensorten werden vor dem Verzehr mit aschevermischter Erde behandelt, um die ätzenden und schleimigen Bestandteile der Knolle zu beseitigen. Die Okumo-Knolle kann durch gezielte Züchtung noch wesentlich verbessert werden.

Taro 179

Colocasia esculenta (L.) Schott 180

Aronstabgewächse *Araceae*

Die Taro-Pflanze (engl. Cocoyam) bildet einen knolligen, aufrechten Wurzelstock, der an der Oberfläche mit zahlreichen ringförmigen Blattnarben versehen ist. Die Knollen erreichen bis 4 kg Gewicht (Foto 180) und bilden in den Achseln der ehemaligen Blätter Ausläufer, an denen kleine Sekundärknollen entstehen (Abb. S. 194).

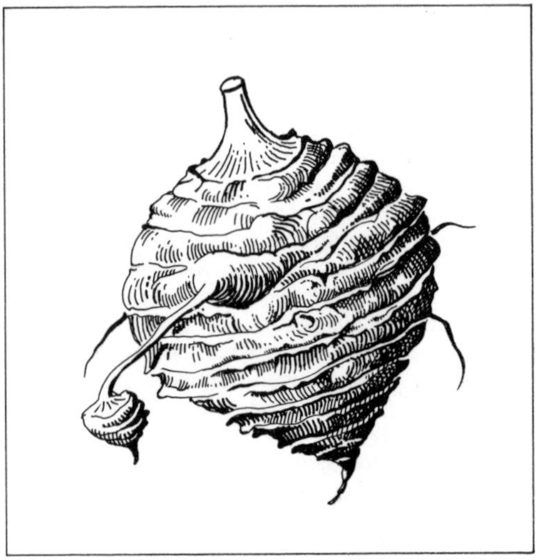

Rhizomknolle mit Sekundärknolle vom Taro *(Colocasia esculenta).*

Sie dienen überwiegend der vegetativen Vermehrung. In den Knollen werden 15–20% Stärke, 3% Eiweiß und bis 1,7% Zucker gespeichert. Es handelt sich um eine ausdauernde Sumpfpflanze, die feuchtwarmes Klima benötigt.
Die wilden Ausgangsformen stammen aus Burma und Assam. Von dort hat sich die Kulturpflanze über Hinterindien ausgebreitet, wo sie seit 2000 Jahren kultiviert wird. Ihr wichtigstes Anbaugebiet liegt in Polynesien. Hier sind einige Hundert verschiedener Kultivare im Anbau. Über Indien, wo sich ein zweites Häufigkeitszentrum befindet, gelangten Rhizome nach Afrika. Neger brachten die Pflanze zur Sklavenzeit in den Karibischen Raum, wo sie wie in Afrika den Namen »eddo« trägt.
Die Taro-Pflanze kann sehr verschieden aussehen. An dem knolligen Rhizom entspringen langgestielte herz- bis pfeilförmige Blätter, die an Elefantenohren erinnern (Foto 179). Ihre Stiele werden 7–25 cm lang und tragen bis 1 m lange mächtige Blattspreiten. Die Farbe der Blätter variiert von schwarzgrün bis grüngelb. Blattstiel und Blattspreite können in der verschiedensten Weise bunt gefleckt und gestreift sein. Es gibt auch Typen mit dunkler Oberseite und heller Unterseite. Blütenstände werden selten ausgebildet. Sie besitzen ein weißliches Hüllblatt (Spatha) und tragen am Grund weibliche, darüber sterile und an der Spitze männliche Blüten. Als Früchte entstehen bis 5 mm große glänzende Beeren mit einem Samen.
Die stärkereichen Knollen enthalten zahlreiche Schleimstoffe und Bündel von Calciumoxalatnadeln, die sehr hautreizend sind. Die Farbe der Knollen wechselt von reinweiß über schmutzig grau, rötlich braun bis blauviolett. Sie werden vielfach auch als Mastfutter, z. B. für Schweine, verwendet. Daneben liefern die eiweißreichen Blätter ein Gemüse, das auf Trinidad einen wichtigen Bestandteil des geschätzten Nationalgerichts »Kalaloo« bildet. Der Knollenertrag schwankt zwischen 10 t/ha an der Elfenbeinküste und 32 t/ha in Ägypten und dient in den Kulturgebieten dem Eigenbedarf der Bevölkerung. Die Welternte betrug 1972 3,9 Mill. t. Beim Genuß können die Bündel von Oxalatkristallen Kratzen im Hals und sogar Verdauungsbeschwerden hervorrufen. Deswegen muß das Kochwasser möglichst mehrfach gewechselt werden. Es wird auch Mehl aus Taro-Knollen hergestellt.

Brotfruchtbaum 181

Artocarpus altilis (Parkins.) Fosb. 182

Maulbeergewächse *Moraceae*

Der Brotfruchtbaum (engl. Breadfruit) gehört zu den Pflanzen, die Stärke im Fruchtfleisch speichern. Er gedeiht nur im feucht-heißen, äquatorialen Klima auf guten Böden. Die Stammform der heute in den Tropen weit verbreiteten Kulturpflanze ist *A. champeden,* der noch wild in Malaya vorkommt. Er besitzt kleinere Früchte und braun behaarte Blätter. Sein Fruchtfleisch ist durch einen penetranten Geruch ausgezeichnet, der von Europäern als unangenehm empfunden wird. Der aus der Wildform gezüchtete echte Brotfruchtbaum gelangte bereits in vorgeschichtlicher Zeit nach Polynesien. Dort lernten ihn europäische Forschungsreisende als Nahrungsmittel schätzen. Kapitän Bligh ließ 1789 auf Tahiti 1000 junge Brotfruchtbäume für den Export verladen. Auf der Rückreise von dort mit seinem Schiff »Bounty« kam es zu der berühmt gewordenen Meuterei. Nach seiner Rettung unternahm der Kapitän eine neue Brotfrucht-Expedition, bei der es ihm gelang, den Baum zu exportieren. Heute ist er als Zierbaum und Nutzpflanze weltweit in den Tropen in Kultur.
Es handelt sich um einen 15–20 m Höhe erreichenden Baum mit immergrünen, sehr dekorativen Blättern, die 70 × 40 cm Größe erreichen. Sie sind oberseits glänzend und meist tief fiedrig gelappt. In den Monsungebieten und unter semiariden Klimabedingungen werden sie abgeworfen. Der Baum führt in allen Teilen einen weißen Milchsaft. Er trägt getrennte männliche und weibliche Blütenstände. Die männlichen Stände stellen bis 20 cm lange, kräftige, gestielte Kolben dar. Die weiblichen Stände sind von kugelförmiger Gestalt und bestehen aus Hunderten von Blüten. Bei der Reife werden die Blüten- einschließlich der Hüllblätter und Achse fleischig, und der Blütenstand wächst zu einem kugeligen Fruchtstand von 20–30 cm Durchmesser heran (Foto 181). Er ist an der Oberfläche warzig gefeldert und wiegt bis 2 kg. Der Sammelfruchtstand enthält 20–22% Stärke und 1–2% Eiweiß. Es sind im Jahr bis 3 Ernten möglich, die um 50 Fruchtstände liefern können. Die Früchte der der Wildform nahe stehenden kultivierten Formen enthalten 16–24 kastaniengroße Nußfrüchte, deren stärkehaltige Samen in geröstetem Zustand verzehrt werden. In der Regel werden die Fruchtstände grün geerntet. Sie bekommen bei der Reife eine goldgelbe Farbe und besitzen dann einen süßen, aber strengen Geschmack.
Der Baum fruchtet vom 5. Jahr an und bleibt 60–70 Jahre lang ertragsfähig. Die Fruchtstände werden gekocht als Mus verspeist. In geröstetem Zustand wird aus ihnen Mehl hergestellt, aus dem Brot gebacken wird. Die noch unreifen Früchte liefern, getrocknet in Scheiben geschnitten und gebacken, die »polynesischen Kekse«, die eine Art Dauerproviant darstellen. Das reife Fruchtmus wandelt sich, in Gruben aufbewahrt, unter Gärung zu einer käsigen Masse um, die in Polynesien ein beliebtes Nahrungsmittel ist. Der Rindenbast des Baumes liefert Flecht- und Bindematerial, das Holz wird für den Bau von Booten verwendet.

Jackfruchtbaum 183

Artocarpus heterophyllus Lam. 184

Maulbeergewächse *Moraceae*

Neben dem Brotfruchtbaum liefert der Jackfruchtbaum (engl. Jack Fruit) große, stärkehaltige Fruchtstände. Seine Heimat liegt in Vorderindien, wo er in den feucht-heißen Küstengebieten von Kerala wild angetroffen wird. Die Eingeborenen nennen

ihn dort »Jaca«. Der Baum wird schon seit Jahrtausenden in Indien und Ceylon kultiviert und hat sich von dort zunächst nach Melanesien und Ostafrika ausgebreitet. Portugiesen brachten ihn dann im 16. Jahrhundert nach Brasilien und auf die Karibischen Inseln. Hier wurde er lange vor der Einführung der Brotfrucht genutzt.
Der Jackfruchtbaum erreicht bis 25 m Höhe und besitzt im Gegensatz zum Brotfruchtbaum ganzrandige, verkehrt eiförmige Blätter. Er hat deswegen auch die Bezeichnung *A. integrifolia* (mit unversehrten Blättern) erhalten. Er benötigt nicht so ausgeprägt äquatoriales Klima wie die verwandte Art. Während der Brotfruchtbaum seine Blütenstände an den Zweigenden trägt, erscheinen sie beim Jackfruchtbaum am Stamm und an älteren Ästen, was man Stammblütigkeit (Kauliflorie) nennt.
Auch beim Jackfruchtbaum liegt eine Trennung in männliche und weibliche Blütenstände vor. Die weiblichen Stände entwickeln sich zu mächtigen Fruchtverbänden, die im Extrem bei 30 cm Durchmesser und fast 1 m Länge bis 50 kg Gewicht erreichen (Foto 183, 184). Diese Fruchtstände werden vor allem von den Bewohnern Indiens und Ostafrikas sowohl roh als auch in Form von gekochtem Gemüse sehr geschätzt. Beim Verzehren im rohen Zustand wirken allerdings die Milchröhren und Faserstränge leicht störend, die im Innern der großen Fruchtverbände die Fruchtblätter der einzelnen Blüten miteinander verbinden. Zwischen der fleischigen Fruchtmasse im Innern liegen zahlreiche bis 5 cm große Samen, die im gerösteten Zustand sehr wohlschmeckend sind. So liefert der Jackfruchtbaum für viele Eingeborene eine wichtige Grundnahrung.
Die Fruchtstände enthalten einen faulig riechenden Duftstoff (Capronsäure), der sich durch Einlegen in Salzwasser über Nacht weitgehend beseitigen läßt. Die an Eßkastanien erinnernden Samen enthalten bis 39% Stärke und 6% Eiweiß. Mit 220–260 Früchten von 20–30 kg Gewicht kann die Nährstoffproduktion eines einzelnen Baumes außergewöhnlich groß sein. Die Pflanze wird auch wegen ihres wertvollen Holzes, das vor allem zum Bootsbau dient, besonders von den Bewohnern Vorderindiens geschätzt. – In den afrikanischen Tropen gibt es als Verwandten den afrikanischen Brotfruchtbaum *(Treculia africana)*, der auch Okwa-Baum genannt wird. Er besitzt mächtige Fruchtstände, deren Samen zu Mehl vermahlen werden.

Zuckerrohr **185**
Saccharum officinarum L. **186**
187

Gräser *Poaceae*

Zuckerrohr (engl. Sugar Cane) ist eine tropische Nutzpflanze, deren Anbaugebiet weitgehend mit der Verbreitung der Palmen übereinstimmt (Abb. S. 15). Dementsprechend ist es möglich, die Pflanze auch außerhalb der Wendekreise unter günstigen Bedingungen zu kultivieren. Früher galt Indien als die Heimat des Zuckerrohrs, doch kann als gesichert gelten, daß die Wildformen auf Neu Guinea zu suchen sind, wo *S. robustum* noch heute als Wildpflanze vorkommt. Sie dient den Papuas noch heute als Ausgangsform für ihre verschiedenartigen Selektionen.
Die Kultur des Zuckerrohrs in den Tropen ist mehrere tausend Jahre alt. Alexander der Große lernte die Pflanze auf seinen Feldzügen kennen, und Marco Polo berichtete 1272 über ihre Kultivierung in China. Zwischen 700 und 900 n. Chr. brachten die Araber das Zuckerrohr in den Mittelmeerraum. Spanier und Portugiesen führten die Pflanze über die Kanaren nach Westindien sowie Mittel- und Südamerika ein. In Indonesien legten die Holländer die ersten Pflanzungen an. Unabhängig hiervon hat sich das Zuckerrohr schon sehr viel früher von seiner Stammheimat Neu Guinea in

Die vegetative Vermehrung bei Zuckerrohr. Aus dem horizontalen Steckling entwickeln sich Triebe, die sich bestocken, d. h. am Boden verzweigen. Mit den römischen Zahlen sind die aufeinanderfolgenden, erbgleichen Triebe bezeichnet.

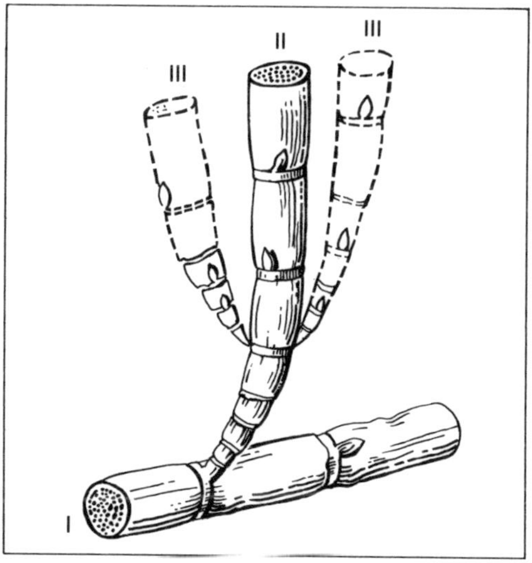

den verschiedensten Richtungen in den Tropen der Alten Welt ausgebreitet. Seit 1910 ist die Zuckerproduktion aus Zuckerrohr sprunghaft gestiegen. Sie liegt deutlich über der von Rübenzucker und beträgt 55% der Weltzuckererzeugung.

Als Tropenpflanze verlangt das Zuckerrohr eine jährliche mittlere Temperatur von ca. 18 °C und darüber. Die Niederschlagsmenge muß mindestens 1000–1250 mm betragen, andernfalls ist eine Bewässerung notwendig, ohne daß Staunässe eintritt. Für die Kultur kommen nährstoff- und humusreiche Böden in Frage, die durchlässig sein müssen. Gute Ernten werden z. B. auf den reichen Roterdeböden von Cuba erzielt.

Zuckerrohr ist ein schilfähnliches Gras, das 5–9 m Höhe erreicht und bis 20 Jahre alt wird (Foto 185). Die Pflanze kriecht mit einem Wurzelstock im Boden, von dem sich die scharf in Knoten und Internodien gegliederten Sprosse (Foto 186) erheben. Sie erreichen bis 7 cm Durchmesser, und ihre Markzellen im weichen Inneren des Stengels speichern reichlich Rohrzucker. Dicht über jedem Knoten findet sich ein sog. Wurzelring mit Anlagen sproßbürtiger Wurzeln und eine schmale wachstumsfähige Zone. Die Wurzelanlagen treiben häufig unmittelbar über dem Erdboden aus, und die wachstumsfähige Zone über den Knoten kann ein nachträgliches Längenwachstum bewirken. Die bis 2 m langen Blätter stehen wechselständig in 2 Zeilen am Sproß und sind infolge Kieselsäureeinlagerung mit einem harten Rand versehen. Der höchste Zuckergehalt befindet sich am Grund des Sprosses und beträgt bis 20%.

Insgesamt sind vom Zuckerrohr 12 verschiedene Arten beschrieben, von denen sich nur 3 aufrechterhalten lassen. In Kultur werden heute fast nur hochpolyploide Bastarde angetroffen. Einige von ihnen blühen nie, andere nur im engen Tropenbereich, da das Zuckerrohr eine Kurztagspflanze ist. Der Blütenstand ist eine große, weithin sichtbare Rispe (Foto 187).

Die Ernte beginnt, wenn die Blätter der Pflanze gelb werden oder nachdem anhand von ausgebohrten Halmproben der höchste Zuckergehalt ermittelt wurde. Dies ist in der Regel 10–14 (24) Monate nach dem Auspflanzen der Fall. Die harten Stengel werden von Hand geschlagen und müssen nach Entfernen der Blätter schnell in die

Fabrik gebracht werden, weil bei den hohen Temperaturen der Zucker rasch veratmet wird. Werden die Stoppeln nicht umgepflügt, kann die Pflanze bei entsprechender Düngung vier- bis achtmal austreiben. Die Vermehrung erfolgt durch Auslegen von Sproßstücken in die Erde. Sie umfassen 2–3 Internodien (Abb. S. 197), die sich bald bewurzeln und neue Sprosse treiben.
Die Erträge schwanken von 20–200 t/ha, sie können bei 2jährigem Anbau 250 t/ha erreichen. Bei einem Zuckergehalt von 9–16% beträgt der Zuckerertrag selten mehr als 20 t/ha. Dazu kommen 0,4–1,4% Fruchtzucker und bis 2% Milchzucker, der das Auskristallisieren des Rohrzuckers erschwert. Die Rohrzuckererzeugung geht aus Tab. S. 200 hervor.
Zur Zuckergewinnung werden die Halme zerkleinert, zwischen Walzen mehrfach zerquetscht und ausgepreßt. Der Preßsaft wird zunächst mechanisch gereinigt und geklärt sowie von Nichtzuckern befreit. Anschließend wird er durch Kochen bis zur Kristallisation eingedickt. Der kristallisierte braune Zucker wird vom Muttersirup abzentrifugiert und anschließend raffiniert. Die zurückbleibende kristallfreie Melasse enthält noch 30–40% Rohrzucker. Sie wird als Futtermittel und zur Alkoholgewinnung verwendet. Der beste daraus hergestellte Rum kommt von Jamaica.
Bei den Papuas auf Neu Guinea steht das Zuckerrohr noch immer im Mittelpunkt ihrer fast noch steinzeitlichen Lebensweise. Zu Jagd und Fischfang nehmen sie stets ein Stück Zuckerrohr als Reserve mit. Auch haben sie eine Mutante mit blumenkohlähnlichem Blütenstand selektioniert, die als Gemüse dient. Das Dach ihrer Hütten decken sie mit Zuckerrohr.

Eiweiß- und Fettlieferanten

Erdnuß **188**

Arachis hypogaea L.

Schmetterlingsblütler *Fabaceae*

Die Erdnuß (engl. Pea Nut) ist eine Kulturpflanze für Gebiete mit geringen Niederschlägen, doch wächst sie auch im feuchten Klima der Tropen. Ihr Anbau hat sich in den letzten hundert Jahren stark ausgebreitet. Die Pflanze wurde bereits in vorkolumbianischer Zeit im Zweistromland zwischen Paraná und Paraguay kultiviert. Sie wurde 1547 erstmals von dem Spanier Oviedo beschrieben und gelangte im 16. Jahrhundert durch den Sklavenhandel nach Afrika. Die Spanier brachten die Erdnuß auf die Philippinen, und zu Beginn des 18. Jahrhunderts wurde sie in Indien und China, und später auch in Virginia angebaut. Wildformen der Erdnuß gibt es heute noch im südamerikanischen Subkontinent zwischen der atlantischen Küste und Bolivien. Sie kommen zerstreut vor und gehören verschiedenen Arten an.
Die Erdnußpflanze ist ein einjähriges Kraut, das sich bereits aus den Achseln der Keimblätter verzweigt. Sie wächst in der Regel niederliegend, doch kennt man auch Kreuzungen zwischen kriechenden und aufrechten Formen. An dem 30–50 cm langen Sproß stehen wechselständig, paarig gefiederte Blätter mit gut ausgebildeten Nebenblättern am Grund der Mittelrippe. Es sind stets nur 2 verkehrt eiförmige Fiederpaare am Blatt vorhanden. In den Achseln der unteren Fiederblätter entspringen 2–6 unscheinbare gelbe Blüten. Sie sind nach dem Typ der Schmetterlingsblüten gebaut, besitzen allerdings nur 8 fruchtbare und 2 sterile Staubblätter. Nach vollzogener Selbstbestäubung beginnt die Basis des kleinen Fruchtknotens zu wachsen.

Abschnitt einer Erdnuß-pflanze *(Arachis hypogaea)* mit im Boden gebildeten Früchten (Geocarpie).

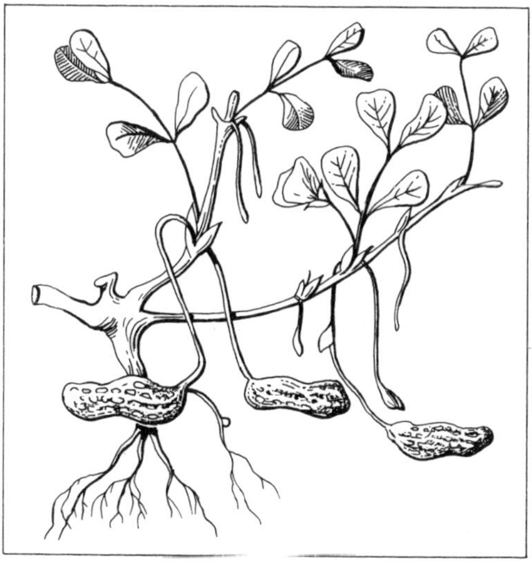

Gleichzeitig krümmt sie sich ein und schiebt den fruchtbaren Abschnitt des Fruchtknotens in den Erdboden (Abb. oben). Dort entwickelt sich im Verlauf von 4–5 Monaten in waagrechter Lage die nußartige Hülse. Die Verlagerung der Frucht in den Boden wird als Erdfrüchtigkeit (Geocarpie) bezeichnet. Im Innern der netzrunzeligen, gelben Hülse entwickeln sich die von einer papierdünnen roten Schale umgebenen Samen, bei denen die Nährstoffe in den Keimblättern gespeichert werden.
Die Erdnuß wächst optimal bei 25–28 °C und etwa 500 mm Niederschlag. Da sie eine Pfahlwurzel besitzt und die Früchte unterirdisch reifen, gedeiht sie am besten in lockerem Boden. Das Substrat muß nicht übermäßig nährstoffreich sein, da die Pflanze mit Hilfe von Bakterien in ihren Wurzelknöllchen den freien Stickstoff der Luft anreichert. Bei der Ernte wird die ganze Pflanze mit den Wurzeln und den Hülsen herausgezogen. Anschließend werden die Pflanzen getrocknet, so daß sich der Wassergehalt der Samen von 40% auf 10% vermindert. Das eiweißreiche Stroh wird als Viehfutter verwendet. Die erzielten Erträge gehen im einzelnen aus Tab. S. 200 hervor. Daraus läßt sich auch ein relativer Anstieg der Produktion in den letzten Jahren ablesen. Ein Drittel wird in den Erzeugerländern selbst verbraucht.
Trotz des hohen Eiweißgehalts von 24–35% enthalten die Erdnußsamen noch 42–52% Fett. Das aus ihnen gewonnene Erdnußöl gehört zu den wichtigsten Speiseölen. Zu seiner Herstellung werden die Samen gemahlen und warm ausgepreßt. Anschließend wird das Fett mit einem Lösungsmittel (Hexan) extrahiert. Es dient nicht nur als Speiseöl sondern gemischt mit anderen Ölen zur Fischkonservierung und besonders zur Margarineherstellung. In Indien stellt man aus den in Wasser gekochten Samen einen Brei her, der mit 5–6 Teilen Wasser gemischt und filtriert die sog. »Erdnußmilch« liefert. Die in den USA sehr geschätzte Erdnußbutter wird aus einer Mischung von gerösteten und ungerösteten Erdnüssen hergestellt. Diese werden homogenisiert, und dem Brei fügt man Erdnußöl, Sojamehl, Honig, Malz und auch Käse zu. Je nach Anteil der einzelnen Zusätze ist der Geschmack sehr verschieden.

Produktion von Zuckerrohr (in Mill. t)

Land	1969/71	1975	1980
Indien	128,7	144,3	128,8
Brasilien	78,5	91,4	148,4
Kuba	60,5	55,2	68,0
VR China	38,5	43,0	31,7
Mexiko	33,3	34,4	34,5
USA	21,4	25,7	25,6
Australien	17,6	22,0	24,0
Pakistan	23,8	21,2	28,6
Kolumbien	13,2	21,1	26,0
Philippinen	16,3	20,8	20,9
Südafrika	14,6	16,8	14,0
Argentinien	10,2	15,6	17,2
Thailand	5,8	14,6	12,6
Indonesien	10,4	13,1	17,1
Dominik. Rep.	9,0	9,3	9,9
Peru	7,9	9,0	5,7
Ägypten	7,1	7,9	8,8
Ecuador	6,5	7,7	6,6
Bangladesh	7,6	6,7	7,0
Venezuela	4,9	5,5	5,0
Guatemala	2,7	4,9	5,6
Mauritius	5,4	4,3	4,5
Guyana	4,1	3,6	3,8
Jamaika	4,1	3,6	3,0
El Salvador	1,7	3,2	–
Puerto Rico	5,0	3,2	–
Bolivien	1,3	2,4	–
übrige Länder	46,3	50,0	70,1
insgesamt	586,4	660,5	730,7

Produktion von Erdnüssen (in 1000 t)

Land	1969/71	1975	1980
Indien	5807	6755	6400
VR China	2634	2891	3692
USA	1289	1750	1042
Senegal	794	1476	500
Sudan	370	931	810
Indonesien	462	630	750
Brasilien	876	441	483
Burma	492	411	494
Argentinien	280	375	294
Zaire	258	308	323
Nigeria	1690	280	570
Südafrika	364	270	345
Mali	144	227	183
Uganda	207	182	200
Malawi	182	165	170
Kamerun	178	165	250
Gambia	129	150	105
Thailand	128	142	130
Zentralafrika	68	133	124
Rhodesien	111	125	84
Moçambique	140	80	90
Niger	223	42	100
übrige Länder	1391	1499	1762
insgesamt	18217	19428	18901

Sojabohne 189

Glycine max (L.) Merr.

Schmetterlingsblütler *Fabaceae*

Die Sojabohne (engl. Soja Bean) ist eine Pflanze subtropischen Ursprungs, doch hat sie sich infolge Züchtung auch zu einer landwirtschaftlichen Nutzpflanze der tropischen Breiten entwickelt. Ihre Heimat ist nicht mehr genau zu ermitteln, sie liegt aber in Ostasien nördlich des 40. Breitengrades. Hier kommt in dem Gebiet zwischen Jangtse-Kiang und Korea aber auch in Japan und Taiwan die verwandte Wildart *G. ussuriensis* vor, die wahrscheinlich die Stammform ist. Die Hauptanbaugebiete befinden sich in Ostasien und Nordamerika zwischen 35–40° nördlicher Breite. Allerdings dehnt sich der Anbau in den Tropen zunehmend aus.

Die Kultur der Pflanze ist nicht so alt, wie allgemein angenommen wird. Es gibt keine sicheren Belege dafür, daß sie früher als 800 v. Chr. in China angebaut wurde. Trotzdem ist es erstaunlich, daß diese wertvolle Nutzpflanze erst seit dem 19. Jahrhundert in Europa und Amerika kultiviert wird. Dies hängt u. a. damit zusammen, daß in den außerasiatischen Gebieten die spezifische Rasse von Bakterien zunächst fehlte, die sie in ihren Knöllchen beherbergt.

In ihren Umweltansprüchen verhält sich die Soja-Bohne ähnlich wie Mais. Sie verlangt im Sommer und Herbst zum Ausreifen hohe Temperaturen. Lockere neutrale Böden und mittlere Niederschläge, vor allem während der Reifezeit der Samen, fördern ihr Wachstum. Es handelt sich um eine einjährige borstig behaarte Pflanze, die in der Regel strauchig wächst und bis 80 cm hoch wird. Doch gibt es auch primitive Formen mit liegenden, dünnen Stengeln, die bis 2 m Länge erreichen. Die Pflanze bildet eine Pfahlwurzel, die sich stark verzweigt und an den feinen Seitenwurzeln zahlreiche Knöllchen trägt. Darin entwickeln sich Bakterien mit dem Namen *Rhizobium japonicum,* welche den freien Stickstoff der Luft binden. Die wechselständigen Blätter der Pflanze sind unpaarig gefiedert und bestehen meist aus 3, selten 5 relativ großen, eiförmig-zugespitzten Fiederblättern. In ihren Achseln stehen in dichten Trauben zahlreiche sehr kleine bläuliche oder weiße Schmetterlingsblüten. Sie wachsen nach erfolgter Selbstbestäubung zu braungelben behaarten Hülsen heran, die im Innern 2–3 rundlich ovale Samen von weißgelber, brauner bis schwarzbrauner Farbe entwickeln (Foto 189). Ihre Größe kann beträchtlich schwanken.

Der besondere Wert der Samen liegt darin, daß sie bis 48% Eiweiß, 24% Kohlenhydrate und 19% Öl enthalten. Die Erträge schwanken zwischen 1 und 4 t/ha im Jahr und sind im einzelnen aus Tab. S. 206 zu entnehmen. Die Ernte wird in den USA meist mit Mähdreschern vorgenommen, wenn die Blätter gelb werden und bevor die Hülsen platzen. In Ostasien schneidet man die Pflanzen vor dem Platzen der Hülsen mit Sicheln ab, läßt sie einige Tage trocken werden und drischt sie dann.

Infolge des hohen Gehaltes an Eiweiß, Stärke und Fett sind sehr verschiedene Nutzungsmöglichkeiten entwickelt worden. Nach Entzug des Öles, das besonders zur Herstellung von Margarine dient, wird der an Eiweiß und Kohlenhydraten reiche Preßkuchen in verschiedener Weise weiterverarbeitet. In Ostasien wird daraus nicht nur Sojamehl als Grundlage für Suppen, Soßen und Zusatz für Brot und Backwaren hergestellt, sondern auch »Sojamilch« bereitet, die anstelle von Kuhmilch verwendet wird. Die Eiweißmasse der Sojabohne wird mit Hilfe von Bakterien und niederen Pilzen vergoren, so daß verschiedene Sorten von vegetabilischem Käse entstehen. Sie sind als »Miso«, »Tofu«, »Temphe«, »Natto« und »Sufu« im Handel. Auch Sojaquark, Sojajoghurt und eine kondensierte »Milch« werden daraus hergestellt.

In den USA und Holland wird aus Sojaeiweiß neuerdings sogar eine Art Kunstfleisch fabriziert. Das gelöste Eiweiß wird durch Spinndüsen gepreßt und in Gerinnungsbädern ausgefällt. Durch Zusatz von Bindemitteln, Aromatica und Farbstoff erzeugt man daraus ein Produkt, das TVP (textured vegetable protein) genannt wird und nach Konsistenz und Geschmack fleischartig ist.

Durch Zugabe von Sojamehl zu Brotmehl aus Mais, Kassawe u. a. kann der Eiweißgehalt von Brot und anderen Backwaren vorteilhaft verbessert werden. Dies ist vor allem in übervölkerten Gebieten der Tropen, in denen die Menschen an Eiweißmangel leiden, von großer Bedeutung. Außerdem werden junge Sojabohnen eingekocht oder tiefgefroren und mit jungen Maiskörnern und Reis als »Succotash« verspeist, das ein gutes Gemüse darstellt. Von besonderem Diätwert sind Sojabohnen-Keimlinge. Sie enthalten nach der Keimung verschiedene Vitamine in hohen Konzentrationen und gehören zur sog. Reistafel.

Der Anbau der Sojabohne ist trotz verschiedener Schädlinge in den letzten Jahrzehnten sprunghaft gestiegen. Die Anbauflächen werden vor allem in den Vereinigten Staaten ständig vergrößert. Gleichzeitig schreitet die Züchtung für die Tropen geeigneter Rassen weiter fort.

Ölpalme

190

Elaeis guineensis Jacq.

191

Palmen *Arecaceae*

Unter den Öllieferanten des Weltmarktes gewinnt die Ölpalme (engl. Oilpalm) ständig an Bedeutung, da die geernteten Fruchtmengen von Jahr zu Jahr zunehmen. Der Gattungsname der Palme leitet sich von dem griechischen Wort »elaion« ab, während der Artname auf die Herkunft hinweist. Die Heimat der Pflanze ist in den Regenwäldern des Golfes von Guinea zu suchen. Hier wächst *E. ubaghensis* als nahe verwandte Art im Wildzustand, und die Früchte der Palme wurden seit alters her von den Bewohnern dieses Gebietes gesammelt. Die hier vorhandenen »Pflanzungen« waren noch um die Jahrhundertwende ausgedünnte Urwaldbestände wild gekeimter Ölpalmen.

Im Gegensatz zur Kokospalme ist die Ölpalme durch einen gedrungenen Stamm ausgezeichnet, der 6–15 m Höhe erreicht und an dem die Blattbasen lange erhalten bleiben. In den verbleibenden Nischen siedeln sich häufig Epiphyten an. Der Stamm trägt an der Spitze eine Wedelkrone von 20–30 Fiederblättern, die 3–6 m Länge erreichen. Die Mittelrippe des Blattes ist vor allem am Grund mit Dornen bewehrt. In den Achseln der Blätter entspringen die gedrängten, dicht verzweigten Blütenstände, die männliche oder weibliche Blüten tragen. Aus den weiblichen Blüten entwickeln sich nach Windbestäubung die pflaumengroßen Steinfrüchte (Foto 191). Sie zeigen unter einer glatten Außenhaut ein faseriges orangefarbenes Fruchtfleisch, das einen harten Steinkern umschließt. Er birgt in seinem Innern den Samen, der wie das Fruchtfleisch reich an Öl ist. Die Blüten- und Fruchtbildung beginnt bei der Ölpalme bereits im 5. Lebensjahr noch im Rosettenstadium und setzt sich bis zu einem Alter von 50 (80) Jahren fort.

Bei der Ernte werden die bis 20 kg schweren Fruchtstände mit der Hand abgeschlagen. Sie müssen noch am Erntetag unter heißem Dampf erhitzt werden, um eine Spaltung des in der äußeren Fruchtschicht vorhandenen Fettes in Glycerin und freie Fettsäuren zu verhindern.

Das Öl wird zunächst durch Quetschen der Steinfrüchte gewonnen. Dabei tritt das in dem fleischigen Außengewebe zu 50–70% enthaltene Öl aus. Es stellt das sogenannte »Palmöl« dar, das je nach Carotingehalt verschieden intensiv orange gefärbt ist. Nach Knacken der 4–8 mm dicken steinigen inneren Fruchtschale wird aus dem Samen das sogenannte »Palmkernöl« ausgepreßt. Das Palmkernöl enthält über 50% Laurinsäure, die schaumbildend wirkt. Es wird deswegen vor allem in der Seifenindustrie verwendet. Das Palmöl dient überwiegend zur Margarineherstellung, teilweise auch zur Kerzenfabrikation und stellt ein nach Aufbereitung gelbliches festes Fett dar. Die Erträge an Öl betragen im Mittel 2,5–4 t/ha.

Die ersten Ölpalmen wurden 1848 von den Holländern nach Java exportiert, und um 1850 kam erstmals Palmöl nach Europa. Von ihrem Ursprungsgebiet in Zentralafrika hat sich die Ölpalme als Kulturpflanze über die gesamten Tropen der Erde ausgebreitet, und die Gebiete höchster Produktion liegen heute in Malaysia. Die Ölpalme liefert zur Zeit mehr als 12% der Weltfettversorgung. Neben den Früchten werden aus den Blättern Fasern gewonnen. Zur Gewinnung von Palmwein wird ein Teil der männlichen Blütenstände abgeschnitten und der austretende zuckerhaltige Saft vergoren, aus dem durch Destillation Arrak gewonnen werden kann.

Akee-Frucht

192

Blighia sapida C. König 193

Seifenbaumgewächse *Sapindaceae*

Der Akee-Baum (engl. Akee Tree) erhielt seinen lateinischen Gattungsnamen zu Ehren von Kapitän Bligh, der den Brotfruchtbaum in Westindien einführte (vgl. S. 195). Von seiner westafrikanischen Heimat wurde er Ende des 18. Jahrhunderts durch Sklavenhändler auf den westindischen Inseln eingeführt. Auf Jamaica ist der Akee-Fruchtbaum sehr beliebt und fast in jedem Hausgarten zu finden.
Der Baum erreicht 15 m Höhe und besitzt unpaarig gefiederte Blätter mit verkehrt-eiförmigen bis breit linealischen, gestutzten Fiederblättern. Vom 5. Lebensjahr an bildet er in Trauben stehende fünfzählige weiße Blüten, die wegen ihres Wohlgeruchs in Afrika zur Parfümherstellung benutzt werden. Aus dem dreiblättrigen oberständigen Fruchtknoten entwickelt sich eine dreifurchige, elliptische faustgroße, an der Außenseite rot überlaufene Kapsel (Foto 193). Ihre 3 Fächer öffnen sich bei der Reife und geben einen ovalen, schwarz glänzenden stattlichen Samen frei, der am Grunde von einem becherförmigen, fleischigen, cremefarbenen Samenmantel (Arillus) umgeben ist. Der fette Samenmantel hat einen nußartigen Geschmack und wird meist gebraten, seltener roh verzehrt. Mit Salzfisch gebacken liefert er das Nationalgericht von Jamaica. Die Samennaht des Mantels enthält das giftige Hypoglycin, weshalb die Basis des Samenmantels sorgfältig entfernt werden muß. Aber auch unreife oder überreife Früchte sind gefährlich.
Die Früchte werden auch als »Sesam öffne Dich« bezeichnet. Sie hängen um die Weihnachtszeit leuchtend rot an den schattenspendenden Bäumen.

Paranuß, Brasilnuß

194

Bertholletia excelsa Humb. et Bonpl.

Topffruchtbaumgewächse *Lecythidaceae*

Die Paranuß (engl. Brazil Nut) ist nach der brasilianischen Küstenstadt im Mündungsgebiet des Amazonas Pará benannt, die heute Belém heißt. Sie stellt in botanischer Hinsicht keine Nuß dar, sondern ist der dickschalige Same einer Kapselfrucht, die an einem der größten Urwaldbäume Südamerikas reift.
Der Paranußbaum ist ein 30–40 m hoher mächtiger Baum, der in den Urwaldgebieten entlang der Flüsse Amazonas, Rio Negro, Rio Vaupés und Orinoko sein Ursprungsgebiet hat. Bis heute wird er nicht kultiviert, und alle Samen des Welthandels werden in diesem Gebiet gesammelt. Der Baum wächst nur auf der höher gelegenen »terra firme« Amazoniens, d. h. an den Stellen, die nicht überschwemmt werden, bei einem Jahresmittel von 28 °. Das natürliche Verbreiterungsgebiet des Paranußbaumes greift in die Länder Bolivien, Peru, Ecuador, Brasilien, Kolumbien und Venezuela, doch werden die Samen nur aus Brasilien exportiert. Der Export beruht noch immer auf dem Einsammeln der herabgefallenen geschlossenen Früchte an den Urwaldstandorten. Dies ist bemerkenswert bei einem Gesamtexport von 50 000 t jährlich und in Anbetracht der Tatsache, daß die Früchte geöffnet werden müssen. Unter

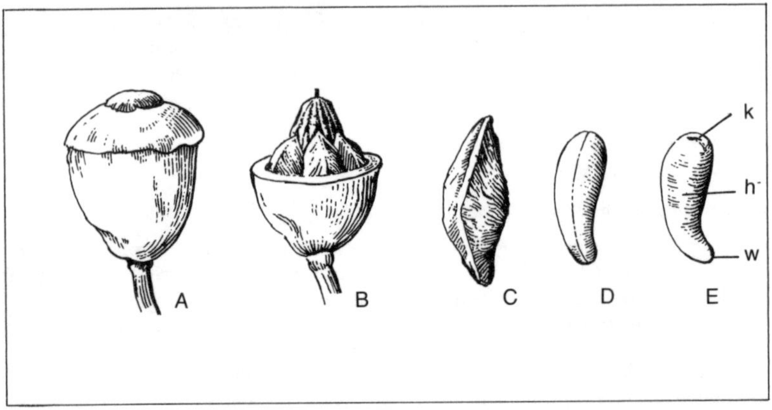

Paranuß *(Bertholletia excelsa):* A Kapsel mit Deckel; B Kapsel halbiert mit Samen; C Samen; D Embryo; E Embryo längs (k = Keimblätter, h = Hypokotyl, w = Keimwurzel)

natürlichen Umweltbedingungen geschieht das ohne Zutun des Menschen durch das Nagetier Aguti, das die holzige Kapselfrucht aufknabbert.
Der Paranußbaum trägt im Mittel 60 cm große länglich ovale Blätter, die ein dichtes Schattendach bilden. Zur Blütezeit entwickelt er Rispen mit großen gelben Blüten, die wie beim Kanonenkugelbaum zahlreiche Staubblätter besitzen. Aus dem unterständigen Fruchtknoten der vierzähligen Blüten gehen die großen, abgeplattet kugelförmigen, braunen Kapseln hervor, die durch einen Deckel verschlossen sind. Sie erreichen bei 30 cm Durchmesser ein Gewicht von 3 kg und enthalten im Innern 15–30 dreikantige gekrümmte Samen mit harter, holziger, runzeliger Schale (Abb. oben). Die harte Samenschale umschließt einen Keimling, der sehr klein ist. Dies gilt auch für seine Keimblätter, doch ist der Abschnitt zwischen Keimblättern und Primärwurzel, das Hypocotyl, enorm vergrößert. Er stellt das eigentliche Speichergewebe dar und enthält etwa 60% Fett und 18% Eiweiß. Der Paranußbaum trägt nach 10 Jahren erstmals und entwickelt 100–500 Kapselfrüchte.
Nahe verwandt mit dem Paranußbaum ist die Gattung *Lecythis,* die eine Reihe von Arten mit ähnlichen, allerdings kleineren Früchten umfaßt. Sie erinnern an einen Topf mit Deckel und werden als »monkey pot« bezeichnet. Sie enthalten ebenfalls eßbare Samen, die den Namen Paradiesnüsse (nuéz de paraiso) erhalten haben. Die bekannteste Art ist der Affentopf *(L. usitatis).* Doch gibt es eine Reihe weiterer Arten, die als Ausgangsformen für die weitere Züchtung angesehen werden können.

Kokospalme **195** **196**

Cocos nucifera L. **197**

Palmen *Arecaceae* **198**

Die Verbreitung der Kokospalme (engl. Coconut Palm) stimmt weitgehend mit dem Gebiet zwischen den Wendekreisen überein, so daß sie als eine typische tropische

Nutz- und auch Zierpflanze angesehen werden muß. Ein Sprichwort sagt, daß sie so viele Nutzungsmöglichkeiten bietet wie das Jahr Tage besitzt. Ihre Früchte werden bereits seit 4000 Jahren von den Eingeborenen der Südsee und Südasiens als unentbehrliche Nahrung genutzt. Seit 1740 wurde sie von den Holländern und Portugiesen planmäßig angebaut.
Die Heimat der Kokospalme liegt vermutlich in Polynesien. Doch gibt es auch Autoren, die Argumente für Südamerika als Ursprungsgebiet anführen. Typisch ist, daß die Kokospalme fast stets auf Küstennähe beschränkt ist, und sie tritt dem Reisenden, der sich mit dem Schiff dem Lande nähert, als erster Gruß der Tropen entgegen (Foto 198). Allerdings kann sie in Ausnahmefällen an Flußufern bis über 150 km ins Landesinnere eindringen und in Afrika und Peru sogar in größere Höhen aufsteigen. Doch ist sie insgesamt eine salzertragende tropische Küstenpflanze, deren schwimmfähige Früchte nachweislich bis 4500 km mit Meeresströmungen driften können und dabei keimfähig bleiben.
Die sehr dekorative Palme wächst unverzweigt bis 30 m Höhe heran, steht vor allem am Strand oft auf einem Postament aus Stammbasis und Adventivwurzeln. Am Stammende trägt sie einen Schopf von 20–30 Fiederblättern, die bis 6 m Länge (und 15 kg Gewicht) erreichen. Die rispenförmigen Blütenstände entspringen aus den Blattachseln und tragen am Grunde nur wenige weibliche und darüber 200–300 männliche Blüten. Aus dem dreiblättrigen Fruchtknoten der mit je 3 Kelch- und Blütenblättern versehenen weiblichen Blüten entwickelt sich im Verlauf von 12 Monaten die Frucht (Foto 196), von der nur der mit dem harten Steinkern versehene Innenteil in die außertropischen Gebiete exportiert wird. Der umgebende lufthaltige Faserteil, der mit einer glatten dichten Außenhaut abschließt (Foto 197), wird nach der Ernte zur Kopra- und Fasergewinnung (Coir) entfernt. Die Frucht der Kokospalme ist somit als Steinfrucht zu bezeichnen.
Der Same befindet sich im Innern des Steinkerns. Er besteht aus einem kleinen Embryo mit einem umfangreichen Nährgewebe (Endosperm), das im ausgereiften Zustand als »Kokosfleisch« der Innenwand des Steinkerns anliegt und einen Hohlraum umschließt. Dieser wird teilweise vom Kokoswasser ausgefüllt, das sich als klare Flüssigkeit während der Reife von dem zunächst flüssigen Nährgewebe absondert. Der wenige Millimeter große Embryo liegt im festen Teil des Nährgewebes an der Spitze der Frucht unter einer der 3 dort vorhandenen Keimporen. Diese bleibt weich und durchgängig, während die beiden anderen Keimporen verholzen. Bei dem mehrere Monate dauernden Keim- und Jugendstadium bildet die junge Kokospflanze ihr einziges Keimblatt zu einem großen Saugorgan um, welches das Innere des Steinkerns als schwammige Masse fast völlig ausfüllt und allmählich aussaugt. (Foto 195: keimende Kokosnuß).
Die Kokospalme benötigt als typische tropische Pflanze eine mittlere Jahrestemperatur von 27 °C und 1200–2000 mm Niederschlag. Sie ist nicht nur salzertragend, sondern auch lichtliebend. Sie wird über 100 Jahre alt und bringt vom 12. bis 40. Jahr die besten Ernten mit 50–80 Früchten pro Baum. Die Ernte erfolgt durch Palmkletterer, zuweilen durch abgerichtete Affen oder mit Messern an langen Stangen. Aus den geöffneten Steinkernen wird unter Trocknen die Kopra gewonnen, die das zerkleinerte Nährgewebe des Samens darstellt und 63–70% Fett enthält. Daraus wird Speisefett (Palmin) hergestellt, das auch zur Margarineherstellung dient. Die Produktion von Kopra geht aus Tab. S. 206 hervor. Das im frischen Zustand bereits 35% Fett und 9–10% Zucker enthaltende Nährgewebe wird in vielfältiger Weise, z. B. zur Herstellung von Kokosflocken, genutzt. Die Blattfiedern der Kokospalme werden zu Flechtwerk, ihre Mittelrippen zu Besen verarbeitet und der Stamm als Bau- und

Möbelholz verwendet. Aus dem gezapften Saft vor und während der Blütezeit werden Palmwein und Arrak hergestellt. Die reifenden Früchte liefern vom 8. Monat an als »Trinknüsse« ein erfrischendes, nährstoffreiches, süß schmeckendes Getränk. Die Steinschalen werden als Heizmaterial und zur Holzkohlefabrikation sowie zur Herstellung von Haushaltgeräten verwendet.

Produktion von Sojabohnen (in 1000 t)

Land	1969/71	1975	1980
USA	31174	42114	49454
VR China	11398	12662	10026
Brasilien	1547	9892	15153
Sowjetunion	521	780	470
Mexiko	252	699	299
Indonesien	468	590	600
Argentinien	39	285	3500
Kanada	257	367	713
Südkorea	228	311	216
Nordkorea	255	290	340
übrige Länder	608	1480	2710
insgesamt	46747	69670	83481

Produktion von Kopra (in 1000 t)

Land	1969/71	1975	1980
Philippinen	1582	2020	2000
Indonesien	753	885	991
Indien	354	314	378
Sri Lanka	209	203	126
Malaysia	186	183	231
Mexiko	146	145	120
Papua-Neuguinea	131	135	140
Moçambique	59	63	68
Thailand	31	41	51
Neue Hebriden	35	35	50
Tansania	31	27	–
Salomonen	25	25	–
Fiji	30	24	–
Vietnam	20	23	39
Franz. Polynesien	24	22	37
übrige Länder	216	221	321
insgesamt	3832	4368	4552

Stimulantien, Gewürze, Genußmittel

Bergkaffee
Coffea arabica L.

Kongo-, Robustakaffee
Coffea canephora Pierre ex Froehner

Syn.: *C. robusta* Lind.

Liberiakaffee 199
Coffea liberica Bull. ex Hiern 200

Krappgewächse *Rubiaceae* 201

Die Bezeichnung für den Kaffee (engl. Coffee) läßt sich von der türkischen und arabischen Sprache ableiten und geht wohl letzten Endes auf den Namen der abessinischen Landschaft Kaffa zurück. Dort kommt die Stammpflanze des Bergkaffees in der Höhe wild vor. Die Kaffeekultur ist jedoch nicht in Äthiopien entwickelt worden.

Vielmehr gelangte die Pflanze zunächst zwischen 1000–1300 n. Chr. in den Jemen, wo sie auf den bewässerten Bergterrassen planmäßig angebaut wurde. Die Araber bemächtigten sich des Kaffees und verbreiteten ihn über die ganze Welt. In Mekka mußte bereits 1511 ein Gesetz gegen übertriebenen Kaffeehausbesuch erlassen werden. Im Jahre 1550 wurde in Konstantinopel ein öffentliches Kaffee-Trinkhaus eröffnet, das jedoch bald wieder auf Anordnung des Sultans geschlossen wurde. Die erste Kunde von Kaffee erreichte Westeuropa 1576 durch den deutschen Arzt und Botaniker Rauwolf, der eine abenteuerliche Reise durch den Orient unternahm und später in einem Reisewerk seine Erfahrungen niederlegte. Das erste Kaffeehaus wurde 1683 in Wien eröffnet, als sich die Türken nach einer vergeblichen Belagerung der Stadt zurückgezogen hatten. Um 1710 bauten die Holländer erstmals Kaffee auf Java an, und in der Zeit von 1750–1850 entstanden die ersten großen Plantagen in Brasilien.

Die Kaffeepflanze ist ein 2–3 m hoher Strauch mit gegenständigen, immergrünen, glänzenden, elliptischen bis lanzettlichen, zugespitzten Blättern (Foto 200). In ihren Achseln entwickeln sich an gedrungenen Trugdolden 4–18, bei Robustakaffee bis 60 Blüten. Sie öffnen sich in den Gebieten mit wechselfeuchtem Klima bei Einsetzen der Regenzeit und färben die Kaffeeplantagen weithin leuchtend weiß. Aus dem Fruchtknoten der Blüte entwickelt sich die rote Kaffeekirsche, die botanisch als Steinfrucht zu bezeichnen ist, da unter dem Fruchtfleisch der harte hornige Teil der Fruchtschale die beiden als Kaffeebohnen bezeichneten Samen umgibt. Sie sind ihrerseits von einer transparenten Samenschale eingehüllt, die als »Silberhäutchen« bezeichnet wird. Der Same enthält neben Eiweiß und Zucker bis 2,7% Coffein. Wird nur eine Samenanlage befruchtet, entsteht in der Kaffeekirsche nur ein rundlicher, walzenförmiger Same, der den Perlkaffee liefert. Kaffeesträucher blühen vom 3. Lebensjahr an und bringen gute Erträge bis zum 30. Jahr.

Der Bergkaffee gedeiht bis 28° nördlicher und südlicher Breite und verlangt eine mittlere Temperatur von 18–22 °C. Diese Werte wurden in einer Kaffeeplantage der mittelamerikanischen Republik El Salvador gemessen. Die Niederschlagsmenge muß beim Bergkaffee 500–1500 mm, bei den beiden anderen Arten ca. 2000 mm im Jahr betragen. Der Bergkaffee gedeiht am besten in Höhenlagen zwischen 600–1200 m, geht jedoch noch bis 1700 m Höhe hinauf. Liberiakaffee ist am besten für niedrige Lagen geeignet, und der in Westafrika beheimatete Robustakaffee bevorzugt Lagen von 300–600 m Höhe. Die in den mittleren Höhenlagen gelegenen Kaffeeplantagen machen mit den zugehörigen Schattenbäumen aus der Ferne den Eindruck natürlicher geschlossener Wälder (Foto 199). Auffallend ist der häufige Epiphytenbewuchs auf den Schattenbäumen, der aus Ananasgewächsen, Orchideen, Aronstabgewächsen und Farnen besteht.

Die Kaffeekirschen reifen im Verlauf von 8–12 Monaten heran. Da sich die Blütezeit je nach Höhenlage über mehrere Monate erstreckt, dauert auch die Ernte lange an. Unmittelbar daran schließt sich die Aufbereitung entweder im trockenen oder nassen Verfahren an. Beim ersteren läßt man die Kirschen in der Sonne trocknen und schält anschließend mit der Maschine Fruchtfleisch, hornigen Innenteil der Fruchtschale und Silberhaut ab. Beim nassen Verfahren werden die gewaschenen Früchte in Maschinen leicht gequetscht und mit viel Wasser das Fruchtfleisch herausgespült. Die noch mit Fruchtfleisch versehenen Steinkerne werden in wassergefüllten Behältern 1–3 Tage einer Gärung unterzogen. Dabei lösen sich durch die Zersetzungstätigkeit von Bakterien die Fleischreste ab. Als Produkt liegt der Hornschalenkaffee vor, der erneut getrocknet (Foto 201) und vor dem Versand von der Hornschale befreit wird. Der auf diese Weise gewonnene graugrüne Rohkaffee ist hochwertiger als der im

Trockenverfahren produzierte. Vor dem Verbrauch werden schließlich die Kaffeesamen geröstet. Der Kaffeeertrag schwankt zwischen 500–4000 kg/ha. Die Erzeugung geht im einzelnen aus der Tab. unten hervor. Mit der Erhöhung des Lebensstandards zeigt die Kaffeeproduktion eine steigende Tendenz. Die im deutschen benutzte Bezeichnung Mokka für eine besondere Kaffeesorte geht auf die in Süd-Jemen gelegene Siedlung Mocha zurück.

Von den 3 Kaffeearten ist der relativ kleinwüchsige Bergkaffee die wichtigste. 74% der Welternte stammen von ihm, 24% vom Kongo-Kaffee und der Rest vom Liberia-Kaffee. Der Kongo- oder Robusta-Kaffee ist die kräftigste Art, die vor allem in den feucht-warmen Regionen vielfach ohne Schattenbäume kultiviert wird. Der Bergkaffee gedeiht, wie am natürlichen Standort, am besten unter Schatten. Als Schattenbäume werden vor allem Schmetterlingsblütler (z. B. Bäume aus den Gattungen *Inga* und *Gliricidium*) verwendet, die mit Hilfe von Bakterien in den Knöllchen ihrer Wurzeln den freien Stickstoff der Luft binden.

Produktion von Kaffee (in 1000 t)

Land	1969/71	1975	1980
Brasilien	1197	1263	1067
Kolumbien	483	540	763
Elfenbeinküste	243	270	245
Mexiko	182	228	222
Uganda	215	213	123
Äthiopien	172	179	193
El Salvador	139	165	161
Indonesien	181	160	240
Guatemala	125	129	156
Indien	82	93	150
Madagaskar	63	91	80
Zaire	69	83	90
Costa Rica	82	82	113
Kamerun	90	80	102
Ecuador	60	76	89
Angola	216	68	40
Kenia	57	66	91
Venezuela	60	65	66
Philippinen	48	62	125
Dominik. Rep.	44	62	57
Peru	68	59	100
Tansania	49	52	52
Honduras	39	51	76
Nicaragua	38	49	55
Papua-Neuguinea	26	39	50
übrige Länder	236	237	365
insgesamt	4264	4462	4821

Guaraná

Paullinia cupana H.B.K.

Seifenbaumgewächse *Sapindaceae*

Die Gattung *Paullinia* ist nach dem deutschen kaiserlichen Leibarzt Christian Franz Paullini benannt. Ihre Samen besitzen den höchsten bekannten Coffeingehalt. Es handelt sich um eine Liane des brasilianischen und venezuelanischen Urwalds, die mit Hilfe ihrer Seitenäste als Spreizklimmer in die Kronen ihrer Trägerbäume emporsteigt. Ihre großen 20 × 10 cm messenden Fiederblätter haben einen deutlich gezähnten Rand. Aus den Achseln der Blätter entspringen traubige Blütenstände mit unscheinbaren Blüten (Abb. unten). Ihr aus 3 Fruchtblättern verwachsener Fruchtknoten wächst zu einer haselnußgroßen, roten Kapsel heran, die nur 1 Samen enthält. In ihrem Embryo finden sich neben 10,7% Fett, 2,7% Eiweiß, 9,4% Stärke und 49% Rohfaser mehr als 4% Coffein. Zur Nutzung werden die Samen zerstampft, mit Maniokmehl und Wasser verknetet und daraus eine Paste bereitet. Sie wird »Pasta Guaraná« genannt. Aus ihr wird im natürlichen Verbreitungsgebiet der Pflanze zusammen mit Wasser ein stimulierendes Frühstücksgetränk angerührt. Als Limonade in Flaschen abgefüllt, ist »Guaraná« in Brasilien ein weit verbreitetes Erfrischungsgetränk. Die Paste war früher als Stärkungsmittel in Apotheken erhältlich. Ähnlich wie aus *P. cupana* in Brasilien, wird aus *P. yoco* von den Eingeborenen in den Flußgebieten von Kolumbien und Ecuador ein Getränk hergestellt.

Sproßabschnitt der Guaraná *(Paullinia cupana)* mit Blütenstand.

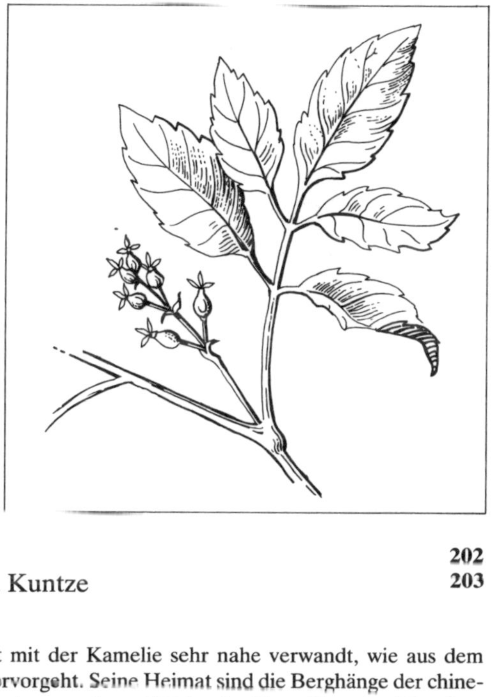

Teestrauch **202**

Camellia sinensis (L.) O. Kuntze **203**

Teegewächse *Theaceae*

Der Teestrauch (engl. Tea) ist mit der Kamelie sehr nahe verwandt, wie aus dem botanischen Gattungsnamen hervorgeht. Seine Heimat sind die Berghänge der chinesischen Provinz Yünnan und die immergrünen Wälder der Vorgebirge des Himalaya in Burma und Assam. Dort kommt die Pflanze im Waldunterwuchs bis 2000 m Höhe wild vor. Die Teekultur begann damit, daß chinesische Bergbauern Teesträucher in ihren Hausgärten pflegten. Kultur und Genuß des Tees sind in China aus der Zeit von 2700 v. Chr. schriftlich belegt. In Japan wurde Tee erst um 1100 n. Chr. kultiviert, nachdem er sich von 600–800 n. Chr. zum Nationalgetränk der Chinesen entwickelt hatte. Nach Europa gelangte der Tee um 1550 durch die Araber, nach England um 1640. Die Engländer schätzten ihn besonders und pflanzten ihn bald in Indien und Ceylon an. Heute wird Tee außerdem in Südrußland, Ostafrika, Argentinien und der Türkei angebaut.

Die Teepflanze ist ein kleiner Baum, wobei die in China entwickelten Kulturformen der »Bohea-Gruppe« 3–4 m, und die der »Assam-Gruppe« bis 12 m Höhe erreichen. Die Blätter der letzten Gruppe sind breiter und größer, oft heller grün als die der ersten Gruppe mit ihren lanzettförmigen, schwach gezähnten zugespitzten Blättern. Im jungen Zustand sind die Blätter fein behaart. Die weißen Blüten sind den ungefüllten Blüten der Kamelie ähnlich (Foto 203), besitzen zahlreiche Staubblätter und bilden eine dreispaltige Kapsel aus, die in jedem Fach einen großen ölhaltigen Samen enthält. Die Vermehrung erfolgt überwiegend vegetativ durch Stecklinge.

Teepflanzen benötigen ein warmes, wintermildes Klima mit 18–28 °C und 2000 mm Niederschlag im Jahresmittel. Dies ist in den Bergen von Ceylon, Südindien sowie in Darjeeling und auch auf den Azoren der Fall. Die niedrig gehaltenen Sträucher werden vom 4.–40. Lebensjahr beerntet. Dabei werden die jungen Triebe mit der Endknospe und meist 2 Blättern abgepflückt. In China und Japan wird jährlich 5–6 mal in Abständen von 6 Wochen, in Indien und Indonesien bis 15 mal und mehr im Jahr gepflückt. 20 kg Pflückgut, das in 12–16 Stunden erzielt wird, ergeben 4–6 kg Trockentee. Das geerntete Material wird zuerst in Welkhäusern mit belüfteten Trögen angetrocknet. Hierbei sinkt der Wassergehalt von 75% auf 30–40%. Die weichen biegsamen Blätter werden dann durch Rollen zur Fermentation vorbereitet. Sie erfolgt 4 Stunden lang bei 35–40 °C in Gärkammern. Dabei nimmt der Tee sein Aroma und die bekannte braune Farbe an. Anschließend wird er in heißer Luft bei 80–110 °C getrocknet. Beim grünen Tee unterbleibt die Fermentation. Die Blätter werden nur gerollt, dann stark erhitzt und getrocknet.

Anschließend erfolgt die Sortierung. »Flowery Orange Pekoe« und »Orange Pekoe« enthalten nur die zarten Blätter, andere Sorten wie »Pekoe«, »Pekoe Souchon« und »Souchon« auch festere Blätter, Blattstückchen, kleine Stiele und Stengelteilchen. Wesentliche Inhaltsstoffe sind 2,7–3,3% Coffein und 0,17% Theobromin sowie Gerbstoffe. Etwa die Hälfte der Weltproduktion wird vor allem in den Anbauländern China, Indien, Indonesien und Japan verbraucht (Tab. S. 211).

Kakaobaum 204
Theobroma cacao L. 205

Sterkuliengewächse *Sterculiaceae*

Der Gattungsname *Theobroma,* bedeutet »Speise der Götter« und der Artname *cacao* leitet sich von der Indianerbezeichnung »cachoatl« für die Pflanze im Gebiet ihrer natürlichen Verbreitung ab. Sie liegt im nördlichen Südamerika, wo *Theobroma*-Arten die Überschwemmungsböden der dichten Urwälder entlang der Quellflüsse von Orinoko und Amazonas besiedeln. Ob die Pflanze auch in den immerfeuchten Niederungswäldern Mittelamerikas wild vorkommt, ist nicht restlos gesichert.

Produktion von Tee (in 1000 t)

Land	1969/71	1975	1980
Indien	416	487	590
VR China	246	316	330
Sri Lanka	215	214	191
Japan	91	105	99
Sowjetunion	65	86	125
Indonesien	65	70	92
Kenia	38	57	90
Türkei	34	56	120
Argentinien	26	39	36
Bangladesh	25	29	39
Malawi	18	26	30
Iran	18	21	29
Moçambique	17	18	18
Tansania	9	14	17
übrige Länder	58	67	80
insgesamt	1341	1605	1496

Produktion von Kakao (in 1000 t)

Land	1969/71	1975	1980
Ghana	430	396	255
Brasilien	183	266	294
Elfenbeinküste	195	227	325
Nigeria	261	216	175
Kamerun	115	96	110
Ecuador	57	75	95
Mexiko	27	34	35
Dominik. Rep.	32	33	32
Papua-Neuguinea	27	33	30
Kolumbien	20	21	41
Venezuela	19	19	17
Togo	27	17	18
Malaysia	4	15	34
übrige Länder	94	87	96
insgesamt	1491	1535	1227

Kakaosamen wurden bereits von Inkas, Mayas und Azteken geschätzt. Sie waren Anfang des 16. Jahrhunderts in Mexiko die Grundlage des Münzsystems und dienten im Verbreitungsgebiet der Pflanze noch lange als Zahlungsmittel. Die ersten Kakaofrüchte brachte 1528 Cortéz nach Spanien, die erste korrekte botanische Beschreibung der Pflanze lieferte 1806 A. von Humboldt. Aber schon im 17. Jahrhundert war Kakao als Getränk in Europa bekannt. Um diese Zeit wurde von Nonnen in Guanaco mit Hilfe des aus Cuba eingeführten Zuckers die erste Schokolade hergestellt. Mit steigendem Kakaoverbrauch wurden nicht nur in Mittel- und Südamerika, sondern auch auf Ceylon, in Indonesien, Neu Guinea und auf den Philippinen große Plantagen angelegt. In Afrika entwickelte sich die Kakaokultur erst im 19. Jahrhundert, breitete sich aber so intensiv aus, daß dort heute mehr als die Hälfte an Kakaobohnen produziert wird.

Die Kakaopflanze (engl. Cocoa) ist ein kleiner Baum, der bis 15 m Höhe erreichen kann, in Kultur aber stets niedriger gehalten wird.

Der Baum verlangt Beschattung und volltropisches, immerfeuchtes Klima bei einer jährlichen mittleren Temperatur von 24–28 °C und 1000–6000 mm Niederschlag. Gelegentlich höhere Temperaturen schaden nicht, bei Wärmegraden unter 15 °C treten Wachstumsschäden ein. Der Boden muß tiefgründig, nährstoffreich und feucht sein. Die Kultur ist nur in den engeren Tropen zwischen 15 ° nördlicher und südlicher Breite, höchstens bis 18° möglich. Der Kakaobaum trägt immergrüne, lanzettliche, zugespitzte, bis 30 cm lange Blätter, die im Jugendstadium wie viele Tropenbäume infolge vorauseilender Anthocyanbildung rot gefärbt erscheinen. Die sehr kleinen, gelbweißen, bis 1 cm großen Blüten brechen am Stamm und am Grund der älteren Äste hervor (Kauliflorie). Der oberständige, in eine fünfspaltige Narbe auslaufende Fruchtknoten besitzt in jedem seiner 5 Fruchtfächer 2 Reihen von Samenanlagen. Aus ihnen gehen nach der Befruchtung die Kakaobohnen hervor. Sie liegen reihen-

weise im Innern 15–20 cm langer Beerenfrüchte, die an Gurken erinnern und bei der Reife von rötlichem Fruchtmus umgeben sind. Die Früchte sind grünlich, gelblich, mit zunehmender Reife rotbraun, im Alter graubraun überlaufen (Foto 204). Die dünne Samenschale verfärbt sich beim Trocknen von weiß nach kakaorot.
Bei der Ernte werden ihre harten Stiele mit Hakenmessern durchschnitten. Um das Keimen der Samen zu verhindern, ist das Öffnen der Früchte notwendig. Die Samen werden entnommen, auf Haufen geschichtet und zur Gärung gebracht. Während dieser sog. Fermentation zersetzen sich die schleimigen anhaftenden Fruchtreste (Pulpa), werden Bitterstoffe abgebaut und entstehen durch Oxidation die braunen Farbstoffe. Nach 6 Tagen, wenn sich das Aroma voll ausgebildet hat, wird die Gärung unterbrochen; danach werden die Bohnen gewaschen und getrocknet.
Von den Rückständen werden die derben Fruchtschalen als Dünger oder als Heizmaterial verwendet. Das Fruchtmus dient zur Herstellung von Gelee oder wird zu Alkohol und Essig vergoren. Die Samen dagegen werden erst im Verbraucherland geröstet. Das Sameninnere, das fast nur aus den gefalteten Keimblättern besteht, liefert bei 53% Fettgehalt die Kakaobutter. Sie enthält außerdem 14% Eiweiß und 7% Stärke. Zur Herstellung von Kakaopulver preßt man die Hälfte des Fettes ab.
Die anregende Wirkung von Kakaoprodukten beruht auf der Wirkung von Theobromin, einem Alkaloid, das mit dem Coffein verwandt ist. Es ist in den lufttrockenen Bohnen zu 1,2%, im Kakaopulver zu 2,3% enthalten. Der besondere Wert von Kakao beruht darauf, daß er neben der anregenden Wirkung einen hohen Nährwert besitzt. Die Ernteerträge schwanken zwischen 200–1 500 kg trockener Bohnen je ha und Jahr. Die Weltproduktion an Kakao geht aus Tab. S. 211 hervor.

Kolabaum 206

Cola acuminata (P. Beauv.) Schott et Endl.

Sterkuliengewächse *Sterculiaceae*

Der Kolabaum (engl. Cola Tree) ist in den tropischen Regenwäldern West- und Mittelafrikas als Unterholzpflanze natürlich verbreitet. Dort haben ihn die Bewohner dieser Gebiete seit langer Zeit als Genußmittel genutzt. Wegen der stimulierenden Eigenschaften seiner Samen gewinnt er immer mehr an Bedeutung. So wird der Kolabaum heute außer in Zentralafrika in Westindien, Südamerika und Ostasien kultiviert.
Es handelt sich um einen 6–15 m hohen Baum mit immergrünen Blättern von 10–15 cm Länge und 3–5 cm Breite. Die alten Blätter sind länglich-oval und ungeteilt, die jüngeren am Grunde oft 1–2 mal tief eingeschnitten. Die gelbweißen oder auch purpurroten, sternförmigen Blüten erscheinen an den Zweigenden oder älteren Sprossen in gedrängten Rispen (Ramiflorie). Sie können zwittrig oder rein männlich sein. Da die Fruchtblätter am Grunde verwachsen sind, bilden sie in ihrer Gesamtheit eine sternförmige Sammelfrucht aus einzelnen Balgfrüchten (Abb. S. 213). In ihrem Innern beherbergen sie 5–9 pflaumengroße Samen, die von einer schleimigen Samenschale umgeben sind und 10–25 g, zuweilen bis 50 g wiegen. Sie werden fälschlich als »Cola-Nüsse« bezeichnet und tragen statt 2 meist 3–7 Keimblätter von weißer, rosenroter oder roter Farbe. Beim Trocknen verfärben sie sich unter Bildung des Farbstoffes Colarot nach rotbraun.
Die Samen enthalten neben Stärke, Zucker, Fett und Eiweiß im Mittel 2% Coffein und 0,05% Theobromin und werden zur Herstellung von Erfrischungsgetränken verwendet, die unter der Bezeichnung »Cola« weltweit bekannt sind.

Fruchtstand des Kola-Baumes *(Cola acuminata)*.

Neben *C. acuminata* ist *C. nitida* als Samenlieferant noch wichtiger. Außerdem kennt man *C. anomala* und *C. verticillata,* auch »Owe-Kola« genannt. Die Bäume blühen erstmals nach 5–7 Jahren und liefern bis zu einem Alter von 100 Jahren Erträge. Je Baum können bei erwachsenen Pflanzen 10–16 kg Samen geerntet werden, und die Weltproduktion beträgt im Jahr ca. 20000 t.
Vielen Bewohnern Afrikas und Südamerikas ist das Kauen von Kola-Samen gegen Hunger, Durst und Müdigkeit seit Jahrhunderten vertraut. Beim Kauen weicht der anfangs bittere Geschmack infolge Verzuckerung der enthaltenen Stärke. Gleichzeitig entfaltet das durch Spaltung freigesetzte Coffein seine stimulierende Wirkung. Darüber hinaus dienen die erwähnten Inhaltsstoffe als Nahrung. Die Samen werden bis zu 1 Stunde gekaut. In manchen Ländern, z. B. im Sudan, werden die getrockneten Samen gemahlen und mit Milch und Honig als Getränk genossen.

Betelnuß- oder Areca-Palme 207

Areca catechu L.

Palmen *Arecaceae*

Die Betelnuß-Palme (engl. Betle Palm) ist in Hinterindien beheimatet und wird dort wegen ihrer Samen als Kulturpflanze angebaut. Der Baum trägt über einem bis 30 m hohen glatten grauen Stamm eine Wedelkrone fein gefiederter 3–4 m langer Blätter. Vom 6. Lebensjahr an bildet er in den Achseln der Blätter rispenförmige Blütenstände, die am Grunde einige größere weibliche, darüber zahlreiche kleinere männliche Blüten tragen. Aus den dreiblättrigen Fruchtknoten der weiblichen Blüten entwickeln sich hühnereigroße, gelb bis orange gefärbte Steinfrüchte. Sie besitzen unter einer glatten Außenhaut eine faserreiche Fruchtschicht, die einen einzigen großen Samen umschließt. Er wird fälschlich »Areca-Nuß« genannt und enthält in seinem fettreichen Nährgewebe Alkaloide, darunter 0,3–0,6% Arecain und ca. 15% Gerbstoffe, darunter einen von roter Farbe, das Areca-Rot.

Der Same wird in Scheiben geschnitten, mit Kalk und Zimt sowie anderen Gewürzen versehen und mit den Blättern des Betel-Pfeffers umwickelt (s. unten). Auf diese Weise entsteht der »Betelbissen«, der von den Bewohnern Südostasiens als Stimulans gekaut wird. Die Gerbstoffe fördern den Speichelfluß, und die Alkaloide wirken stimulierend. Das Areca-Rot färbt dabei den Speichel rot. Gleichzeitig wirken die im Samen enthaltenen Substanzen anregend, indem sie die Herztätigkeit beschleunigen und die Verdauung fördern. Darüber hinaus wird die Hautausdünstung erhöht und das Zahn- und Gaumenfleisch gefestigt. Außerdem werden erwiesenermaßen Eingeweidewürmer abgetötet. Eine weitere Nebenwirkung besteht darin, daß sich die Zähne zunächst an den Rändern, nach langem Genuß an der gesamten Oberfläche mit einem schwarzen, lackartigen Belag überziehen. Über das Betelkauen kamen durch Marco Polo 1298 die ersten Nachrichten nach Europa. Die Sitte des Betelkauens wird von mehr als 200 Mill. Menschen in Indien, Pakistan, Ceylon und Südost-Asien praktiziert, ist allerdings in der neueren Zeit im Rückgang begriffen.

Betelpfeffer 208

Piper betle L.

Pfeffergewächse *Piperaceae*

Betelpfeffer (engl. Betle Pepper) wird zur Gewinnung seiner frischen aromatischen Blätter angebaut. Sie enthalten 0,6–1,2% ätherische Öle, in denen die Substanz Eugenol als belebender Stoff enthalten ist. Die Pflanze ist wie der schwarze Pfeffer eine Kletterpflanze mit etwas dickeren, ebenfalls wechselständigen, länger zugespitzten, herzförmigen Blättern und kommt wild in den Regenwäldern Vorderindiens vor. Sie benötigt mehr Feuchtigkeit, Schatten und tiefgründigere Böden als der flachwurzelnde schwarze Pfeffer. Die Blütenstände sind stark rückgebildet. Genutzt werden nur die Blätter, die keine Alkaloide enthalten und zusammen mit den Samenscheiben der Areca-Palme zur Bereitung des »Betelbissens« verwendet werden (s. oben). Die Sitte des Betelkauens ist von Polynesien über die malayischen Staaten bis Vorderindien verbreitet. Von dort hat sie sich schon vor Jahrhunderten nach Sansibar, Madagaskar und Ostafrika ausgedehnt. Das Betelkauen ist wenig gesundheitsschädigend.

Amerikanischer Balsambaum 209

Bursera simaruba (L.) Sarg. 210

Balsamgewächse *Burseraceae*

Die Gattung *Bursera* ist mit 100 Arten in den Tropen der Neuen Welt verbreitet. Zu ihr zählen mehrere Balsambaumarten, die in den laubabwerfenden Wäldern der wechselfeuchten Gebiete natürlich verbreitet sind. Am bekanntesten ist der amerikanische Balsambaum (engl. American Bursa Tree), der das Gomartharz liefert und in Mittelamerika sowie auf den westindischen Inseln weit verbreitet ist. Der bis 15 m hohe Baum findet sich überall als Hecken- und Straßenbaum und fällt durch seinen glatten, glänzend braunen Stamm auf, an dem sich die Borke in großen, dünnen fast durchsichtigen Fetzen wie Papier ablöst (Foto 210). Bei Verletzung tritt aus dem Stamm ein gummiartiges Harz aus.

Der Baum trägt unpaarig gefiederte Blätter mit 5–7 Fiedern von gestreckt eiförmiger Gestalt. Jedes Fiederblättchen ist in eine Spitze ausgezogen. Während der Trockenzeit werden die Blätter abgeworfen. Die 3-zähligen Blüten sind von grünlicher bis gelblicher Farbe. Sie erscheinen im April/Mai und bilden dreiklappige Früchte.

Alle Teile des Baumes sind überaus aromatisch. Der Baum liefert ein zu Lacken und Firnissen sowie zu Räucherzeremonien in Kirchen verwendetes Harz. Außerdem werden Wurzel, Rinde, Blätter, Blüten und junge Früchte zur Herstellung von Dekokten und Tees vor allem bei Magenbeschwerden verwendet. Auszüge dienen auch zur Erfrischung sowie gegen Durchfall.
Dem amerikanischen Balsambaum stehen eine Reihe weiterer Arten in Mittel- und Südamerika sowie Westindien nahe, die ähnliche Verwendung finden. Sie dürfen nicht mit dem Perubalsam-Baum *(Myroxylon pereirae)* verwechselt werden, der in Zentralamerika und Südmexiko beheimatet ist. Es handelt sich um einen hohen Waldbaum mit unpaarig gefiederten Blättern aus der Verwandtschaft der Schmetterlingsblütigen. Er erzeugt eigenartige einsamige Hülsen, die auf der einen Seite breit und auf der anderen schmal geflügelt sind und einen nierenförmigen Samen enthalten. Der Baum hat verwandte Arten in Peru und Südbrasilien.

Pfeffer **211**
Piper nigrum L. **212**

Pfeffergewächse *Piperaceae*

Pfeffer (engl. Pepper) ist seit dem Altertum eines der bedeutendsten Gewürze und stammt aus den südlichen Vorgebirgen des Himalaya und den Hügellandschaften von Assam und Burma. Entsprechend seiner Herkunft verlangt er regenreiches, heißes Klima mit mehr als 2000 mm Jahresniederschlag. Es handelt sich um eine tropische Kletterpflanze, die mit Hilfe von Haftwurzeln 10–15 m hoch an ihren Stützbäumen emporsteigen kann (Foto 211). Am Grund erreichen die holzigen Sprosse 3–5 cm Durchmesser. Die langen Seitensprosse sind mit wechselständigen, schmal herzförmigen 8–18 cm langen und 5–10 cm breiten Blättern an 5 cm langen Stielen besetzt. Die unscheinbaren grünlichen Blüten stehen in 15 cm langen Ähren. Die Blüten bestehen aus einem großen Fruchtknoten, 2 Staubblättern und einer rückgebildeten Blütenhülle. Da sich die Blüten am Grunde der Ähre so frühzeitig öffnen, ist eine Selbstbestäubung innerhalb der Ähre ausgeschlossen.
Nach der Befruchtung entwickeln sich bis 5 mm große, zunächst grüne (Foto 212), später rote beerenartige Früchte, die botanisch gesehen kleine Steinfrüchte darstellen. Werden die Früchte vor der Vollreife bei beginnender Rötung geerntet und in der Sonne oder am Feuer getrocknet, so erhält man den schwarzen Pfeffer mit dünner runzeliger Haut. Weißer Pfeffer wird hingegen aus vollreifen Früchten gewonnen. Die dünne fleischige Fruchtschale wird entweder im Wasser entfernt oder indem man die Früchte in feuchtem Zustand mit Tüchern bedeckt und gären läßt. Nach 3 Tagen kann man das Fruchtfleisch entfernen und erhält dann die grauweißen, milder schmeckenden weißen »Pfefferkörner«. Die würzenden Inhaltsstoffe der Körner sind 1–2,5% ätherische Öle mit Terpenen und die Alkaloide Piperin (5–9%) und Chavicin (0,8%), das die eigentliche scharfe Aromasubstanz des Pfeffers darstellt.
Pfeffer wird heute in den Tropen der ganzen Welt angebaut. Hierbei läßt man die Pflanzen meist an Gestellen hochklettern. Die wichtigsten Produzenten sind Indien, Indonesien, Ceylon, Hinterindien, Philippinen, Westindien, Brasilien, Nigeria, Ostafrika und Madagaskar. Da ein großer Teil gleich im Erzeugerland verbraucht wird, ist die Weltproduktion schwer zu ermitteln. Sie liegt bei etwa 100 000 t im Jahr. Neben dem schwarzen Pfeffer werden noch weitere Arten zu Gewürzzwecken angebaut. Zu ihnen zählen *P. longum* in Indien und *P. officinarum* in Indonesien.

Paprika 213 214
Capsicum spec.

Nachtschattengewächse *Solanaceae*

Die Gattung *Capsicum* (engl. Hot Pepper) ist mit 35 Arten vom südlichen Südamerika über Mittelamerika und Westindien bis Florida verbreitet. Die Herkunft des Gattungsnamens ist unbekannt, und entsprechend den verschiedenen Gebieten wird die Pflanze unterschiedlich bezeichnet. Grundsätzlich muß zwischen Gewürz- und Gemüsepaprika unterschieden werden. Schon vor Ankunft der Spanier wurde die Gattung als Gewürzpaprika in der Neuen Welt kultiviert. Im französischen Sprachgebrauch nennt man die besonders scharfen Sorten »cayenne«, in Mexiko und Nordamerika ist der Name »chili« gebräuchlich, und in Mitteleuropa werden Pflanzen und Früchte Paprika genannt.

Es handelt sich bei den *Capsicum*-Arten um einjährige oder ausdauernde Pflanzen, deren Sproßsystem aus Sproßgliedern verschiedenen Verzweigungsgrades aufgebaut ist. Das jeweilige Sproßglied endet mit einer Blüte und wird von seinen Seitensprossen übergipfelt. Die Blätter sind in der Regel eiförmig bis lanzettlich mit einer kurzen Spitze und sitzen auf kurzen Stielen. Verhältnismäßig unauffällig sind die kleinen Blüten, die an Kartoffelblüten erinnern. Aus dem oberständigen Fruchtknoten entwickelt sich eine Beere, die beim Gemüsepaprika im unteren Teil gefächert ist und zahlreiche Samen enthält. Die Fruchtwand kann verschieden dick sein. Besonders dünn ist sie bei den scharf schmeckenden Kulturformen. Ihre Form und Färbung können außerordentlich verschieden sein. Während die Farbe von grün über gelb und leuchtend rot bis dunkelpurpur variiert, schwankt die Form der zigarrenförmig schlanken, walzenförmigen »Schote« über lampionförmige und runde bis zu breit blasenförmig aufgetriebenen Beeren, die sich zur Spitze hin verjüngen.

Im Innern des Hohlraums sitzen zahlreiche Samen. Vor allem sie, und auch die Leisten, an denen sie sitzen, enthalten das Alkaloid Capsaicin. Im Gewürzpaprika ist es zu 0,3–0,5%, im teuflisch scharf schmeckenden »cayenne« sogar zu 0,6–0,9% enthalten und wird auf der Zunge noch in einer Verdünnung von 1 : 2 Mill. wahrgenommen. Daneben enthalten die Früchte Vitamin C, Provitamin A und verschiedene Farbstoffe, darunter u. a. das Capsanthin. Im Gemüsepaprika dagegen fehlt das Alkaloid Capsaicin weitgehend.

In botanischer Hinsicht sind Einordnung und Abgrenzung der Arten außerordentlich verwirrend, da es sich um eine alte Kulturpflanze handelt, die immer wieder gekreuzt wurde. Die wichtigste Art, auch Beißbeere genannt, ist *C. annuum,* deren natürliche Verbreitung sich vom südlichen Nordamerika über den mittelamerikanisch-westindischen Raum und das nordwestliche Südamerika bis nördlich des Titicaca-Sees erstreckt. Eine weitere wichtige Art ist *C. baccatum,* die sich natürlich in Südbrasilien, Nordargentinien und in Uruguay findet. Foto 213 zeigt eine Kulturform von *C. annuum,* Foto 214 eine von *C. baccatum.* Das bis 2 m hohe verholzende *C. frutescens* ist eine volltropische Art aus dem Gebiet des Amazonas. Linné hat sie anhand von Pflanzen beschrieben, die in Indien gesammelt wurden. Dorthin ist die Art bald nach ihrer Entdeckung in Amerika eingeführt worden.

Heute wird die Paprika-Pflanze nicht nur in den Tropen, sondern auch in subtropischen und anderen warmen Klimagebieten kultiviert, so z. B. in Ungarn, Italien, der Türkei, auf dem Balkan und in Spanien. Die Kultur der ausschließlich als Gewürz verwendeten, scharf schmeckenden »hot chillies« hat sich schwerpunktmäßig aus der neuen Welt nach Asien und Afrika verlagert, da die Pflanze von den Bewohnern dieser Gebiete inzwischen sehr geschätzt wird.

Muskatnußbaum 215

Myristica fragrans Houtt.

Muskatnußgewächse *Myristicaceae*

Die Verwendung der Muskatnuß (engl. Nutmeg) reicht in China und Indien bis zur vorchristlichen Zeit zurück. Um 600 n. Chr. gelangten die ersten Muskatnüsse durch die Araber nach Europa. Da sie lange als eines der kostbarsten Gewürze galten, verschwiegen die arabischen Händler ihre Herkunft.
Die Heimat der Muskatnuß liegt auf den Molukken und den Banda-Inseln, wo sie wild im feucht-heißen Klima des tropischen Regenwaldes reift. Es handelt sich um einen bis 30 m Höhe erreichenden zweihäusigen Baum mit dunkelgrünen ledrigen Blättern, der in Kultur niedriger gehalten wird. Die männlichen Bäume bilden in Achseln der länglich-ovalen Blätter Trauben kleiner weißer Blüten. An den Blütenständen der weiblichen Bäume befinden sich 1–3 Blüten, die aus einem einblättrigen Fruchtknoten mit weißer glockiger Blütenhülle aufgebaut sind. Der von 2 Narbenlappen gekrönte Fruchtknoten reift zu einer pfirsichähnlichen Frucht heran, die mit einer fleischigen Hülle versehen ist. Sie öffnet sich mit einem Spalt an der Bauch-, teilweise auch an der Rückenseite und gibt einen Samen frei, der fälschlich als »Nuß« bezeichnet wird. Der mit einer holzigen, dunkelbraunen Schale umgebene Same wird von einem leuchtend roten, zerschlitzten Samenmantel (Arillus) eingehüllt.
Der hochrote Samenmantel verliert aber beim Trocknen seine Färbung, wird unscheinbar braungelb und nimmt eine hornartige Konsistenz an. Wie der Same wird auch der Samenmantel als Gewürz verwendet und kommt als »Muskatblüte« oder Mazis in den Handel. Der Same wird nach Trocknen durch Knacken der holzigen Samenschale gewonnen. Er enthält 30% fettes Öl, 30% Stärke und 7–16% ätherische Öle, von denen Myristicin das wirksamste ist. Es ist eine nicht ungefährliche Substanz, von der 4 g zur Vergiftung eines Menschen ausreichen. Aus kleinen oder beschädigten Samen preßt man unter Erwärmen ein fettes als Muskatbutter bezeichnetes Öl, das zur Herstellung von Salben und Pflastern dient. Das durch Destillation gewonnene Mazisöl wird in der Likör- und Parfümindustrie verwendet.

Echte Vanille 216

Vanilla planifolia Andr.

Orchideen *Orchidaceae*

Die Vanille ist die einzige Nutzpflanze der 30000 Arten umfassenden Familie der Orchideen. Es handelt sich um eine in Mexiko beheimatete Schlingpflanze, die an Waldrändern vorkommt und mit rankenförmigen Adventivwurzeln an ihren Stützen bis 10 m hoch klettert. An den langen, fleischigen, grünen Sprossen sitzen ungestielte, lanzettliche, dickfleischige Blätter, in deren Achseln Trauben mit ansehnlichen, gelblich-grünen Orchideenblüten entspringen (Abb. S. 218). Sie sind nur wenige Stunden am Vormittag geöffnet und fallen ab, wenn die Bestäubung durch Kolibris, bestimmte Insekten oder mit der Hand nicht stattfindet. Im Fall der Befruchtung wächst der unterständige, aus 3 Fruchtblättern bestehende Fruchtknoten innerhalb von 4 Wochen zu einer schmalen, linealischen Kapselfrucht heran, die bis zur endgültigen Reife weitere 5–7 Monate benötigt.
Zwecks Verwendung als Gewürz müssen die Früchte im grüngelben Stadium vor dem Öffnen geerntet werden. Sie werden zunächst mit heißem Wasserdampf oder kochendem Wasser behandelt und anschließend fermentiert. Hierzu breitet man die

Sproßabschnitt der Vanille *(Vanilla planifolia)* mit Blütenstand. Rechts: Vanillefrüchte.

Früchte für einige Stunden auf Wolldecken in der Sonne zum Erhitzen aus und bringt sie dann über Nacht zum Schwitzen in luftdichte Behälter. In diesem über 4 Wochen fortgesetzten Verfahren entwickelt sich in den Früchten Vanillin, das an der Fruchtschale auskristallisiert, und sie gewinnen ihre braune Farbe.
Fertig präparierte Vanillefrüchte, die in botanischer Hinsicht keine »Schoten« sondern Kapseln darstellen, enthalten 3,2–3,7% Vanillin, daneben aber noch 35 weitere aromatische Substanzen.
Das Gewürz Vanille war bis 1846 Monopol von Mexiko, aber bereits 1819 brachten die Holländer Ableger der Pflanze nach Java und die Franzosen kurz darauf nach Réunion (Bourbon). Da hier die natürlichen Bestäuber fehlten, wurde 1841 die künstliche Befruchtung per Hand durch den Menschen entwickelt, da sie höheren Fruchtansatz garantiert.Mit zwei Drittel der Welternte ist Madagaskar der größte Vanilleproduzent.
2 weitere Arten, die wild gesammelt und auch kultiviert werden, aber nicht so hochwertige Produkte liefern, sind *V. pompona* in Venezuela und *V. tahitensis.*

Ingwer **217**

Zingiber officinale Rosc.

Ingwergewächse *Zingiberaceae*

Ingwer (engl Ginger) wurde bereits in vorchristlicher Zeit im südostasiatischen Raum als wertvolle Gewürzpflanze kultiviert. Seine Heimat sind die Inseln des Stillen Ozeans, doch kommt er heute nicht mehr als Wildpflanze vor. Genutzt wird der aus knolligen Knoten und Internodien bestehende Wurzelstock, der in seiner Verzweigung oft an eine menschliche Hand erinnert und bis 50 cm Länge erreicht. Am Ende des Rhizoms stehen bis 1 m hohe sterile Laubsprosse mit lineallanzettlichen, zugespitzten Blättern. Daneben entwickelt die Pflanze blattlose bis 30 cm hohe Sprosse, die am Ende kolbenförmig verdickt sind. An ihnen entspringen dicke, fleischige Tragblätter, in deren Achseln die relativ kleinen, gelben Blüten mit purpurn gefärbter Lippe gebildet werden, die aber nur selten Samen produzieren.
Der ungeschälte Wurzelstock liefert den schwarzen Ingwer. Er wird wie der geschälte weiße Ingwer nach der Ernte in kochendes Wasser geworfen. Beide Ingwerformen

enthalten 0,6–3,3% ätherische Öle mit Zingiberol als Geruchsstoff und ein scharf schmeckendes Gemisch von Harzen. Das Gewürz gelangte schon im Altertum durch arabische Händler nach Europa. Es wird heute überwiegend in Ostasien gegessen, und in Indien gebraucht man es fast täglich zur Förderung der Verdauung. Ingwer ist ein altes Heilmittel; es findet sich gepulvert in Wurstgewürzen und wird zur Herstellung von Erfrischungsgetränken wie Ingwerbier (Gingerale) verwendet. Die wichtigsten Erzeugergebiete liegen in China, Indien, Japan, Westindien und Afrika mit Anbauzentren in Südchina und Indomalaya sowie Jamaika.

Annattostrauch, Orleansbaum, Achote **218**

Bixa orellana L. **219**

Annattogewächse *Bixaceae*

Der Annattostrauch (engl. Annatto) kommt als Wildpflanze in den Wäldern von Costa Rica bis zu einer Höhe von 800 m vor und ist der einzige Vertreter einer eigenen Pflanzenfamilie. Von ihm leiten sich die übrigen Kulturformen ab, die heute in den Tropen auf der ganzen Erde verbreitet sind. Der Annattostrauch kann bis 10 m Höhe erreichen, wird aber im allgemeinen niedriger gehalten und hauptsächlich wegen des Farbstoffs in der Samenschale kultiviert. Die Pflanze besitzt große, deutlich gestielte, schlank herzförmige Blätter. Die zart rosafarbenen, sehr schönen Blüten stehen in Rispen am Ende der Zweige (Foto 218). Aus dem Fruchtknoten entwickelt sich eine abgeflachte, mit weichen Stacheln versehene Kapsel (Foto 219). An ihren Wänden stehen auf der Innenseite 20–50 Samen, deren weiche Samenschale einen roten Farbstoff, das Bixin, enthält. Er gelangt unter der Bezeichnung Annatto, Orlean oder Urukú in den Handel.

Der absolut unschädliche Farbstoff wird durch Auswaschen mit heißem Wasser und Trocknen des ausfallenden roten Niederschlags gewonnen. Er wird in der vielfältigsten Weise zum Färben von Speisen und Lebensmitteln, z. B. Reis, Käse, Margarine, Butter und Backwaren verwendet, die dann eine rosagetönte Färbung erhalten. Darüber hinaus findet der aus den Samen gewonnene Farbstoff in der Kosmetik Verwendung. Bei den Indianern in den Waldgebieten des Amazonas und Orinoko spielt die Pflanze im täglichen Leben noch heute eine wichtige Rolle. Von den Frauen wird die Farbe der Samenschale als Schönheitsmittel verwendet, die Männer reiben sich mit Bixinpaste den Körper ein, bevor sie zur Jagd gehen. Wahrscheinlich schützen sie auf diese Weise ihre pigmentarme Haut vor der Sonnenstrahlung. Wegen seiner großblättrigen Belaubung ist der Annattostrauch auch ein beliebter Schattenspender. Er wird deswegen allenthalben in Siedlungen angetroffen.

Gemüse und Obst

Eibisch, Gombo, Okra **220**

Abelmoschus esculentus (L.) Moench

Malvengewächse *Malvaceae*

Die Gattung *Abelmoschus* kommt mit 15 Arten in den subtropischen und tropischen Gebieten der Erde vor. Unter ihnen ist der aus dem tropischen Asien stammende

Eibisch (engl. Ladyfinger) die einzige Nutzpflanze. Es handelt sich um ein einjähriges, strauchartiges verzweigtes Kraut, das bis 2,5 m Höhe erreicht, und dessen Äste am Grunde verholzen. Die Pflanze trägt lang gestielte, gelappte Blätter mit gezähnten Rändern. Am Ende des Sprosses entwickeln sich bis 40 fünfzählige gelbe Blüten, aus denen sich nach Selbstbestäubung 12–15 cm lange, schlanke, sechskantige, schnabelartige Kapselfrüchte entwickeln. Sie sitzen auf verbreitertem Blütenboden. Die Früchte werden im unreifen, noch zarten Zustand geerntet und liefern gekocht ein mild schmeckendes Gemüse. Wegen ihres hohen Schleimgehaltes sind sie besonders als Diät für Magenkranke geeignet. Mit Salz, Pfeffer, Öl und Zitronensaft angerichtet liefern sie einen schmackhaften Salat. Die Samen werden geröstet verzehrt. Sie enthalten bis zu 25% fettes Öl, das im Reifezustand ausgepreßt und für die Margarineherstellung verwendet wird. Die Früchte haben unter dem Namen »Lady's Fingers« Eingang auf dem amerikanischen und europäischen Markt gefunden.

Haarblume 221

Trichosanthes cucumerina L.

Gurkengewächse *Cucurbitaceae*

Die Gattung *Trichosanthes* ist mit 25 Arten im indomalayischen Inselarchipel und in Australien verbreitet. Ihr Gattungsname leitet sich von dem griechischen Wort »thrix«, »trichos« (Haar) sowie von »anthe« (Blüte) ab und nimmt auf die fransenförmig zerschlitzte Gestalt der Blütenkrone Bezug. Die durch leuchtend mennigrote Früchte ausgezeichnete Art hat ihre Heimat im südlichen Japan. Sie ist ausdauernd und besitzt eine dicke knollenförmige Wurzel, aus der die 5–6 m hoch kletternden Sprosse entspringen. Sie tragen mehr oder weniger handförmig gestaltete, drei- bis fünflappige Blätter, die zuweilen ganzrandig sein können und einen gekerbten oder wellig gezähnten Rand besitzen. Die Blüten sind weiß mit wunderbar zart geschlitztem Kronensaum. Die männlichen Blüten stehen in Trauben, während die weiblichen Blüten einzeln an den morphologisch kompliziert gebauten Sproßsystemen der Pflanze sitzen. Aus ihrem unterständigen Fruchtknoten geht die schlanke, sehr dekorative Beerenfrucht hervor. Die meisten Arten der Gattung tragen mehr runde, weniger auffallend gefärbte Früchte. Am bekanntesten ist die Schlangen-Haarblume *(T. anguina),* die nachts blüht und durch über 1 m lange, schlangenartige Früchte ausgezeichnet ist. Die abgebildete Art ist weniger eine Nutz- als eine Zierpflanze.

Chayote, Schuschu 222

Sechium edule (Jacq.) Sw.

Gurkengewächse *Cucurbitaceae*

Die Gattung *Sechium* umfaßt nur 1 Art und ist in Brasilien beheimatet. Der Ursprung des Gattungsnamens ist unbekannt, zumal die Chayote im Wildzustand heute nicht mehr vorkommt. Sie wurde bereits von den Azteken kultiviert und wird vor allem in Westindien und Westafrika angebaut. Es handelt sich um eine Pflanze, die mit Hilfe von Blattranken klettert und über 10 m lange Sprosse bildet. An ihnen entwickeln sich zuerst blattachselständig männliche Blüten in Gruppen, später einzeln stehende weibliche Blüten. Die Blüten sind sehr klein und weißlich gefärbt. Neben den rankenden besitzt die Pflanze 10–20 cm große, breit eiförmige oder drei-

eckig-eiförmige, ganzrandige Laubblätter. Aus dem Fruchtknoten der weiblichen Blüten entsteht eine birnenförmige, an der Basis runzelige, weich bestachelte 8–15 cm lange Beere, die nur einen Samen besitzt und bis 1 kg Gewicht erreicht. Der bis 10 cm große, harte, ovale Same keimt bereits in der Frucht. Diese enthält neben 7,5% Stärke weiterhin 1% Eiweiß sowie Vitamin C.
Die Wurzel der Pflanze erstarkt zu einer Rübe (Wurzelrübe) und bildet an ihrem oberen scheibenförmig verbreiterten Ende zahlreiche Erneuerungsknospen, die zu Sprossen auswachsen. Außerdem entspringen aus der verdickten Hauptwurzel Seitenwurzeln, die sich an der Spitze knollenförmig verdicken und bis 10 kg schwer werden. Da sie 20% Stärke enthalten, werden sie unter Schonung der Hauptwurzel geerntet und wie Kartoffeln gekocht. Die Beerenfrüchte werden als Gemüse verwendet, vielfach aber auch mit Fleisch oder Fisch gefüllt. Sie können aber auch als Kompott verspeist oder gar als hochwertiges Schweinefutter verfüttert werden. Junge Triebe und einjährige Wurzeln werden wie Spargel zubereitet. Die Blüten liefern ein Bienenfutter, und aus den kräftigen Fasern der langen Sproßachsen lassen sich Hüte, Säcke und Matten herstellen.

Bambus 223

Dendrocalamus spec.

Gräser *Poaceae*

Die Gattung *Dendrocalamus* umfaßt 25 Arten, die von Indien bis China verbreitet sind. Unter ihnen liefert *D. hamiltonii* mit seinen Schößlingen ein beliebtes Gemüse, während *D. giganteus* (engl. Giant Bamboo) mehr eine Zierpflanze ist. Sie stammt aus Burma und wird heute überall in den Tropen angebaut. Man findet die Pflanze vor allem an feuchten Standorten, überwiegend in der Nähe von Bach- und Flußläufen. Hier wächst sie mit mächtigem unterirdischem Wurzelstock, aus dem sich schubweise ihre Sprosse hervorschieben und bis 30 m Höhe erreichen. Die austreibenden Halme sind zunächst scharf zugespitzt und am Grunde mit Blattrudimenten eingehüllt, die morphologisch als Blattgrund anzusehen sind. Die Blattspreite ist lediglich in Form einer feinen Spitze aufgesetzt. Auffallend bei den Sprossen ist die scharfe Gliederung in Knoten und Zwischenknoten (Internodien). Sie besitzen eine glasartige, äußerst harte Oberfläche, die nicht immer braun sondern noch häufiger gelbbraun bis gelbgrün gefärbt ist. Vor allem die äußeren Zellschichten der Sprosse sind sehr reich an Kieselsäure. An luftfeuchten Standorten sind die Internodien oft reich mit Flechten bewachsen, und an den Knoten entstehen kranzförmig angeordnete Adventivwurzeln, die zuweilen fast bartförmig herabhängen. Die starke Neigung zur Adventivwurzelbildung hängt damit zusammen, daß die Hauptwurzel früh abstirbt.
Beim Austreiben erreichen speziell die *Dendrocalamus*-Arten hohe Wachstumsgeschwindigkeiten. Sie können am Tag 30–50 cm wachsen. Blüten werden bei den meisten Bambus-Arten, die auch als eigene Familie der Bambusaceen von den Poaceen oder Gräsern abgetrennt werden, höchst selten gebildet. Bei den großen Arten blühen alle Büsche der gleichen Art zur gleichen Zeit. Danach sterben dann die oberirdischen Sprosse völlig ab, und die Pflanze regeneriert sich langsam wieder aus den unterirdischen Wurzelstöcken. Die gebildeten Früchte (Caryopsen) enthalten viel Stärke und werden wie Reis gesammelt. Starker Fruchtansatz hat vielfach zur Folge, daß sich Mäuse und Ratten übermäßig vermehren.
Da viele der großwüchsigen Bambus-Arten sehr selten blühen, ist ihre systematische Stellung oft noch unklar. Von manchen Arten ist nachgewiesen, daß sie in rhythmi-

schen Intervallen von 32 Jahren geblüht haben. Bei *Sasa*-Arten dauert es nachweislich 60 Jahre, bei den Angehörigen anderer Gattungen 100 Jahre bis zur Blüte!

Avocatobirne, Aguacate, Butterfrucht, Palta 224

Persea americana Mill. 225

Lorbeergewächse *Lauraceae* 257

Die Heimat der Avocatobirne (engl. Avocado) liegt in den Bergwäldern des tropischen Amerikas. Auch heute sind von den 50 Arten der Gattung *Persea* noch die meisten in den Tropen der Neuen Welt verbreitet. Als Kulturpflanze ist die Aguacate, deren Name sich von dem Aztekenwort »ahuacatl« ableitet, 8000 Jahre alt, wie aus Gräberfunden in Mittelamerika nachzuweisen ist. Die Butterfrucht wird bereits 1519 von dem Spanier Enciso für die kolumbianische Küste erwähnt, aber erst in der Mitte des 19. Jahrhunderts gelangte sie nach Asien.
Es handelt sich um einen immergrünen bis 20 m Höhe erreichenden Baum mit elliptisch-lanzettlichen Blättern, die eine plastische Nervatur besitzen. Die kleinen gelbgrünen Blüten erscheinen in großer Zahl in endständigen Blütenrispen (Foto 224). Die außerordentlich große Zahl von Blüten ist sehr bemerkenswert, da sie nur im Verhältnis 1:5000 Früchte bringen!
Nach der Bestäubung entwickelt sich die hängende birnenförmige, grüne bis braunrote Frucht, deren Größe je nach Rasse von wenigen bis 25 cm Länge schwankt (Foto 225). Sie ist botanisch gesehen eine Steinfrucht mit glatter Außenhaut als Exocarp und einem bei der Reife butterweichen, cremefarbenen bis gelbgrünen Mesocarp, das einen großen kugelförmigen, hellbraunen Samen umschließt. Es hat einen nußartigen Geschmack und besitzt mit 3–30% einen bemerkenswert hohen Fettgehalt, der neben der Konsistenz zum besonderen Wohlgeschmack der Frucht beiträgt. Sie wird in verschiedenartiger Weise mit Pfeffer, Salz, Öl und Essig als Salat zubereitet, kann aber auch geöffnet und mit Zucker und Zitrone bestreut ausgelöffelt werden.
Insgesamt werden bei ca. 400 Sorten 3 ökologische Typen unterschieden: der mexikanische Hochlandtyp mit kleinen dünnschaligen Früchten, der Guatemala-Typ mit langgestielten dick- und narbenschaligen Früchten und der westindische Tieflandstyp mit glatt- und zähschaligen Früchten. Alle 3 Rassen unterscheiden sich durch Kälteresistenz und Anisgeruch der Blätter. Die Produktion an Avocado-Früchten ist schwer zu erfassen. Als wichtigste Erzeuger-Länder sind Mexiko, Brasilien, Dominikanische Republik, Peru und Kolumbien zu nennen.

Obst- und Mehlbanane, Pisang 226

Musa spec. 227

Bananengewächse *Musaceae* 228 257

Das Ursprungsgebiet der Banane (engl. Banana) liegt im indomalayischen Raum. Hier gibt es 2 Wildarten *(M. acuminata, M. balbisiana)*, aus denen durch Kreuzung und Domestikation sowohl die Obst- als auch die Mehlbananen hervorgegangen sind. Sie wurden schon vor der Zeitenwende von Insel zu Insel weiterverbreitet. Arabische Kaufleute brachten die Pflanze wahrscheinlich auf den afrikanischen Kontinent. Von hier gelangte sie um 1510 durch seefahrende Portugiesen auf die Kanarischen Inseln, von dort 1516 nach Santo Domingo und kurz darauf nach Südamerika.

Hier wurde sie den europäischen Eroberern vorauseilend vermutlich von den Indios so schnell verbreitet, daß zunächst der Eindruck entstand, sie sei in der Neuen Welt beheimatet. Etwa zur gleichen Zeit wurde die Banane auch in Europa bekannt. Linné benannte die zuckerreiche Obstbanane als *M. sapientium* und die stärkereiche Mehlbanane als *M. paradisiaca* (Foto 227). Beide sind triploide Kreuzungsprodukte der genannten Wildarten, so daß die von Linné gegebenen Namen wissenschaftlich nicht haltbar sind. Die Zwergbanane, bisher *M. cavendishii* genannt, stammt vermutlich von *M. acuminata* ab. Das Wort Banane leitet sich wahrscheinlich von einer westafrikanischen Bantu-Bezeichnung her.

Die Bananenpflanze ist kein Baum sondern eine 5–9 m hohe Staude. Sie hat einen knolligen unterirdischen Wurzelstock, an dem die stattlichen, bei *M. ingens* bis 15 m hohen Blätter, entspringen. Die Blattscheiden (Unterblatt) sind ineinandergefaltet, so daß ein Scheinstamm entsteht, an dessen Oberende die linealischen Blattspreiten abstehen. Sie reißen unter Windeinwirkung oft vom Rand her parallel zu den senkrecht von der Mittelrippe abgehenden Seitennerven ein (Foto 226). Auf diese Weise wird die Angriffsfläche für Wind und Tropenregen vermindert. Im Zentrum der ineinandergefalteten Blätter findet sich am Rhizom in Bodennähe der Vegetationskegel. Er streckt sich nach einer Entwicklungszeit von 9–10 Monaten durch den Scheinstamm hindurch und bildet am Ende einen bogig überhängenden Blütenstand, an dem in dichter Folge zahlreiche bereifte, bläulich-braunrote Tragblätter stehen. Sie entfalten sich von der Basis zur Spitze und fallen später ab. Die untersten 10–12 Tragblätter bringen je 14–18 in doppelten Querreihen angeordnete weibliche Blüten hervor, deren Fruchtknoten sich ohne Befruchtung zu Früchten entwickeln (Parthenocarpie). Die darüber folgenden 10 Tragblätter enthalten zwittrige, dreizählige Blüten, die reich an Nektar sind, sich jedoch nicht weiterentwickeln. In den Achseln der endständigen Tragblätter werden rein männliche Blüten gebildet.

Die im Verlauf von 3 Monaten heranreifenden Früchte enthalten keine Samen, sondern nur noch schwarze Reste der Samenanlagen. Auch die Feji-Bananen haben keine Samen, jedoch aufrecht stehende Früchte. Sie stellen fünfkantige, aus 3 Fruchtblättern hervorgegangene Beerenfrüchte dar, deren fleischiges Innengewebe als Pulpa bezeichnet wird. An der Bildung der Schale ist neben den Fruchtblättern der Blütenboden beteiligt. Sie ist von Faserbündeln und Gerbstoffschläuchen durchzogen, die auch Kautschuktropfen produzieren. Die innersten Schichten der Schale wandeln sich bei der Reife in ein weichfaseriges Gewebe um, so daß sich die Schale leicht von der Pulpa abziehen läßt. Diese ist bei der Obstbanane wie bei der Mehlbanane zunächst stärkereich, fest und von zusammenziehendem Geschmack, wird jedoch bei der Reife infolge Stärkeverzuckerung weich und süß. Als wichtigen Aromastoff enthält sie u. a. Isovaleriansäure.

Nach der Fruchtreife stirbt der oberirdische Teil der Staude ab, aber bereits vor Eintritt der Blühreife werden am Rhizom Schößlinge gebildet, mit denen sich die Pflanze vegetativ vermehrt. Die Anlage neuer Plantagen erfolgt mit Hilfe von Schößlingen oder auch Teilen des Mutterrhizoms. Nach dem Verpflanzen bewurzeln sie sich schnell und bilden neue Tochterpflanzen, von denen man die stärksten stehen läßt. Neu begründete Bananenplantagen sind 5–20 Jahre lang ertragreich.

Die Banane verlangt gleichmäßig feucht-warmes Klima mit einer mittleren Jahrestemperatur von 25 °C und 1200–2000 mm Niederschlag. Ihre Erträge schwanken zwischen 20–40 t/ha im Jahr, können aber auf 60–80 t/ha ansteigen. Wichtigstes Exportland ist Ecuador, gefolgt von Honduras, Costa Rica und Panamá. Neben dem Verbrauch als Frischobst werden durch Erhitzen der geschälten, gelbreifen Früchte bei 60 °C Trockenbananen hergestellt, die besonders in den USA beliebt

sind. Außerdem wird aus grünreifen Früchten Bananenmehl gewonnen, das unter Zugabe von Wasser und Milch für die Bereitung von Diätkost wichtig ist.
Die Obstbanane hat sich inzwischen zur wichtigsten Tropenfrucht entwickelt. Da sie – wie schon erwähnt – eine sehr alte Kulturpflanze ist, bildete sich ein breites Spektrum an Sorten, die aus der Kreuzung *M. acuminata* Colla × *M. balbisiana* Colla hervorgegangen sind. Die beste und am meisten kultivierte Rasse ist 'Gros Michel', die aber wegen ihrer Anfälligkeit gegen die Welkekrankheit vielfach durch andere Sorten wie 'Giant Cavendish', 'Robusta' oder 'Lacatan' immer mehr ersetzt wird. Eine sehr beliebte Obstbanane ist auch die aus China stammende Zwergbanane (Foto 228), deren Früchte allerdings wegen ihrer dünnen Schale für den Transport weniger geeignet sind. Sie wird u. a. auf den Kanarischen Inseln kultiviert und der Rasse ›Dwarf Cavendish‹ zugeordnet. Zur gleichen Rasse gehört auch die auf Hawaii angebaute Form ›Huamoa‹. Außerdem gibt es die *M. basjoo,* die bis 4 m Höhe erreicht und in Südjapan verbreitet ist. Sie dient dort als Faserlieferant. Eine weitere wichtige Faserpflanze ist *M. textilis,* die Hanfbanane von den Philippinen mit roten oder zartrosa gefärbten Deckblättern. Die Zierbanane stammt aus den lichten Bergwäldern Abessiniens und steigt dort bis 2000 m Höhe empor.
Die Mehlbananen, von denen es zahlreiche Sorten gibt, zeichnen sich dadurch aus, daß die gebildete Stärke nicht verzuckert. Ihr Fruchtfleisch wird in gekochtem, gebratenem oder geröstetem Zustand verzehrt und stellt in dieser Form die Kohlehydratbasis der Nahrung in weiten Gebieten der Tropen dar. Dies gilt vor allem für die Zeit des Jahres, in der andere Stärkepflanzen nicht zur Verfügung stehen. Die Früchte der Stärkebananen sind größer und erreichen bis 50 cm Länge.

Produktion von Bananen (in 1000 t)

Land	1969/71	1975	1980
Brasilien	4809	5311	6773
Indien	3148	3633	4500
Indonesien	1556	3000	1606
Ecuador	2895	2544	2073
Philippinen	893	1423	3800
Thailand	1200	1382	2000
Mexiko	934	1194	1515
Costa Rica	1119	1121	1187
Kolumbien	788	1050	1200
Panama	1007	989	1050
Burundi	810	897	972
Venezuela	969	860	985
Honduras	1426	852	1330
Papua-Neuguinea	758	840	898
Tansania	558	750	780
Bangladesh	645	578	605
Guatemala	487	520	560
Vietnam	399	490	540
Spanien	426	490	464
übrige Länder	6010	6285	6416
insgesamt	30837	34209	39254

Ananas 229

Ananas comosus (Lindl.) Schult. 230

Syn.: *A. sativus* (L.) Merr. 231

Ananasgewächse *Bromeliaceae* 257

Die Ananas (engl. Pineapple) stammt aus den Tropengebieten Brasiliens. Sie ist eine sehr alte Kulturpflanze, die lange vor Ankunft der Spanier und Portugiesen in den Tropen der Neuen Welt in zahlreichen Formen von den verschiedenen Indianerstämmen kultiviert und selektioniert wurde. Am 4. November 1493 bekam Kolumbus bei seiner zweiten Atlantik-Überquerung auf der Insel Guadeloupe Ananas-Früchte von den Indianern überreicht. Er war damit der erste Europäer, der die Pflanze kennenlernte. In der Folgezeit berichteten zahlreiche spanische und portugiesische Entdekkungsreisende vom unvergleichlichen Aroma der Ananas, und Oviedo bildete 1513 in einem handgeschriebenen Brief an König Ferdinand von Spanien die Frucht zum ersten Mal ab. Sie gelangte bald darauf in die Alte Welt, denn schon 1548 wurde sie auf Madagaskar und 1590 in Indien belegt und hat sich danach über alle Tropenregionen verbreitet.

Die Ananas ist eine mehrjährige Pflanze, bei der an gedrängter Sproßachse rosettenartig 30–100 cm lange, in der Regel stachelig bewehrte Blätter stehen (Foto 231). In ihren Achseln können Ausläufer mit kleinen Blattrosetten entstehen, die der vegetativen Vermehrung der Pflanze dienen. Nach 1–2 Jahren wächst die Sproßachse in die Länge und bildet am Ende einen ährenförmigen Blütenstand mit verdickter Achse. Er besteht aus zahlreichen rosa gefärbten, lang zugespitzten Tragblättern mit dreizähligen rosafarbenen Blüten in den Achseln (Foto 229). Die Blüten gehen ohne Bestäubung zur Fruchtbildung über, und es entwickeln sich aus den unterständigen Fruchtknoten Beerenfrüchte, die mit Blütenstandsachse und Tragblättern zu einem fleischigen Sammelfruchtstand (Syncarpium) verwachsen. Nur die vieleckigen abgeplatteten Deckseiten der Einzelfrüchte sind an der Oberfläche des Fruchtstandes zu sehen. Die obersten Tragblätter der Blütenstandsachse bilden keine Blüten, werden laubartig grün und bilden einen Schopf, der abgeschnitten der vegetativen Vermehrung dient (Foto 230). Wegen der Ähnlichkeit des Fruchtstandes mit einem Pinienzapfen nannten die Spanier ihn »Piña« woraus sich das englische Wort »Pineapple« entwickelte.

Die Ananas ist eine typische mit den Zimmerbromelien verwandte tropische Pflanze, die am besten bei einer mittleren Jahrestemperatur von 25–32 °C, gleichmäßgen Niederschlägen von 1000–1500 mm und hoher Luftfeuchtigkeit gedeiht. Man kennt 3 wichtige Kulturformen. Die var. *sativus* ist samenlos, var. *comosus* bildet noch keimfähige Samen aus und var. *lucidus* ist wegen ihrer nicht stacheligen Blätter arbeitstechnisch vorteilhaft. Abgesehen davon haben verschiedene Indianerstämme in Südamerika mehrfach unabhängig voneinander stachellose Formen selektioniert. In der Regel liefert die Ananaspflanze 2 Ernten, die erste nach 15–24 Monaten, die zweite aus Seitentrieben nach weiteren 15–18 Monaten. Die Produktion der einzelnen Länder geht aus Tab. S. 226 hervor. Das Fruchtfleisch der Ananas enthält die Vitamine B_1, B_2, C und das eiweißspaltende Ferment Bromelin von hoher verdauungsfördernder Wirkung, die schon den Indianern bekannt war. Die Weltproduktion an Ananas hat sich von 1948 bis 1965 verdoppelt und seitdem weiter erhöht. Außer zur Fruchtgewinnung wird Ananas seit Jahrhunderten als Faserpflanze kultiviert. Die Fasern müssen in langwieriger Handarbeit unter mehrfachem Rösten und Bleichen aus den Blättern gewonnen werden. Aus ihnen werden die bekannten Spitzenschleier (mantillas) sowie kühlwirkende tropische Stoffe hergestellt.

Produktion von Ananas (in 1000 t)

Land	1969/71	1975	1980
VR China	781	859	888
USA	850	617	622
Brasilien	437	515	572
Thailand	187	500	1500
Philippinen	251	360	600
Mexiko	262	262	583
Malaysia	270	245	203
Elfenbeinküste	127	233	320
Südafrika	158	184	208
Bangladesh	97	124	142
Zaire	144	–	156
übrige Länder	1347	1458	1842
insgesamt	4911	5357	7636

Kleine Grenadille, Passionsblume, Purpurgrenadille 232
Passiflora edulis Sims 234

Passionsblumengewächse *Passifloraceae*

Die Gattung *Passiflora* umfaßt 400 verschiedene Arten, von denen die meisten in den Tropen der Neuen Welt verbreitet sind. Nur wenige Arten finden sich in Asien, Australien und sogar Polynesien. Die meisten besiedeln Gehölzformationen, doch gibt es unter ihnen sogar Strandpflanzen in Mittelamerika an den Küsten des Stillen Ozeans. Die wirtschaftlich wichtigste Art *P. edulis,* unter dem Namen »Maracuja« oder »Grenadille« bekannt, ist eine ausdauernde Pflanze mit langen Sproßachsen, die mit Hilfe blattachselständiger Sproßranken an Stützen klettern. Ihre wechselständigen Blätter sind tief dreilappig. An den blühfähigen Abschnitten entspringt in ihren Achseln eine einzeln stehende Blüte. In ihrer Blütenanatomie entspricht sie der bereits auf S. 59 beschriebenen *P. caerulea.* Die Frucht stellt eine Beere dar von der Größe eines Hühnereis (Foto 234). Ihre zunächst saftige Wand nimmt bei der Reife eine pergamentartige Beschaffenheit an. Im Innern enthält sie zahlreiche Samen in einem Saftbläschengewebe, das einen angenehm erfrischenden, süßsäuerlichen, köstlichen Wohlgeschmack besitzt. Die Frucht wird als ganzes ausgelöffelt. Auch ein trüb orangefarbener Saft wird daraus gewonnen, der unter dem Namen Maracuja bekannt ist. Die Außenhaut der Frucht ist bei der Reife violettrot bis purpurn gefärbt, doch kennt man auch eine hellfrüchtige Mutante. Die Pflanze wird zunehmend in Plantagen angebaut und ist nunmehr in den ganzen Tropen verbreitet. Oft überspinnt sie ganze Lauben, von denen die Früchte im Schatten der Blätter herabhängen. Als Ertrag bringt eine Pflanze rund 100 Früchte im Jahr. Die in den Blättern vorkommenden Alkaloide haben eine blutdrucksenkende Wirkung.

Königsgrenadille, Barbadine 233

Passiflora quadrangularis L.

Passionsblumengewächse *Passifloraceae*

Die Königsgrenadille (engl. Passionsfruit) stellt die auffälligste Art unter den Nutzpflanzen der Gattung *Passiflora* dar. Sie wächst in den kühleren Klimagebieten der Tropen und gedeiht vor allem in Berglagen. Der Artname nimmt auf den vierkantigen Stengel (quadrangularis = vierwinklig) Bezug, an dem große ungeteilte Blätter mit herzförmigem Grund und stattliche Nebenblätter stehen. Die Blattstiele sind mit 6 Drüsen besetzt. Der Strahlenkranz der großen ornamentalen Blüten fällt durch seine weiß und purpurviolett gefärbten Fäden auf. Die Früchte sind auffallend groß und erreichen bei einer Größe von ca. 18 × 25 cm ein Gewicht von 4–5 kg. Das Innere der melonenartigen Frucht ist wässerig und besitzt einen rötlich gefärbten, säuerlich schmeckenden Saft. Es wird zusammen mit den im Saftblasengewebe liegenden Samen (Pulpa) in gezuckertem Zustand verzehrt. Die für alle Passionsfrüchte verwandte Bezeichnung »Grenadille« geht auf die Ähnlichkeit mit dem Granatapfel zurück. – Neben der Königsgrenadille kennt man als weitere Kulturarten *P. alata* und *P. macrocarpa* mit genießbarem Fruchtfleisch. Bei *P. ligularis, P. laurifolia, P. mollissima* und *P. mixta* wird wie bei *P. edulis* nur die Pulpa gegessen, da die Fruchtschale pergamentartig wird. Manche *Passiflora*-Arten bilden unterirdische Knollen, aus denen die langen kletternden Sprosse entspringen.

Mangobaum 235

Mangifera indica L. 236

Sumachgewächse *Anacardiaceae* 237

257

Der Mangobaum ist neben der Banane die wichtigste Obstpflanze der Tropen und dem Apfelbaum in den gemäßigten Breiten vergleichbar. Seine Heimat liegt in den Mittelgebirgen Burmas und in den Vorbergen des Himalaya im östlichen Indien. Die Domestikation des Baumes hat sehr früh in Indien stattgefunden, denn in 4000 Jahre alten Sanskrit-Aufzeichnungen ist der Mango bereits als Kulturpflanze erwähnt. Er wurde schon um 500 v. Chr. von Indern im Gebiet von Malaysia und auf den ostasiatischen Inseln verbreitet. Portugiesische Seefahrer brachten den Baum zur Zeit der Entdeckungsreisen nach Westafrika und nach Brasilien. Spanische Schiffe transportierten unabhängig davon Mango-Sämlinge von den Philippinen nach Mexiko. Auf die westindischen Inseln gelangte die Pflanze erst um 1740. Seiner Herkunft entsprechend verlangt der Mangobaum mindestens 19 °C und 1000 mm Niederschlag im Jahresmittel. Neuerdings wird er in Ägypten, Israel und Südafrika angebaut.

Der immergrüne, stattliche Baum trägt im Alter eine geschlossene Krone und erreicht bis 30 m Höhe (Foto 235). Er ist mit seinem geschlossenen Laubwerk nicht nur Fruchtbaum sondern zugleich Schattenspender (Foto 237). In Indien gibt es bis 40 m hohe Bäume mit 7–8 m tief reichenden Wurzeln. Das Wurzelsystem verläuft aber auch nahe der Bodenoberfläche bis zur Peripherie des Kronenumfangs in 10 m Entfernung vom Stamm. Die wechselständigen auf 5 cm langen Stielen stehenden, lanzettlichen bis 30 cm langen und 7 cm breiten Blätter zeigen die bei vielen Tropenbäumen vorkommende Erscheinung der »Blattausschüttung«. An den Zweigenden werden gleichzeitig in großen Mengen Blätter gebildet, die zunächst zart und schlaff herabhängen. Sie verfärben sich infolge Anthocyanbildung rot, werden schließlich bei dunkelgrüner Färbung derb und besitzen dann eine hellgrüne Mittelrippe.

Der Blütenstand ist eine Rispe und umfaßt 2000–5000 blaß grünlich-gelbe, kleine Blüten. Sie sind teilweise zwittrig und rein männlich. Die fünfzähligen Blütchen tragen 4 mm große, außen behaarte Kelchblätter und 3–6 mm lange Kronblätter. Von den 5 Staubblättern ist nur eines fruchtbar. Das erklärt die relativ geringe Zahl der produzierten Früchte, die aus dem oberständigen Fruchtknoten hervorgehen. Die Blüte besitzt außerdem einen scheibenförmig verbreiterten Blütenboden, der als Diskus bezeichnet wird und für die Sumachgewächse bezeichnend ist. Die Bestäubung erfolgt weniger durch Bienen, sondern überwiegend durch Mücken. Weitere Erklärungen für die relativ geringe Fruchtproduktion sind in der Abhängigkeit vom Boden und in der Tatsache zu suchen, daß viele der Früchte während der Entwicklung abfallen. Bei manchen indischen Sorten erreicht nur eine von 150 angesetzten Früchten den vollen Reifezustand.
Wenn auch der Terpentingehalt in der Fruchtschale schwankt, so gehört die Mangofrucht, in Brasilien als »manga« bezeichnet, zu dem köstlichsten Obst der Tropen. Die Früchte sind von schräg birnen- bis nierenförmiger Gestalt und stellen in botanischer Hinsicht Steinfrüchte dar (Foto 236). Sie haben in der Regel eine relativ derbe Außenhaut von grüngelber bis gelbroter Farbe. Das goldgelbe, schmelzend-saftige Fruchtfleisch ist mehr oder weniger von Fasern durchsetzt, die kontinuierlich in den abgeflachten, schrägen Steinkern übergehen. Die Größe der Früchte schwankt beträchtlich. Sie sind im Mittel 8–12 cm lang, doch gibt es im Extrem über 20 cm lange Früchte, die mehr als 3 kg wiegen. Im Laufe der Zeit entstand eine Vielzahl von Formen und Rassen, die im Terpentin-, Zucker-, Vitamingehalt und Geschmack sehr verschieden sind.
Die Frucht ist außergewöhnlich reich an Vitamin C und Provitamin A. Daneben sind reichlich Fruchtzucker, aber auch Eiweiß und Rohfaser enthalten. Der Mangobaum ist vor allem in Indien für die Ernährung der Bevölkerung von großer Bedeutung. Die Früchte werden meist frisch, oft schon in unreifem Zustand genossen, aber auch zu Naßkonserven, Saft, Pickles und sogar einem pulverförmigen Trockenprodukt (amchoor) verarbeitet. Wegen der leichten Verderblichkeit ist der Export noch immer relativ gering. Soweit statistisch erfaßt, wurden 1972 11,7 Mill. Tonnen Früchte geerntet. Davon entfielen in 1000 t auf Indien 8400, Brasilien 665, Pakistan 660, Bangladesh 480, Mexiko 220, Dominikanische Republik 179, Tansania 150, Philippinen 135, Kolumbien 105 und Honduras 90. Bei weiterer Verbesserung der Transport- und Lagertechnik nimmt der Konsum in den außertropischen Ländern weiter zu.

Melonenbaum, Papaya **238**

Carica papaya L. **239**

240

Melonenbaumgewächse *Caricaceae*

Der Melonenbaum wurde bereits in vorkolumbianischer Zeit von den Indianern Mittelamerikas und Brasiliens kultiviert. Sie züchteten ihn aus den zahlreichen in den feuchtheißen Niederungs- und Küstenwäldern dieses Gebietes wachsenden Wildarten der Gattung *Carica*. Die Spanier lernten den Melonenbaum in Panamá kennen und brachten ihn auf die Westindischen Inseln. Ende des 18. Jahrhunderts gelangte er nach Asien und wird heute in den Tropen weltweit angebaut.
Es handelt sich um einen kurzlebigen bis 6 m hohen Baum mit krautigem, grünem Stamm, der an seiner glatten Oberfläche mit den auffälligen Narben der abgefallenen Laubblätter gezeichnet ist. Die mächtigen Blätter sind lang gestielt, haben eine tief

geteilte, handförmige Spreite und stehen am Ende des Krautstammes schopfig gehäuft. In ihren Achseln entspringen die Blütenstände, die bei den männlichen Bäumen verzweigt und überhängend (Foto 238), bei den weiblichen kurz und gabelig geteilt sind. Die männlichen Bäume tragen verwachsenblättrige, schmal trichterförmige Röhrenblüten von 25–40 mm Länge. Bei den weiblichen Bäumen sind die etwas größeren, gelbweißen Blüten am oberen Ende des aus 3–5 Fruchtblättern gebildeten Fruchtknotens mit verbreiterten, strahlenförmig ausgebreiteten, geweihartig verzweigten Narben versehen. Gelegentlich treten auch Zwitterblüten auf.
Nach der Bestäubung durch Insekten entwickeln sich das ganze Jahr hindurch die kopfgroßen, ei- bis birnenförmigen, an Melonen erinnernden Beerenfrüchte (Foto 239). Sie wiegen 500–1000 g, können jedoch bis 5 kg Gewicht erreichen. Unter ihrer gelbgrünen Außenhaut folgt das fleischig-saftige orangerote, satt- oder blaßgelb gefärbte Fruchtfleisch von butterartiger Konsistenz. Der Duft ähnelt dem einer Moschusmelone, sie ist säurefrei und von köstlichem Wohlgeschmack. Die Innenfläche der Fruchthöhlung ist von den wandständigen, pfefferkorngroßen, schwarzgrauen Samen bedeckt, die nach Kresse schmecken.
Das Fruchtfleisch enthält neben 5% Kohlenhydraten und 0,6% Eiweiß sehr viel Provitamin A und Vitamin C. Besonders hervorzuheben ist sein Gehalt an Papain, einem eiweißspaltenden Ferment, das vor allem die Fleischverdauung erleichtert. Man gewinnt deswegen durch Anritzen der Rinde und Früchte des Baumes den reichlich enthaltenen Saft und trocknet ihn zu einem grüngrauen Pulver. Es kommt als Papain in den Handel und wird in der Medizin bei Verdauungsschwäche und auch als Zartmacher für zähes Fleisch verwendet. Außerdem findet es bei der Kaugummifabrikation und in der Textilindustrie Verwendung, um das Schrumpfen von Wolle und Seide zu verhindern. – Die Papaya gehört zu den häufigsten Obstbäumen in den Tropen. Zusammen mit Bananen und Maniok dient sie oft der Eigenversorgung von »Kleinbauern«. Neuerdings wird die Papaya in Großplantagen für den Export kultiviert mit Hektarerträgen von 30–50 t.

Rahmapfel, Süßsack
Annona squamosa L.
Stachelannone, Sauersack
Annona muricata L.
Netz- oder Ochsenherzannone **241**
Annona reticulata L. **242**
Annonengewächse *Annonaceae* **243** **257**

Die Gattung *Annona* umfaßt rund 80 Arten, von denen die meisten in den Tropen der Neuen Welt verbreitet sind. Einige Annonengewächse wurden bereits von den Ureinwohnern Südamerikas als Obst geschätzt, wie z. B. aus Gräberfunden in Peru hervorgeht. Jede einzelne Art besitzt ihren spezifischen Geschmack, der mit keinem Obst der Alten Welt vergleichbar ist.
Weltweit in Kultur ist der Rahmapfel (engl. Sugar Apple), der auf den Karibischen Inseln beheimatet ist. Der Baum wird etwa 12 m hoch und hat elliptisch-lanzettliche abfallende Blätter. An seinen Zweigen stehen Blüten, die einer Magnolienblüte ähneln, aber kleiner sind. Aus den Blüten entwickeln sich 9–15 mm große Sammelbeeren (Foto 241), da das fleischige Gewebe der Einzelfrüchte zu einer Sammelfrucht verschmilzt. Die Einzelfrüchte sind noch an den schwarzen glänzenden Samen zu

erkennen und lassen sich leicht voneinander trennen. Ihr Fruchtmark ist von zuckerig süßem, aromatischem Wohlgeschmack.
Mit dem Rahmapfel nahe verwandt ist die bis 2 kg schwere Stachelannone (engl. Sour Sop), deren natürliches Verbreitungsgebiet nicht mehr zu ermitteln ist. Der Baum wird bis 12 m hoch. Die Stachelannone erweckt den Eindruck einer einheitlichen Frucht, weil die Beeren bis auf die Spitze miteinander verbunden sind (Foto 242). Diese Spitzen der einzelnen Fruchtblätter ragen als fleischig-dornige Anhängsel über die derbe, glatte, grüne Außenfläche des Fruchtstandes empor. Das Fruchtfleisch schmeckt auf der Zunge wollig, fast faserig. Die Frucht ist von säuerlichem, stark aromatischem Fruchtgeschmack und eignet sich daher sehr gut zur Herstellung von Säften und Erfrischungsgetränken.
Die Netzannone *(A. reticulata)* ist ein bis 8 m hoher Baum aus Mittelamerika mit längeren, schmaleren und immergrünen Blättern. Ihre Fruchtstände bilden eine kompakte, an der Oberfläche polyedrisch gefelderte Einheit, die wegen ihrer Gestalt als »Ochsenherz « bezeichnet werden. Das Fruchtfleisch ist von sahnigem, süß-aromatischem Wohlgeschmack und umschließt wie bei allen Annona-Arten die großen, glänzenden Samen. Die schräge Form der Sammelfrucht kommt wie bei der Stachelannone dadurch zustande, daß auf einer Seite weniger Fruchtblätter bestäubt werden und sich nicht entwickeln.
Von Feinschmeckern wird die Cherimoya *(A. cherimola)* als das beste tropische Obst bezeichnet. Der zierliche 5–8 m hohe Baum verträgt kein heißes Flachlandklima, sondern findet seine günstigsten Lebensbedingungen in über 800 m hohen Berglagen der nördlichen Andenländer. Schon während der Inkazeit war die Cherimoya als Obstbaum bekannt. Ihre Früchte sind herzförmig bei 10–15 cm Durchmesser und zeigen ein graugrünes, regelmäßiges Schuppenmuster. Das Fruchtfleisch wird von Kanälen durchzogen und enthält zuweilen sandige Steinzellen.

Tamarindenbaum, Tamarinde **244**
Tamarindus indica L. **245**

Johannisbrotbaumgewächse *Caesalpiniaceae*

Der Tamarindenbaum (engl. Tamarind) ist in Afrika beheimatet, obwohl sich der Gattungsname von dem arabischen Wort »tamar-Hindi« (indische Dattel) ableitet. Er gehört zu einer Gattung, die nur 1 Art umfaßt und ist heute in allen Tropengebieten der Erde anzutreffen. Die Tamarinde erreicht bis 25 m Höhe und bis 8 m Stammumfang. An den unbewehrten Ästen der an die Gleditschie *(Gleditsia)* erinnernden Pflanze stehen paarig gefiederte, immergrüne Blätter mit 12–15 Fiederpaaren und sehr kleinen hinfälligen Nebenblättern. Die schönen gelblichen, rot gezeichneten Blüten stehen in endständigen Trauben. Aus dem einzigen Fruchtblatt entwikkeln sich hellbraune, abgerundete Hülsen, die sich nicht öffnen (Foto 244). Sie enthalten im Innern außer den Samen ein breiiges Fruchtmus, das unter dem Namen »Pulpa Tamarindorum« als leicht abführendes Heilmittel früher allgemein verbreitet war. Es dient zugleich als Nahrungsmittel und vor allem in Mittelamerika zur Herstellung eines erfrischenden, süßsäuerlich schmeckenden Getränks. In Indien wird das Fruchtmark auch roh mit Zucker gegessen. Es wird ferner zur Fabrikation von Fruchtsirup und Bonbons verwendet. Die Tamarinde ist allgemein als Schattenspender beliebt, da ihr fein gefiedertes Laubwerk die Helligkeit in angenehmer Weise mildert. Das schwere, dunkle und dauerhafte Kernholz des Baumes wird zur Herstellung der verschiedenartigsten Geräte verwendet.

Guave, Guayave 246

Psidium guajava L.

Myrtengewächse *Myrtaceae*

Die Gattung *Psidium* umfaßt rund 100 Arten, deren Verbreitungsgebiet sich von Uruguay durch Süd- und Mittelamerika bis Mexiko und Westindien spannt. Unter ihnen ist *P. guajava* (engl. Guava) als Obstlieferant die wichtigste Art. Es handelt sich um einen kleinen, etwas knorrigen, bis 10 m hohen Baum mit hellbrauner, glatter Borke, die sich in kleinen Schuppen ablöst. Die jungen Seitensprosse sind vierkantig. Die gegenständigen, länglich-elliptischen bis ovalen Blätter erscheinen auf der Unterseite fein flaumig behaart. Ihre deutlich fiedrigen Nerven sind auf der Oberseite leicht eingesenkt und treten auf der Unterseite plastisch hervor. Die 2,5 cm großen, weißen Blüten stehen einzeln oder zu 2–3 gedrängt in den Blattachseln und sind durch zahlreiche Staubblätter ausgezeichnet. Aus dem unterständigen Fruchtknoten entwickelt sich eine runde bis birnenförmige Beere mit glatter Außenhaut, an deren Spitze die Kelchblätter stehen bleiben (Foto 246). Das Fruchtinnere ist mit einem weißlichen, gelblichen oder rosafarbenen Gewebe von leicht sahniger Konsistenz und zahlreichen harten, kantigen Samen ausgefüllt. Es ist sehr reich an Vitamin C; aber auch Vitamin A, Eisen und Phosphor sind in günstiger Verteilung enthalten. Neuerdings hat man auch samenarme Kulturformen gezüchtet. Aus den 4–10 cm großen Früchten werden aromatische Gelees und Marmeladen hergestellt. Die Früchte werden auch in gekochtem Zustand verzehrt. Bereits nach 2 Jahren beginnen die Bäume zu tragen und liefern vom 7.–8. Lebensjahr an mindestens 30 Jahre lang reichlich Früchte. Die Erträge können 30–40 kg pro Baum betragen. Infolge zunehmender Nachfrage auch für Säfte nimmt die Kultur der weltweit in den Tropen verbreiteten Pflanze ständig zu und hat sich vor allem in Indien ausgedehnt. Von dort sind sogar samenlose Formen bekannt. Neben *P. guajava* sind auch andere Arten aus Südamerika als Wildpflanzen in andere Kontinente gebracht worden.

Kaschubaum, Acajubaum 247

Anacardium occidentale L.

Sumachgewächse, *Anacardiaceae*

Der Kaschubaum (engl. Cashew Nut) stammt aus den relativ trockenen Gebieten des karibischen Raumes und Nordost-Brasiliens. Seine deutsche Bezeichnung leitet sich vom Indianerwort »kaju« ab, das im englischen zu »cashew« geworden ist. In den Küstenebenen Venezuelas und Nordost-Brasiliens wird die Pflanze als »marañon« bezeichnet. Sie wurde durch spanische Seefahrer bereits im 16. Jahrhundert aus ihrem Ursprungsgebiet nach Indien verbreitet. Der Kaschubaum kann auf guten Böden 12 m Höhe erreichen, auf schlechten hingegen wird er oft nur strauchartig. Seine wechselständigen Blätter sind eiförmig, 15–20 cm groß, deutlich hellgrün geadert und von derber, ledriger Konsistenz. Die Blüten stehen in endständigen Rispen und können rein männlich oder zwittrig sein. Trotzdem entwickeln sich in der Blütenrispe nur einzelne Nußfrüchte, die nierenförmig gestaltet am Vorderende des fleischig angeschwollenen Fruchtstieles herabhängen. Dieser leicht glasige, gelbrote Fruchtstiel wird als »Kaschuapfel« bezeichnet, während sich für die eigentliche Nußfrucht der Name »Elefantenlaus« eingebürgert hat.

Fruchtstiele und Früchte des Kaschubaumes stehen im Welthandel hinter Banane und Ananas an 3. Stelle. Der Fruchtstiel ist als erfrischendes, leicht säuerliches Obst vor allem in trocken-heißen Gebieten geschätzt und wird außerdem zu Saft, Marmelade und Wein verarbeitet. Wichtiger noch sind die eigentlichen Früchte. Aus ihnen wird heute vor der Weiterverarbeitung durch Dampfdestillation das Kaschuschalenöl gewonnen, das in vielfältiger Weise medizinisch verwendet wird. Auch die Indianer benutzen es als »Zugpflaster«. Es dient weiter als Termitenschutzmittel für Holz sowie als Bremsbelag, da es zu einer Art Gummi polymerisiert. Erst nach der Ölgewinnung wird mit der Hand die Frucht geöffnet und der Same entnommen. Er ist geröstet als »Cashew-Nuß« bekannt und enthält 45% Öl sowie 20% Eiweiß. Durch Pressen läßt sich daraus Speiseöl gewinnen. In der Welternte von Stielen und Früchten steht Indien an erster Stelle.

Kaugummibaum, Sapotillbaum, Sapotebaum, Breiapfel 248

Manilkara zapota (L.) van Royen 249

Syn.: *Achras zapota* L.

Sapotagewächse *Sapotaceae*

Die Gattung *Manilkara* ist mit 80 verschiedenen Arten in Mittelamerika und Südasien verbreitet. Als wichtigste Nutzpflanze dieser Gattung wird heute der Sapotillbaum (engl. Chicle Tree) in den Tropengebieten der ganzen Erde kultiviert. Allerdings liegt der Schwerpunkt seiner Kultur noch immer in den Tropen der Neuen Welt. Es handelt sich um einen 10–15 m hohen Baum, bei dem die elliptischen Blätter gegenständig oder fast gegenständig gedrängt an den Zweigenden stehen (Foto 248). In ihren Achseln entspringen die sechszähligen Blüten. Der meist aus 6 Fruchtblättern gebildete Fruchtknoten entwickelt sich zu einer Beerenfrucht, deren Außenhaut grün, grau oder auch orange gefärbt sein kann. Die Haut ist glatt oder infolge leichter Korkbildung rauh (Foto 249). Größe und Form der Frucht können sehr schwanken, doch ist sie im Durchschnitt fast apfelgroß. Die Beere wird in Lateinamerika »Nispero« (engl. »Nisbery«, »Naseberry«) genannt und besitzt ein weiches, süßes, wohlschmeckendes Fruchtfleisch mit eingebetteten Granulaten. In den Fruchtfächern liegen bis 2 cm große abgeflachte Samen, die bei der Vollreife schwarz sind. Der Baum zeichnet sich auch durch sehr hartes und sehr dauerhaftes Holz aus. Im Stamm finden sich wie in allen Pflanzenteilen Reihen von Milchsaftzellen, aus denen bei Anritzen weißer Milchsaft austritt. Er liefert durch Kochen eingedickt die Ausgangssubstanz für Kaugummi (»Chewing gum«, »Chicle gum«). Ein 10–15 m hoher Baum bringt bei guter Zapftechnik im Jahr 15–18 kg getrockneten Saft. Für die mittelamerikanischen Länder stellt der Milchsaft dieses Baumes eine wichtige Einnahmequelle dar, da er in großen Mengen vor allem in die USA verkauft wird. Unabhängig von der westlichen Zivilisation verwenden auch die Indianer des oberen Orinokos den getrockneten Milchsaft zum gleichen Zweck.

Genipabaum 250

Genipa americana L. 251

Krappgewächse *Rubiaceae*

Die Gattung *Genipa* umfaßt nur 4 Arten, die in Westindien und Südamerika verbreitet sind. Die bekannteste ist der in den gesamten Tropen kultivierte Genipabaum (engl. Marmelade Box). Er besitzt gegenständige, schlank elliptische Blätter. Aus den in der Knospenlage gedrehten Blüten entwickelt sich eine beerenartige Frucht von ca. 10 cm Größe und elliptischem Längsschnitt. Die Samen liegen unter dem Fruchtfleisch reihenweise in einer geleeartigen Pulpa, was der Frucht in Surinam den Namen »Marmeldose« eingetragen hat (Foto 250). Die Frucht ist im Hinblick auf die Zugehörigkeit der Pflanze zu den Krappgewächsen, die auch Labkrautgewächse genannt werden, sehr groß. Nur in den Tropen neigt die Familie zur Ausbildung einer fleischigen Fruchtschale, und der Genipabaum stellt ein Extrem dafür dar.

Langsat 252

Lansium domesticum Corrêa

Zedrachgewächse *Meliaceae*

Der Langsat ist ein weiterer typischer südostasiatischer Fruchtbaum, der wie Durio, Rambutan und Mangostane nur im feuchtwarmen äquatorialen Tropenklima gedeiht. Er wird etwa 9–12 m hoch und trägt unpaarig gefiederte, dunkelgrüne Blätter. Jedes Fiederblatt besteht aus 10–20 Paaren elliptisch-lanzettlicher, zugespitzter Einzelblätter von 12–25 cm Länge. Die kleinen kurzgestielten fünfzähligen, süßlich duftenden Blüten stehen dicht in Trauben oder Ähren an größeren Ästen. Aus ihnen entwickeln sich bis 20 traubige, 4 cm große Früchte von strohgelber Farbe und länglicher Form. Es handelt sich um fünffächerige Beeren, deren Segmente sich leicht voneinander lösen und von einem weißen fleischigen Gewebe ausgefüllt sind. In jeder Beere sind 1–3 grüne, bitter schmeckende Samen vorhanden. Das Fruchtfleisch dagegen ist von aromatischem, leicht saurem Wohlgeschmack und sehr erfrischend.
Neben dem Langsat gibt es eine als »Duku« bezeichnete Varietät der gleichen Art. Der Duku-Baum unterscheidet sich durch seine breitere, dichter belaubte Krone von dem schlankwüchsigen Langsat-Baum. Er bildet runde, bis 6 cm große Früchte, die in Gruppen von 8–12 ebenfalls dicht gedrängt stehen. Die Fruchtschale ist derber als beim Langsat und führt im Gegensatz zu ihm keinen Milchsaft in der Außenhaut. Beide Sorten sind vor allem im indomalayischen Archipel zu finden.

Apfel-Jambuse 253

Eugenia malaccensis L.

Myrtengewächse *Myrtaceae*

Die Apfel-Jambuse (engl. Malay Roseapple) ist in Malaysia beheimatet und kommt dort wie andere Angehörige der Gattung im Regenwald der unteren Bergregion vor. Der Baum erreicht 15 m Höhe und trägt 20–35 cm lange, glänzend grüne, elliptische bis lanzettliche Blätter. An seinen Zweigen brechen gedrängt stehend die auffälligen vierzähligen, leuchtend rosaroten Blüten mit zahlreichen Staubblättern hervor. Aus dem zweiteiligen Fruchtknoten entwickeln sich die roten, bis apfelgroßen Früchte mit rosenähnlichem Geruch, die unter der Bezeichnung Rosen- oder Malayen-Apfel (»Pomarosa«) bekannt sind. Sie werden roh oder in Wein eingelegt gegessen. Der Malayen-Apfel wird heute in allen Tropenländern als Zier- und Obstbaum kultiviert. In polynesischen Legenden gilt er als heiliger Baum, weshalb aus seinem Holz Tempelfiguren geschnitzt werden. Er gelangte bereits 1793 nach Jamaica.
Neben der Apfel-Jambuse ist die ebenfalls in Südostasien beheimatete Aprikosen-Jambuse *(E. jambos)* eine wichtige Zier- und Nutzpflanze. Es handelt sich um einen breitkronigen Baum mit gelblichen oder weißen, birnenförmigen Früchten mit aprikosenartigem Geschmack. Seine Stengel und Blätter wurden früher als Färbemittel

verwendet. Von den zahlreichen Arten der auch in Südamerika verbreiteten Gattung *Eugenia* müssen 2 Arten besonders hervorgehoben werden: Die wachsartig aussehenden, rosa bis weiß gefärbten, birnenförmigen Früchte deuten auf den Namen Wachs-Jambuse *(E. samarangensis)* hin, während sich die Wasser-Jambuse *(E. aquea)* mit rosaroten, abgeflachten Früchten von den beiden anderen Arten unterscheidet.
Im Gegensatz zu den verwandten Arten mit schwammig lockerem Fruchtfleisch sind die Früchte der Wasser-Jambuse fest und von glasiger Struktur.

Mangostane, Mangosten 254

Garcinia mangostana L.

Guttibaumgewächse *Clusiaceae*

Ein weiterer typisch südostasiatischer Fruchtbaum ist die Mangostane (engl. Mangosteen). Ihr natürliches Verbreitungsgebiet sind die tropischen Regenwälder an der Ostküste Malaysias, doch wird die Pflanze inzwischen zerstreut in den gesamten äquatorialen Tropengebieten angebaut. Der Mangostane-Baum wird bis 12 m hoch, und seine tief ansetzenden gebogenen Äste sind dicht belaubt. Die dunkelgrünen, über 20 cm langen und bis 10 cm breiten Blätter sind gegenständig angeordnet. Die ansehnlichen, 4–6 cm breiten Blüten stehen in einfach gabelig verzweigten Ständen (Dichasien). Die Blüten öffnen sich am Nachmittag, danach fallen die Blütenblätter schnell ab, während die Kelchblätter an der Frucht verbleiben. Es sind fast nur weibliche Blüten vorhanden, aus denen sich die an eine Tomate erinnernde, bis 9 cm große, purpurbraune Frucht entwickelt. Sie trägt an der Spitze 5–8 flach anliegende, breite, leicht verholzte Narbensegmente. Die Frucht ist eine Beere und beherbergt unter einer knapp 1 cm dicken, dunkelroten, leicht faserigen Fruchtschicht 5–8 weiße fleischige Segmente, die Samenmäntel darstellen und von einem unvergleichlichem Wohlgeschmack sind. Viele bezeichnen daher die Mangostane als das köstlichste Obst der Tropen. Da die Entwicklung der Samenanlagen ohne Befruchtung erfolgt und sich in den Blüten höchstens einige sterile Staubblätter bilden, sind die Samenmäntel nicht selten samenlos. Sie werden roh oder gekocht genossen.
Der Baum braucht bis zum Tragen 10–15 Jahre und liefert dann 500–1000 Früchte. Es gibt in Südostasien noch weitere *Garcinia*-Arten, doch reicht keine im Wohlgeschmack an die Mangostane heran.

Durianbaum, Zibetbaum 255

Durio zibethinus Murr.

Wollbaumgewächse *Bombacaceae*

Wegen seiner außergewöhnlichen Früchte gehört der Durian (engl. Durian Tree) zu den interessantesten Fruchtbäumen der Tropen. Sein Anbau ist auf den südostasiatischen Raum mit Schwerpunkten in Thailand, Malaysia und Indonesien beschränkt. Hier wird er seit Jahrhunderten kultiviert. Ohne Zweifel ist der Durian, auch Durso genannt, Malaysias berühmteste Frucht. Dort ist auch das Gebiet seiner natürlichen Verbreitung im Westteil des Landes und auf Borneo zu suchen.
Der Baum wird bis 40 m hoch und hat einen schlanken Stamm mit hoch ansetzender Krone, deren kräftige Äste fast horizontal abstehen. In der Jugend ist er dagegen buschig, und seine Äste reichen fast bis zum Boden. Die ganzrandigen, mit einer Spitze versehenen Blätter sind von lanzettlicher bis elliptischer Gestalt. Sie erreichen bis 28 cm Länge und 10 cm Breite. Ihre Farbe variiert von bronze- bis olivgrün. Sie

besitzen eine glatte, glänzende Oberseite und sind auf der Unterseite silbergrau behaart. Die 5–6 cm großen Blüten stehen in Ständen vereinigt und haben einen spezifischen Geruch nach saurer Milch. Die Blüte öffnet sich etwa um 3 Uhr am Nachmittag, und alle Hüllorgane sowie die Staubblätter fallen bis zum nächsten Morgen ab.

Aus dem Fruchtknoten entwickelt sich eine elliptische, kopfgroße bis 3 kg schwere Frucht. Ihre mit dicken Stacheln besetzte Oberfläche ist zunächst grün und bei der Vollreife grüngelb gefärbt. Die Frucht stellt eine Kapsel dar und öffnet sich in der Regel mit 5 Klappen (Foto 255). Dabei werden die in Reihen angeordneten kastaniengroßen, braunen Samen frei, die von einem rahmfarbenen, saftig weichen Samenmantel (Arillus) umgeben sind. Dieser Arillus besitzt einen köstlichen Wohlgeschmack, doch strömt die Kapselschale einen äußerst penetranten Geruch nach faulen Zwiebeln aus. Nach Gewöhnung wird der cremige Samenmantel als Obst sehr geschätzt.

Für die Bewohner Südostasiens ist der Verzehr einer Durianfrucht ein besonderer Genuß. Der Arillus hat hohen Nährwert und wird als Aphrodisiakum angesehen. Die Früchte werden überall auf den Märkten verkauft und am besten unmittelbar nach dem Öffnen verzehrt. Das Fruchtmark zersetzt sich schnell, wenn es mit dem Sauerstoff der Luft in Berührung kommt und nimmt dabei einen sauren Geschmack an. Keine andere Frucht wird wegen ihres Geruchs und Geschmacks so verschieden und widersprüchlich beschrieben wie die Durio. Außerdem werden die Samenmantel auch fermentiert genossen und sogar zu einer Art Kuchen verarbeitet. Die Samen werden geröstet oder in Scheiben geschnitten und dann in Öl gebacken. Der Baum fruchtet vom 7. Lebensjahr an und liefert 2 Ernten, eine von November bis Februar, die Haupternte von Juni bis August. In den wichtigen Anbaugebieten ist die Luft dann von dem widerlich-angenehmen Geruch der Früchte erfüllt.

Rambutan 256

Nephelium lappaceum L.

Seifenbaumgewächse *Sapindaceae*

Wie der Durian ist auch der Rambutan eine typisch südostasiatische Frucht. Seine Heimat liegt im Westen von Malaysia, wo er in den tropischen Regenwäldern noch heute wild wächst. Daher ist die Kultur der Pflanze nur in äquatorialen, feuchtheißen Tropengebieten möglich. Es handelt sich um einen ornamentalen buschigen, breitkronigen Baum, der bis 20 m Höhe erreicht und durch eine dunkelbraune, kleinfleckige Borke ausgezeichnet ist. Er besitzt paarig gefiederte, dunkelgrüne, oberseits mattglänzende Blätter mit 1–2 elliptischen, schwach zugespitzten Fiederpaaren. Die Größe der versetzt stehenden Einzelfiedern schwankt zwischen 9–28 cm Länge und 5–15 cm Breite.

Die unscheinbaren grünlichen Blüten stehen in rispenförmigen, langgestielten Ständen. Aus den Einzelblüten gehen eiförmige bis runde, 6 cm lange Nußfrüchte mit dünner pergamentartiger Schale hervor, die an der Oberfläche gefeldert ist. Jedes Feld ist in der Mitte in einen langen, weichen, roten Stachel ausgezogen. Die Fruchtschale verfärbt sich bei der Reife von grün nach rot, doch sind auch gelbfrüchtige Rassen bekannt. Im Innern der Frucht findet sich ein einziger Same, der von einem weißen, transparenten, saftig-süßen Samenmantel (Arillus) eingehüllt ist. Der Samenmantel ist nicht mit der Fruchtschale verwachsen, hat einen erfrischenden, süßsauren Geschmack und ist reich an Ascorbinsäure (Vitamin C). Er wird roh oder als

Kompott genossen. Die fetthaltigen Samen werden zuweilen geröstet verzehrt oder werden zu Rambutantalg verarbeitet. Der Rambutanbaum fruchtet in der Regel 2mal im Jahr. Die Haupternte ist von Mai bis Juli, die weniger ertragreiche im Dezember.
Neben dem Rambutan kennt man im Westen von Malaysia und auf Sumatra den niedrigeren Pulasan *(N. mutabile)*. Er trägt unpaarig gefiederte Blätter mit 2–5 Fiederpaaren und schmaleren, lanzettlichen Einzelfiedern. Die Früchte besitzen eine stachelige, aber nicht stechende Oberfläche, auf der die langen weichen Einzelstacheln fehlen. Mit zunehmender Reife wird die Frucht dunkler. Der Arillus ist weiß bis gelblich und sehr süß. Die Reife beginnt etwas früher oder später als beim Rambutan. Auch bei dieser Art sind verschiedene Rassen bekannt. Eine weitere nahe verwandte Art ist der Longan *(N. longana)*, der wild in den tropischen Regenwäldern von Malaysia, Sumatra, Borneo und Celebes angetroffen wird. Er ist ein ansehnlicher Baum, der bis 20 m Höhe erreicht. Seine 3–5 paarig gefiederten Blätter variieren beträchtlich in Form und Größe. Aus den sehr kleinen weißen, duftenden Blüten gehen runde 3 cm große, braune, hartschaligere Früchte mit hellbrauner Felderung hervor. Sie besitzen einen großen Samen und einen relativ dünnen, aber süßen Samenmantel.

Zitrusgewächse (Agrumen)

Die Gattung *Citrus*, die zur Familie der Rautengewächse *(Rutaceae)* gehört, ist mit 60 verschiedenen Arten im indomalayischen Inselbereich und in China natürlich verbreitet. Aus diesem reichen Artenvorrat sind eine Reihe von Nutzpflanzen selektioniert und weiter gekreuzt worden, die nicht nur in den Tropen sondern auch in subtropischen und mediterranen Klimagebieten der Erde kultiviert werden. Nicht wenige der Ausgangsarten stammen aus höheren Lagen innerhalb der tropischen Breitenkreise, die klimatisch als subtropisch angesehen werden können. Somit sind nicht alle Zitrusgewächse tropische Pflanzen im engeren Sinne. Die meisten Arten werden sogar in subtropischen Gebieten, oft gerade im Übergangsbereich zwischen Tropen und Subtropen kultiviert. Es werden deswegen nur 2 Arten abgebildet, die zumindest im Hinblick auf die Breitenlage im Gradnetz der Erde als tropisch angesehen werden können.
Fast alle Agrumen werden nur ihrer Früchte wegen kultiviert, die Beeren besonderer Art darstellen. Die Beerenfrucht läßt von außen nach innen 3 Schichten wie folgt unterscheiden: Die glatte Außenhaut wird als Exocarp bezeichnet und geht nach innen gleitend in das Mesocarp über. Dieses besteht aus einem äußeren Teil, der durch Karotinoide orange oder gelb gefärbt ist. Der innere Teil des Mesocarps ist weiß, bei der Reife schwammig und enthält zahlreiche Drüsen als Bildungsstätten ätherischer Öle. Auf das Mesocarp folgt nach innen eine als Endocarp bezeichnete dünne Haut der Fruchtschicht, von der aus Saftschläuche in die Fruchtfächer des Fruchtknotens hineinwachsen. Sie liegen mehr oder weniger fest aneinander und umhüllen die im Zentrum liegenden Samen. In den Zellen der Saftschläuche ist bei den Blutformen der Agrumen als roter, wasserlöslicher Farbstoff Anthocyan vorhanden. Bei den Navel-Orangen kommt als Komplikation hinzu, daß über einem unteren Ring von Fruchtblättern ein zweiter kleinerer vorhanden ist. Er besteht aus weniger Fruchtblättern, entwickelt sich mehr oder weniger stark und ist als kleine Zweitfrucht an der Spitze der Beerenfrucht eingebettet.
Die wichtigsten Zitrusgewächse werden anschließend im einzelnen beschrieben.

Inhaltsstoffe von Citrusfrüchten pro 100 g eßbarem Anteil (Mittelwerte) (nach Souci u. Mitarb.).

Bestandteile	Apfelsine	Mandarine	Grapefruit	Zitrone
Wasser	85,7 g	86,7 g	88,6 g	90,2 g
Eiweiß	0,96	0,7	0,7	0,70
Fett	0,26	0,3	0,2	0,60
Kohlenhydradte	9,14	10,6	9,8	7,10
Rohfaser	0,53	1,0	0,3	0,9
Mineralstoffe	0,50	0,7	0,4	0,5
Vitamine				
Vitamin B_1	0,071 mg	0,06 mg	0,053 mg	0,051 mg
Vitamin B_2	0,051	0,03	0,031	0,020
Nicotinamid	0,26	0,2	0,23	0,17
Vitamin C	51,0	30,0	45,0	53,0

Apfelsine, Orange

Citrus sinensis (L.) Osb.

Rautengewächse *Rutaceae*

Diese bekannteste Art (engl. Sweet Orange) stammt aus China und wurde dort bereits im 2. Jahrtausend v. Chr. genutzt. Von dort breitete sie sich lange vor der Zeitenwende über Indien nach Babylonien aus. In Europa wurde sie zur Zeit des Barock von gartenfreudigen Fürsten in Gewächshäusern, den sog. Orangerien, gepflegt. Dabei handelte es sich allerdings überwiegend um die Pomeranze. Die ersten freien Orangekulturen wurden in Europa erst am Ende des 18. Jahrhunderts in Spanien angelegt. Von der Apfelsine gibt es zahlreiche Sorten, die vielfach mit populären Phantasienamen belegt worden sind. Die Apfelsinenproduktion wächst noch immer an und beträgt inzwischen mehr als 30 Mill. t. Für die Ernährung wichtig sind vor allem die erfrischenden Säuren und Vitamine, unter denen Vitamin C mengenmäßig weit dominiert. Die Inhaltsstoffe der wichtigsten Zitrusgewächse gehen aus der Tab. oben hervor. In botanischer Hinsicht ist die Apfelsine ein hoher Strauch mit wenigen Dornen an den Zweigen, die auch ganz fehlen können. Der Blattstiel ist wie bei allen Kulturformen der Agrumen durch einen Einschnitt von der Blattspreite abgesetzt und nur schwach geflügelt.

Mandarine

Citrus reticulata Blanco

Syn.: *C. nobilis* Andr. non Lour.

Rautengewächse *Rutaceae*

Wie die Apfelsine hat auch die Mandarine zahlreiche Sorten hervorgebracht. Im englischen Sprachgebrauch wird sie als »tangerine« bezeichnet. Die Tangerine im engeren Sinne ist aber botanisch *C. deliciosa* Ten. Sie besitzt aus dem Formenkreis der Mandarine die kleinsten Früchte, die vielfach konserviert in Dosen in den Handel gelangen. Die Mandarine ist eine Tropenpflanze, da ihre Heimat in Südostasien liegt.

Ihre dort vorkommende Wildform ist reich an Samen. Die samenlose Clementine trat im Jahre 1912 bei Oran in Algerien als Mutante auf. Auch die nach der japanischen Provinz Satsuma benannten Satsumas sind meist samenlos. Die einzelnen Rassen der *Citrus*-Arten lassen sich inzwischen auch biochemisch unterscheiden. Die Mandarine selbst ist ein sehr dorniger Strauch oder kleiner Baum. Sie entwickelt Blattstiele mit kurzen und kaum geflügelten Blättern, die insgesamt nur 3,5–4,0 cm lang sind.

Zitrone

Citrus limon (L.) Burm. f.
Syn.: *C. medica* L. var. *limon* (L.) Osb.

Rautengewächse *Rutaceae*

Die Zitrone (engl. Lemon) war bereits um 500 n. Chr. in China bekannt und gelangte zwischen 1000 und 1200 n. Chr. nach Europa. Sie wird heute in Asien, Süd-, Mittel- und im südlichen Nordamerika, vereinzelt auch in Europa kultiviert. Ihre gelben Früchte sind im Längsschnitt elliptisch und durch eine aufgesetzte Spitze ausgezeichnet. Sie enthalten 3,5–7,0% Zitronensäure, die nach der Frucht benannt ist, und sind sehr reich an Vitamin C. Die auch Limone genannte Art wächst zu einem 7–8 m hohen Baum heran, und an ihren Zweigen sitzen gedrungene, steife Dornen. Ihre im Vergleich mit anderen Agrumen heller grün erscheinenden Blätter besitzen einen sehr kurzen, schmal geflügelten Blattstiel, der scharf von der Blattspreite abgesetzt ist. Die Blüten der Zitrone sind von intensivem Wohlgeruch und bilden sich das ganze Jahr hindurch an der Pflanze, so daß sie stets gleichzeitig Blüten und Früchte der verschiedensten Entwicklungsstufen trägt.

Saure Limette 259

Citrus aurantiifolia (Christm.) Swingle

Rautengewächse *Rutaceae*

Eine gewisse Ähnlichkeit mit der Zitrone besitzt die Limette, die im englischen Sprachgebrauch als »Lime« bezeichnet wird. Sie stammt aus Südostasien und wird überwiegend in volltropischen Gebieten, vor allem in Mittelamerika, kultiviert. Sie trägt zitronenähnliche, gelbe Früchte, die jedoch erheblich kleiner sind. Die Frucht enthält zwar weniger Zitronensäure, dafür aber andere aromatische Begleitstoffe. Der Saft wird für den täglichen Gebrauch ausgepreßt und für Cocktails verwendet. Im ganzen ist die Pflanze in der Tracht der Zitrone ähnlich, jedoch kleiner. Sie wird vor allem in Hausgärten kultiviert, kommt aber auch häufig verwildert vor. Die Früchte werden in der Regel gleich verbraucht und nicht exportiert.

Zitronatzitrone

Citrus medica L.

Rautengewächse *Rutaceae*

Die Zitronatzitrone (engl. Citron Tree) ist in den subtropischen Berglagen Indiens beheimatet. Sie bildet Früchte mit einer sehr dicken, warzigen bis runzeligen Fruchtschale, die reich ist an ätherischen Ölen. Das Mesocarp der unreifen Frucht wird halbiert und zunächst in Salzwasser ausgelaugt. Anschließend wird es in Zuckersirup kandiert und gelangt dann als Zitronat oder Sukkade in den Handel. Der kleine, kaum 3 m Höhe überschreitende Baum besitzt an den rötlichen Sprossen kurze, steife Dornen und meist ungeflügelte Blattstiele. Die Blüten sind innen weiß, außen rot überlaufen. Auch im südlichen Mittelmeerraum wird die Zitronatzitrone kultiviert.

Riesenorange

Citrus grandis (L.) Osb.

Syn.: *C. maxima* (Burm.) Merr.

Rautengewächse *Rutaceae*

Die Riesenorange (engl. Pomelo) kommt in ihren südostasiatischen Ursprungsgebieten wild und in Kultur vor. Sie wird darüber hinaus in allen anderen Tropengebieten kultiviert. Unter allen Zitrusgewächsen fällt sie durch ihre großen Früchte auf, die bis 25 cm Durchmesser und 2–3 kg Gewicht erreichen. Unter dem sehr dicken, weichen gelben Mesocarp findet sich ein lockeres, relativ bitter schmeckendes Fruchtfleisch, das nur als Beikost verzehrt wird. Trotzdem wird der Baum wegen seiner auffallenden Früchte gern kultiviert. Er wächst bis zu einer Höhe von 5–10 m heran, ist kälteempfindlich und fällt durch behaarte Sprosse auf. Die Dornen sind sehr schwach ausgebildet und fehlen vielfach ganz. Die großen länglich-eiförmigen Blätter sind an der Spitze meist abgerundet und durch breit geflügelte Blattstiele ausgezeichnet.

Grapefruit

258

Citrus x paradisi Macf.

Syn.: *C. decumana* L. var. *racemosa* Roem.

Rautengewächse *Rutaceae*

Die Grapefruit wird oft als Pampelmuse bezeichnet und ist in den Tropen als Kulturform entstanden. Ihre genaue Herkunft ist nicht mit Sicherheit bekannt. Sie trat nachweislich bereits vor mehr als 200 Jahren in Westindien auf, doch ist sie mehr an temperiertes Klima angepaßt. Der planmäßige Anbau der Pflanze als Fruchtbaum begann um 1880 in Florida. Sie wird in steigendem Maße auch in Israel und Südafrika kultiviert. Das Fruchtfleisch ist durch einen angenehm leicht bitteren Geschmack gekennzeichnet, der auf das Glykosid Naringin zurückgeht. Wie bei der Riesenorange besitzen die Blätter der bis 10 m hohen Bäume deutlich abgesetzte, breit geflügelte Blattstiele. Ihre Blüten sind typisch für alle Zitrusgewächse, denn sie lassen neben dem Griffel mit aufgesetzter Narbe die zahlreichen zu einer Röhre verwachsenen Staubblätter erkennen. Wenn die genaue Abstammung auch unsicher ist, so leitet sie sich wohl von der Riesenorange ab. Inwieweit sie als eigene Art gelten kann, ist umstritten.

Bitterorange, Pomeranze

Citrus aurantium L.

Rautengewächse *Rutaceae*

Die Bitterorange (engl. Sour Orange) stammt aus Nordindien. Sie ist von allen genutzten Agrumen am wenigsten kälteempfindlich und wird deswegen gern als Pfropfunterlage verwendet. In botanischer Hinsicht handelt es sich um einen kleinen niedrigen Baum mit ausgeprägten, aber wenig stechenden Dornen an den Zweigen. Die Blattstiele sind deutlich geflügelt, die Blätter länglich-oval. Er trägt runde Früchte, die bei der Vollreife dunkelorange gefärbt sind. Die Schale der Frucht ist grubig und dick, das Fruchtfleisch kaum genießbar. In Streifen geschnitten bildet es vielfach mit Bruchstücken der Schale gemischt die Ausgangssubstanz für die vor allem in England beliebte Orangenmarmelade. Auch das ätherische Öl der Früchte und der Blüten – Pomeranzen- oder Nafaöl genannt – ist von großer wirtschaftlicher Bedeutung. Es findet vielseitige Verwendung in der kosmetischen Industrie. Die Varietät *bergamia* liefert das Bergamotteöl, das zur Likörfabrikation sowie zu medizinischen Zwecken dient. Als Pflanze wird diese Pomeranzen-Varietät Bergamotte genannt. Ähnlich wie bei der Zitronatzitrone wird auch die Schale der Bitterorange häufig kandiert. Die Anbaugebiete liegen in Spanien, Sizilien, Marokko, Indien, Paraguay, Südafrika und in Westindien als neuer Schwerpunkt.

Produktion von Zitrusfrüchten (in 1000 t)

Land	Orangen			Mandarinen/ Clementinen			Zitronen		
	1969/ 1971	1975	1980	1969/ 1971	1975	1980	1969/ 1971	1975	1980
USA	7302	9294	10740	480	619	756	572	1053	756
Brasilien	3084	6333	8948	238	310	102	55	70	469
Mexiko	1377	2322	1630	105	156	504	326	623	180
Spanien	1884	2016	1741	332	652	314	112	254	968
Italien	1403	1582	1830	284	350	802	813	880	355
Israel	917	1052	850	57	–	63	41	38	84
Indien	900	940	1150	–	–	405	450	450	–
Ägypten	634	856	1092	88	97	71	79	59	100
VR China	727	818	894	150	228	84	55	59	256
Argentinien	892	729	762	237	230	370	198	339	222
Südafrika	533	600	550	–	–	30	20	25	–
Türkei	445	551	692	66	105	200	130	290	140
Griechenland	418	538	596	32	40	177	135	191	36
Marokko	665	477	720	140	106	3	3	10	267
Japan	321	387	401	2432	3823	–	–	–	2967
Algerien	351	337	305	132	149	8	16	10	149
Pakistan	312	–	515	116	–	30	18	–	200
Ecuador	160	275	505	11	28	16	15	32	29
übrige Länder	3128	3595	4877	262	316	865	634	710	427
insgesamt	25453	32702	38798	5162	7209	4870	3672	5093	7605

Granatapfelbaum 260
Punica granatum L. 261

Granatapfelgewächse *Punicaceae*

Der Granatapfelbaum (engl. Pomegranate) ist wegen seiner Blüten und Früchte sowohl ein Ziergewächs als auch eine Nutzpflanze. Sein Ursprungsgebiet reicht von

Persien bis zum Hindukusch, doch wird er heute in allen tropischen und subtropischen Ländern der Erde angebaut. Plinius nannte den Baum »malum punicum« (punischer Apfel). Bei den Ägyptern und Griechen galt er als heilige Pflanze. Wegen der großen Zahl seiner Samen wurde er von den Griechen auch als Symbol der Fruchtbarkeit verehrt. Die Worte Granate und Granat (roter Halbedelstein), sowie der Name der spanischen Stadt Granada leiten sich von dem Namen dieser ansprechenden Pflanze ab.
Es handelt sich um einen bis 6 m hohen hartholzigen Baum mit splitternder Borke (Foto 260), der im Wildzustand zu einem dornigen niedrigeren Busch degradiert. Die hellbraunen Äste tragen vielfach Kurztriebe, an denen gedrängt, sonst auch einzeln, die immergrünen, glatten, lanzettlichen Blätter stehen. In ihren Achseln entspringen die brennend roten Blüten (Foto 261), die bei der Wildform einfach und bei den Kulturformen gefüllt sind. Sie sind durch fleischige Kelchblätter und zahlreiche Staubblätter ausgezeichnet. Der unterständige Fruchtknoten ist ähnlich wie der Fruchtknoten der Navelorange dadurch bemerkenswert, daß er 2–3 Wirtel von Fruchtblättern übereinander trägt, die vor allem an der reifen Frucht sichtbar werden. Die Frucht stellt eine braunorangefarbene, mehr oder weniger rot überlaufene, kugelige Beere dar, die eine ledrige Schale besitzt und von den bleibenden Kelchblättern gekrönt wird. Die in den Fruchtfächern reichlich gebildeten Samen besitzen eine Samenschale, deren äußerer Teil eine fleischig-geleeartige Beschaffenheit annimmt. Der fleischige Teil der Schale wird verzehrt. In neuerer Zeit wird aber auch ein Saft (Grenadine als Cocktailbeigabe) ausgepreßt oder die Samen werden zu Marmelade und Sirup weiterverarbeitet. Die gerbstoffreiche Stamm- und Wurzelrinde wird zu Heilzwecken verwendet. Der Baum gedeiht auch gut in Bewässerungsgebieten mit subtropischem Klima und verträgt eine gewisse Salzanreicherung im Boden. Neben *P. granatum* gibt es auf Sokotra *P. protopunica* mit einem Kreis von Fruchtblättern, von dem nicht sicher ist, ob er die Stammform der Kulturpflanze darstellt.

Dattelplame 262

Phoenix dactylifera L.

Palmen *Arecaceae*

Die Dattelpalme (engl. Date Palm) ist keine typisch tropische Pflanze sondern ein Charakterbaum der Randtropen und zählt zu den ältesten Kulturpflanzen. Dies wird durch bildliche Darstellungen, die nahezu 3000 Jahre alt sind, bezeugt. Sie geben zugleich Aufschluß über die Herkunft der Dattelpalme, die wahrscheinlich aus den heißen Trockengebieten um den Persischen Golf stammt. Möglicherweise wurde sie aus der dort verbreiteten Wildform *P. silvestris* gezüchtet, doch gibt es auch andere Deutungen. Die Palme besitzt einen 20–30 m hohen, schlanken Stamm, der mit den Resten der Blattbasen besetzt ist und am Ende eine Wedelkrone aus 30–40 bis 4 m langen Fiederblättern trägt. Ihre größeren Seitenfiedern sind an der Spitze zweiteilig, die am Grunde stehenden oft verdornt. Entsprechend ihrer nahen Verwandtschaft zur kanarischen Dattelpalme ist auch diese Art zweihäusig. Ihre rispenförmigen Blütenstände entspringen aus den Blattachseln und sind vor der Entfaltung von 2 Hochblättern eingehüllt. Die weiblichen Bäume tragen an jeder Rispe mehrere Hundert Blüten mit unscheinbarer, dreizähliger Blütenhülle. Die 3 vorhandenen Fruchtblätter sind nicht verwachsen. Im Gegensatz dazu bilden die männlichen Bäume an ihren Rispen etwa die doppelte Anzahl von Blüten. Von den 3 Fruchtblättern entwickelt sich nur eines zu einer Beere, der sog. Dattel, die im Innern einen einzigen mit

Längsfurche versehenen Samen, den Dattelkern, enthält. Die pflaumengroßen, reifen Dattelbeeren sind goldgelb, oft auch braunrot gefärbt, so daß die Fruchtstände bunt leuchten.
Die Dattelpalme gedeiht am besten an heißen Standorten mit einer Durchschnittstemperatur von 30° C im Sommer. Nach dem Wort eines arabischen Dichters taucht sie »ihren Fuß in das Wasser und ihr Haupt in das Feuer des Himmels«. Da es sich um eine sehr alte Kulturpflanze handelt, ist sie überaus formenreich. Grundsätzlich lassen sich die bei der Reife zuckerbildenden Obstdatteln und die stärkereichen Trockendatteln unterscheiden, die das Grundnahrungsmittel der Wüstenbewohner darstellen. Dies wird verständlich, wenn man bedenkt, daß es bis zu 40 verschiedene Kulturformen in den Oasen gibt, die zu verschiedener Zeit reifen. In Kultur läßt man pro 30–50 weibliche Pflanzen einen männlichen Baum stehen. Seit alter Zeit werden die weiblichen Blüten nach Auslichten der Blütenstände bestäubt, indem man männliche Blütenzweige, die mehrere Monate lang bestäubungsfähig bleiben, in den weiblichen Palmen ausschüttelt oder aufhängt. Auch mit Pollen getränkte Baumwolltücher werden verwendet. Nach einer Reifezeit von 5–6 Monaten werden die druckempfindlichen »Saftdatteln« einzeln gepflückt, während die Trockendatteln bis zur Vollreife hängen bleiben. Die Erträge schwanken zwischen 10–50 (150) kg pro Baum im Jahr. Die Dattelpalme wird meist durch Abmeißeln von Schößlingen an gut tragenden Mutterpflanzen vermehrt. Mit 8 Jahren, zuweilen auch früher, beginnen die Jungpflanzen zu fruchten und erreichen ab 30 Jahren den vollen Ertrag. Dann beginnt bis zum 80. Lebensjahr die Zeit der höchsten Erträge, doch können die Bäume bis zu 200 Jahre alt werden. Seit dem Ende des 19. Jahrhunderts ist die Dattelpalmenkultur nicht mehr auf das Ursprungsgebiet von Indien über Persien bis zum westlichen Nordafrika beschränkt. Sie wird erfolgreich auch in Kalifornien, Texas, Mexiko, Brasilien, Argentinien, Südafrika und Australien betrieben. Voraussetzung ist neben der großen Hitze während der Fruchtzeit genügend Grundwasser. Leichte Niederschläge in der Blütezeit können die Erträge bereits nachhaltig herabmindern. Im Hinblick auf die Bodenbeschaffenheit ist die Pflanze widerstandsfähig gegen Salzanreicherung, eine Erscheinung, die sich bei vielen Kulturpflanzen uralter Siedlungsgebiete beobachten läßt. Neben den Früchten werden die jungen Blätter als Gemüse verzehrt und die Stämme als Bauholz verwendet. Aus dem Stamm von *P. silvestris* wird Saft gezapft und zu Palmwein vergoren.

Produktion von Datteln (in 1000 t)

Land	1969/71	1975	1980
Irak	410	496	395
Ägypten	360	415	418
Iran	293	290	300
Saudi-Arabien	237	262	422
Algerien	145	182	180
Pakistan	161	175	205
Sudan	91	102	–
übrige Länder	431	477	820
insgesamt	2128	2399	2740

Technische Nutzpflanzen

Baumwolle 263
Gossypium herbaceum L., *G. hirsutum* L., 264
G. barbadense L. und *G. arboreum* L. 265

Malvengewächse *Malvaceae*

Baumwolle (engl. Cotton) ist keine rein tropische Nutzpflanze. Ihr Anbau erstreckt sich vielmehr zwischen 47° nördlicher Breite und 28° südlicher Breite. Sie ist nicht nur eine Weichfaserpflanze, sondern zugleich eine Ölpflanze. Ihre Kultur reicht im Industal bis 3000 v. Chr. und in Peru bis 2500 v. Chr. zurück.

Die Gattung *Gossypium* ist heute in allen Tropengebieten der Erde verbreitet, und Wildformen kennt man einerseits von Südafrika und Indonesien, andererseits von den Westabhängen der nördlichen Anden. Eine gemeinsame Ausgangsform läßt sich nicht mehr ermitteln. Die heute kultivierten Baumwollarten haben somit verschiedene Ursprungszentren. Die deutsche Bezeichnung geht auf unklare Vorstellungen zurück, die sich bereits im Mittelalter für diese Pflanze bildete. Das englische Wort »cotton« leitet sich vom arabischen »kutun« ab.

Das Handelsprodukt Baumwolle wird aus den einzelligen, bandartig abgeflachten, in sich gedrehten Samenhaaren gewonnen, die sich an der Samenschale der Baumwollsamen bilden. Die meisten der angebauten Baumwollarten sind ausdauernde Stauden, die in Kultur jedoch einjährig gehalten werden. Allerdings werden auch einjährige Rassen genutzt, die meist von *G. herbaceum* abstammen.

In ökologischer Hinsicht ist bemerkenswert, daß die Gattung *Gossypium* Arten umfaßt, die sowohl an trockenen als auch an feuchten Standorten vorkommen. Die Abkömmlinge der ersten Arten überwiegen und werden in Gebieten mit ausgeprägten Trockenperioden kultiviert, die der letzteren gedeihen in feuchtwarmen Urwaldgebieten und in regenreichen Flußgebieten, z. B. am unteren Amazonas und Orinoko. Alle Rassen sind frostempfindlich. Unter wechselfeuchten Klimabedingungen verlangen sie während der Frühentwicklung ausreichende Wasserversorgung, danach trockenes Wetter. Da die Pflanze eine 2–3 m lange Pfahlwurzel besitzt, ist tiefgründiger, gut durchlüfteter Boden erforderlich, der nicht zu salzhaltig sein darf. An den Küsten von Yucatan wächst allerdings eine kriechende Wildform, die zur Dünenvegetation gehört und sehr widerstandsfähig gegen versprühtes Meerwasser ist.

Im typischen Fall ist die Baumwollpflanze eine aufrechte Staude mit wechselständigen Blättern, die meist fünflappig geteilt, aber auch dreilappig oder herzförmig ungeteilt sein können. In den Achseln der oberen Blätter entwickeln sich gestielte fünfzählige Blüten von gelber, weißer (Foto 263) oder purpurroter Farbe. Im Bau und ihrer äußeren Form haben sie Ähnlichkeit mit Garten-Malven, die zur gleichen Familie gehören. Die Befruchtung erfolgt überwiegend durch Selbstbestäubung, seltener durch Insekten. Danach reift die Kapsel in ca. 4 Wochen heran. In dieser Zeit entwickeln sich auch die Samenhaare an der Schale der birnenförmigen Samen. Je nach Länge der Samenhaare wird zwischen den bis 40 (65) mm langen »Lintfasern« und der kurzen Grundwolle (fuzz) unterschieden. Man spricht auch von langfaseriger Baumwolle, wenn die Haare länger als 28 mm, von kurzfaseriger, wenn sie kürzer als 25 mm sind. Bei der Reife öffnen sich die Kapselfächer von der Spitze her, und es quellen die Samen mit ihren Fasern hervor, die in der Regel weiß sind (Foto 264).

Die meist angebauten Arten gliedern sich in 2 altweltliche Arten *(G. arboreum* und *G. herbaceum)* und 2 neuweltliche Arten *(G. hirsutum* und *G. vitifolium)*. Daneben gibt es ein reiches Spektrum an Kreuzungen und Züchtungen.

Produktion von Baumwolle (in 1000 t)

Land	1969/71	1975	1980
Sowjetunion	2132	2649	3200
VR China	1988	2385	2707
USA	2225	1807	2422
Indien	1088	1160	1400
Brasilien	631	531	578
Pakistan	595	514	700
Türkei	441	480	460
Ägypten	520	382	530
Sudan	235	229	114
Mexiko	354	197	340
Argentinien	114	172	146
Syrien	150	142	127
Iran	155	139	70
Kolumbien	122	139	101
Griechenland	115	130	115
Nicaragua	80	123	–
Guatemala	71	120	156
El Salvador	49	78	65
Tschad	40	65	–
Peru	89	63	98
Afghanistan	25	53	–
Nigeria	62	52	–
Israel	37	49	78
Tansania	70	45	51
Mali	22	39	48
Südafrika	19	35	52
Paraguay	10	32	75
übrige Länder	571	552	758
insgesamt	12010	12362	14391

Die Ernte (Foto 265) erfolgt bei guten Qualitäten in Ägypten und im Sudan mit der Hand. In den USA und der Sowjetunion werden Pflückmaschinen verwendet, die allerdings die Qualität beeinträchtigen, da die Kapseln ungleichmäßig reifen und auch Blätter miterfaßt werden. Neuerdings sind in den USA Vakuum- und Spindelpflücker mit drehbaren Spindeln entwickelt worden, die differenzierteres Ernten ermöglichen. Die Erträge schwanken zwischen 0,2–1,4 t/ha an Lintfasern und 0,4–2,8 t/ha Samen. Sie gehen im einzelnen aus der Tab. oben hervor.

Die Fasern bestehen zu 90% aus Zellulose und werden nach ihrer Länge (Stapel) bewertet. Langstapelige Fasern werden bevorzugt in Ägypten und Peru, mittelstapelige in den USA und kurzstapelige in Asien gebaut. 75% der Produktion entfallen auf mittelstapelige, ca. 15% auf langstapelige und 10% auf kurzstapelige Ware. Nach der Ernte werden mittels Maschinen zunächst die Lintfasern, dann der »fuzz« von den Samen abgetrennt. Die Lintfasern werden versponnen, der »fuzz« als Polstermaterial

verwendet. Allerdings kann die kurzfaserige Grundwolle wegen ihres hohen Zellulosegehaltes auch als Ausgangsprodukt zur Papier-, Zellulose- und Kunstseidenherstellung weiter verwendet werden.
Neben den Fasern stellen die 5–14 mm langen Samen ein wichtiges Nebenprodukt des Baumwollanbaus dar. Sie enthalten 16–24% fettes Öl, 15–34% Eiweiß und 21–33% Kohlenhydrate. Aus den dickschaligen Samen wird ein braunes Öl gepreßt, das für die Margarineherstellung von großer Bedeutung ist.
Dieses für die Margarineherstellung verwendete Öl fällt beim ersten Preßgang an. Bei der folgenden Pressung erhält man ein technisch brauchbares Öl, das für die Seifen-, Kosmetik- und Kerzenfabrikation wichtig ist oder als Schmieröl verwendet wird. Es enthält das braune, sehr giftige »Gossypol«, das sich allerdings nach Erhitzen und auch an der Luft zersetzt. Es ist auch noch in den restlichen Preßkuchen mit 6–16% Öl und 23–44% Eiweiß enthalten, die als wertvolles Viehfutter dienen und von Haustieren mit mehreren Mägen (Wiederkäuer) ohne Schaden vertragen werden. Es sind Verfahren in Entwicklung, die das aus den Preßrückständen gewonnene Baumwollsaatmehl entgiften und für die menschliche Ernährung verwendbar machen. Zur Zeit werden jährlich ca. 20 Mill. t Baumwollsamen verarbeitet.

Kapokbaum, Wollbaum **266**

Ceiba pentandra (L.) Gaertner

Wollbaumgewächse *Bombacaceae*

Der Kapokbaum (engl. Silk Cotton Tree) ist in Süd- und Mittelamerika beheimatet und kommt dort im Regenwald, aber auch in Feuchtwäldern und wechseltrockenen Wäldern abgestufter Feuchtigkeitsgrade vor. Bei den alten Indianerkulturen Mittelamerikas hatte der Baum eine große mythologische Bedeutung und als Mestizenstaat trägt Nicaragua die *Ceiba* in seinem Staatswappen. Heute ist er in den Tropengebieten der ganzen Erde vorhanden. Seine planmäßige Kultur hat aber erst seit kurzer Zeit eingesetzt. In Mittelamerika läßt man bei der Rodung der Primärwälder oft die Kapokbäume als Rest der natürlichen Vegetation stehen und nutzt sie.
Der Kapokbaum ist ein mächtiger Baum, dessen Stamm in der Jugend dicht mit pyramidalen bis kegelförmigen, spitzen Stacheln besetzt ist. Alte Bäume besitzen oft mächtige, weit ausstreichende meterhohe Brettwurzeln und schirmförmige Kronen. Die Äste sind oft reichlich mit Epiphyten (überwiegend Bromelien, Orchideen) und Kakteen besetzt und werden gern von Leguanen bewohnt. An den Ästen sitzen handförmig gefingerte Blätter, die beim Austreiben infolge Anthocyanbildung oft rot gefärbt sind und zu Beginn der Trockenzeit abgeworfen werden oder noch teilweise an den Ästen verbleiben. Dann erscheinen an den Zweigenden büschelweise die weiß oder rosa gefärbten Blüten mit zahlreichen Staubgefäßen. Nach Fledermausbestäubung entwickeln sich aus den fünfteiligen Fruchtknoten stattliche bis 15 cm lange, zugespitzte Kapseln, die an eine Kakaofrucht erinnern. Sie bergen im Innern bis zu 100 runde, braunschwarze Samen, die von gelbweißen, seidig weichen Haaren völlig eingehüllt sind. Diese Haarfasern stellen Auswüchse der Fruchtwand – nicht wie bei der Baumwolle der Samenschale – dar und brechen bei der Fruchtreife ab. Infolge eines Wachsüberzugs sind die 10–35 mm langen Fasern glatt, wasserabweisend und nicht verspinnbar. Sie bestehen zu 65% aus Zellulose und Hemizellulose und sind von hoher Elastizität. Die Fasern eignen sich deswegen als Isoliermaterial und als Stopfmaterial z. B. für Schwimmwesten und Rettungsringe.
Der lichtbedürftige Wollbaum wächst in wechselfeuchten Klimagebieten mit

1500 mm Niederschlag. Er fruchtet vom 5.–60. Lebensjahr und liefert dann jährlich bis 20 kg reine Fasern. Haupterzeuger von Kapokfasern sind Indonesien mit seinem Monsunklima, Madagaskar, Kambodscha, Süd- und Mittelamerika, und die jährliche Weltproduktion beträgt ca. 30000 t. Die Samen enthalten 22–25% fettes Öl, das wegen seines hohen Gehaltes an Linolsäure wertvoll ist. Es wird ausgepreßt und zur Herstellung von Speiseöl sowie zur Seifenfabrikation verwendet. Eine verwandte Art ist der in Südostasien beheimatete Asiatische Kapokbaum *(Bombax malabaricum),* dessen Kapselhaare nicht ganz so hochwertig sind wie die des Amerikanischen Kapokbaumes. Doch stellt er fast die Hälfte der Weltproduktion an Kapok. Eine weitere Art ist der auf Cuba vorkommende Baum *B. emarginatum,* der nur auf den Karstbergen im Westteil der Insel wächst und als endemisch anzusehen ist.

Sisal-Agave

267
268
269

Agavengewächse *Agavaceae*
Amaryllisgewächse *Amaryllidaceae*

Die Sisal-Agave (engl. Sisal) ist nach dem gleichnamigen Hafenort im Golf von Mexiko benannt. Ihre Heimat ist Mittelamerika und Mexiko. In diesem Gebiet kommen mehrere Hundert schwer voneinander zu trennender Arten vor. Ihren Ausgangspunkt nahm die neuzeitliche Agavenkultur von Yucatan, allerdings ist die Nutzung der Agaven schon sehr alt. Durch Gräberfunde in Mexiko konnte belegt werden, daß die Hartfasern der Agave schon vor 8000 Jahren zur Herstellung von Fischnetzen und Schnüren verwendet wurden. Bei der Ausbreitung der Agave-Kultur hat die Deutsche Ostafrika-Gesellschaft wertvolle Pionierarbeit geleistet. 1893 gelangten die ersten Agave-Pflanzen nach Tanganjika, und die Kultur der Agave erlebte durch die deutschen Experimentalstationen einen raschen Aufschwung.

Von allen Agave-Arten ist die Sisal-Agave als Hartfaserlieferant die wichtigste. Die in Mexiko beheimatete Pflanze besteht aus einem gestauchten Sproß, an dessen oberem Ende rosettig gedrängt die bis 2 m langen, blaugrünen, starren lanzettförmigen Blätter stehen (Foto 268). Sie enden in einer glasharten kräftigen Stachelspitze, die beim Ernten häufig Verletzungen hervorruft. Die Sisalagave wird 8–15 Jahre alt und bildet im Verlauf ihres Lebens einen gedrängten Stamm von 1 m Länge. Sie bildet jährlich 12–15 Blätter, die nach 2 Jahren zur Fasergewinnung geerntet werden. Bei der Ernte werden mit Hand an der Basis jeweils soviel Blätter abgeschnitten, daß für das weitere Wachstum noch genügend assimilierende Blätter stehen bleiben.

Im Alter von 12–15 Jahren geht die Pflanze aus der vegetativen in die Blühphase über. Sie treibt dann einen 7–8 m hohen verzweigten Blütenschaft mit zahlreichen Blüten. Diese sind nach dem Prinzip der Tulpenblüte gebaut, besitzen allerdings einen unterständigen aus 3 Fruchtblättern bestehenden Fruchtknoten. Agaven bilden sehr selten Kapselfrüchte aus. Vielmehr werden die Fruchtknoten nach erfolgter Befruchtung vorzeitig abgeworfen, und unterhalb der Abbruchstelle entwickeln sich zahlreiche kleine Jungpflanzen, die neben den an der Basis alternder Stöcke entstehenden Adventivpflanzen zur vegetativen Vermehrung in den Plantagen (Foto 267) dienen. Beim Austreiben des mächtigen Blütenschaftes kann die Pflanze gekappt werden. Aus der Schnittstelle tritt dann tagelang ein stärke- und zuckerhaltiger Blutungssaft aus, der vor allem in Mexiko in vergorenem Zustand als starkes berauschendes Getränk genossen wird (pulque). Nach dem Blühen stirbt die Pflanze ab.

Agaven verlangen als Tropenpflanzen zum Gedeihen heißes Klima. Die Temperaturen dürfen 30 °C übersteigen, jedoch nicht unter 15 °C absinken. In weiten Teilen

Mittelamerikas werden sie auf relativ nährstoffarmen Böden in Gebieten angebaut, die durch eine ausgeprägte Trockenzeit mit Hitze ausgezeichnet sind.
Die 1–2 m langen Hartfasern werden aus den Blättern gewonnen. Diese werden mit Walzenmaschinen ausgepreßt, wobei das nicht aus Fasern bestehende Blattgewebe mit Wasser ausgespült wird. Nach abermaligem Waschen und Trocknen liegen die glänzend gelbweißen Fasern vor, die durch Schlagen und Bürsten geschmeidig gemacht werden. Sie stellen das Ausgangsmaterial zur Herstellung von Bindegarn, Seilen, Schiffstauen sowie von Netzen, Hängematten, Möbelstoffen und Teppichen dar (Foto 269). Die Faserproduktion schwankt zwischen 0,8–3 t/ha im Jahr, sie ist aber infolge Herstellung synthetischer Fasern rückläufig (Tab. unten).
Neben der Sisal-Agave spielt die mexikanische Henequen-Agave *(A. fourcroydes)* als Faserlieferant eine wichtige Rolle. Die mit Randstacheln versehenen Blätter sind für die Ernte sehr ungünstig. Sie wird 30 Jahre alt und bildet einen bis 2 m hohen Rosettenstamm von 25 cm Durchmesser. Ihre Hauptanbaugebiete liegen in Mexiko und Cuba, dort werden die derberen Blattfasern vorzugsweise zu Bindegarn verarbeitet. Als weitere wichtige Faser-Agave ist die Cantala-Agave *(A. cantala)* zu nennen, die überwiegend auf den Philippinen und Java gebaut wird. In El Salvador wird vor allem die Letone-Agave kultiviert, die feinere Fasern liefert. Auch die nahe verwandte Gattung Fourcroya wird auch heute noch in den Anden zur Gewinnung der »Pita«-Fasern verwendet. Sie bildet bei der Blüte mächtige verzweigte Blütenstände, deren hängende Seitenzweige Tausende von Blüten tragen.

Produktion von Sisal-Fasern (in 1000 t)

Land	1969/71	1975	1980
Brasilien	229	314	254
Tansania	198	128	115
Kenia	46	48	48
Angola	65	40	20
Madagaskar	26	21	19
Moçambique	28	15	18
Venezuela	12	14	14
Haiti	16	12	16
übrige Länder	25	18	12
insgesamt	645	610	516

Rundkapsel-Jute
Corchorus capsularis L.

Langkapsel-Jute
Corchorus olitorius L.

Lindengewächse *Tiliaceae*

Die Jute-Pflanze war in Asien ursprünglich als Gemüse bekannt, da ihre Sprosse und Blätter sehr wohlschmeckend sind. Dies gilt jedoch nur für die Langkapsel-Jute. Ihre Verwendung als Faserpflanze war sehr beschränkt, und sie wurde zunächst nur in Hausgärten in Südostasien und Indien kultiviert. Nachdem 1828 zum ersten Mal einige Ballen dieser Weichfaser von Kalkutta nach England verschifft worden waren, wurden die entsprechenden Spinn- und Verarbeitungstechniken entwickelt, und Jute begann sich als technische Faserpflanze auszubreiten.

Die Wildform der beiden Jute-Arten ist noch immer nicht mit Sicherheit aufgefunden. Sie dürfte in Indien oder China beheimatet sein. Dort kommen nahe verwandte Formen mit Sicherheit vor, doch ist zu berücksichtigen, daß die Pflanze seit undenklichen Zeiten hauptsächlich in Bengalen in den Hausgärten als Kochgemüse gepflanzt worden ist. Da die Jute-Pflanze vor allem zu ihrem Jugendwachstum große Luftfeuchtigkeit und große Wärme (um 30 °C) benötigt, wird sie vor allem in den Niederungen des indischen Stromgebietes am Ganges und Bramaputra kultiviert. Ihre sandigen Lehmböden werden alljährlich mit einer Fracht organischer Nährstoffe überschwemmt und sind frei von Staunässe. Die Aussaat erfolgt hier meist noch mit der Hand und ähnlich wie beim Reis durch Verpflanzen der Einzelpflanzen.

Die Jute-Pflanze erreicht 4 m Höhe und ist entfernt mit einer Stockmalve vergleichbar. An den mehr als fingerdicken, schlanken Sprossen stehen wechselständig lanzettliche, kurzgestielte Blätter, deren Spreite an der Basis in 2 lange Zähne ausgezogen ist (Abb. unten). An den Stengelknoten entspringen einzeln oder paarweise kleine unscheinbare fünfzählige, gelblichweiße Blüten, deren oberständiger Fruchtknoten nach der Selbstbefruchtung zu einer Kapsel heranreift. Die Rundkapsel-Jute hat kleine, flache, rundliche, leicht runzelige Früchte, dagegen sind sie bei der Langkapsel-Jute 6–8 cm lang und schotenförmig. Während die erste Art ausgesprochen tropisch in ihren Umweltansprüchen ist, gedeiht die zweite auch in den höher gelegenen, kühleren Vorbergen des Himalaya. Wegen ihrer hellen Faser wird die Rundkapsel-Jute auch »Weiße Jute« genannt, die Langkapsel-Jute besitzt hingegen gelbliche oder rötliche Fasern. Man erkennt sie an ihren oberseits glänzenden Blättern, die als Gemüse eßbar sind. Die Rundkapsel-Jute hat matte Blätter, die wegen ihres Gehalts an Bitterstoffen ungenießbar sind.

Sproßabschnitt der Rundkapsel-Jute, *Corchorus capsularis* (links) und der Ramiepflanze, *Boehmeria nivea* (rechts).

Kultur, Ernte und Verarbeitung der Jute-Pflanzen sind sehr mühsam. Die harten halbstrauchigen Stauden werden mit der Sichel dicht über dem Boden abgeschlagen, wenn die Früchte zu reifen beginnen. Da zu dieser Zeit in Ostindien die Monsunüberschwemmungen bereits begonnen haben, muß das Schneiden bzw. Abreißen meist unter Wasser vorgenommen werden. Die gebündelten Sprosse werden im Wasser unter der Einwirkung von Mikroorganismen fermentiert, und nach 8–10tägiger Röste schließt sich im stehenden Wasser das Brechen und Ablösen der Fasern mit der Hand an. Danach werden die nur 2 mm langen Faserzellen, die im Stengel die Leitbündel begleiten, gekämmt. Sie liefern feine Fasernbündel von 1–3 m Länge.
Die Langkapsel-Jute liefert mit ihren gelblichen oder rötlichen Weichfasern ein feineres, glänzenderes Gewebe, aber $^2/_3$ der indischen Jute-Produktion stammen von der Rundkapsel-Jute. Leider läßt sich das verspinnbare Fasermaterial nicht bleichen, aber gut anfärben. Es werden sehr schöne und billige Kleidungsstücke daraus hergestellt. Ferner dienen die Fasern zur Herstellung von Säcken, Linoleum, Teppichen, Wandbespannungen, Kabelumhüllungen und Seilerwaren.

Ramiepflanze, Chinesische Nessel

Boehmeria nivea (L.) Gaud.

Brennesselgewächse *Urticaceae*

Die Ramiepflanze (engl. Ramie) gilt als wertvollste aller Faserpflanzen. Sie liefert wegen der hohen Reißfestigkeit die kostbarste aller Fasern, und das aus ihnen hergestellte Gespinst ist achtmal stärker als Baumwollgewebe. Die Heimat der Pflanze liegt in China, wo sie bereits vor der Baumwolle kultiviert wurde. Erst im 19. Jahrhundert baute man die Chinesische Nessel in Europa, Nordafrika und Nordamerika an, neuerdings auch in Brasilien und auf den Philippinen.
Die mit der Brennessel verwandte, ausdauernde Pflanze entwickelt aus ihrem unterirdischen Wurzelstock über 2 m hohe, wenig verzweigte Sprosse, an denen gegenständig langgestielte, herzförmige bis rhombische, scharf gezähnte Blätter stehen. Sie sind bei der weißen Ramiepflanze (var. *nivea*) unterseits weißfilzig, bei der grünen Ramiepflanze (var. *tenacissima*) grün. Unscheinbare Blüten stehen als Rispen in den Blattachseln und sind männlich oder weiblich (Abb. S. 248). Die Bestäubung erfolgt durch den Wind. Die Pflanze kann bis zu sechsmal im Jahr geschnitten werden. Sie verlangt hohe Niederschläge und tiefgründigen, nährstoffreichen Boden. Die Fasern stellen Festigungszellen dar und sitzen an der Peripherie der Sprosse. Diese werden in frischem oder getrocknetem Zustand mit der Hand oder mit Maschinen geschält. Das Schälprodukt kommt als »Chinagras« in die Fabrik. Die 12–25 cm langen Hartfasern sind mit einem pektinartigen Gummibelag umgeben, der nicht bakteriell durch den üblichen Röstprozeß entfernt werden kann. Die Degummierung der Faserbündel ist daher sehr kostenaufwendig und muß durch Kochen in Laugen erfolgen. Die Fasern enthalten 69% Zellulose und 13% Hemizellulose. Sie sind widerstandsfähig gegen Wasser, stark hygroskopisch, ohne sich naß anzufühlen und wirken kühlend. Deswegen werden sie in den Tropen bevorzugt zur Herstellung von Leib- und Bettwäsche, aber auch zur Fabrikation von Plüsch, Filtertüchern, Feuerwehrschläuchen und Spezialgeweben z. B. Fallschirmen verwendet. Die wichtigsten Produzenten sind China, Brasilien, Japan, Philippinen, Taiwan, Kambodscha und Korea.
Neben der aus China stammenden Chinesischen Nessel kennt man eine aus Indien stammende Ramie-Pflanze *(B. utilis)*. Sie ist ausgesprochen wärmebedürftig und verträgt im Gegensatz zur Chinesischen Nessel keine Kälte.

Papyrusstaude 270

Cyperus papyrus L.

Riedgräser *Cyperaceae*

Die Papyrusstaude (engl. Papyrus) ist eine wichtige, alte Nutzpflanze, die heute vielfach als Zierpflanze kultiviert wird. Der Gattungsname der Pflanze leitet sich von dem griechischen Wort »kypeiros« ab. Die Gattung *Cyperus* umfaßt rund 600 Arten, die fast nur in tropischen und subtropischen Klimagebieten der Erde verbreitet sind. Unter ihnen ist die Papyrusstaude mit ursprünglichem Verbreitungsgebiet im tropischen Zentralafrika ohne Zweifel die bekannteste Art. Von dort gelangte sie durch den Menschen nicht nur nach Ägypten sondern auch nach Syrien, Kleinasien, Sizilien und Kalabrien. Die Flüsse Innerafrikas sind noch heute von kilometerbreiten Papyrusstreifen eingefaßt. Es handelt sich um eine Staude mit kräftigem, im Schlamm kriechenden Wurzelstock, an dem die abgerundet-dreieckigen Sprosse entspringen. Sie erreichen 4–5 m Höhe, mehr als 10 cm Durchmesser und enden mit einem Schopf feiner, langer, hängender Blätter sowie einer hundert- und mehrstrahligen Blütendolde, deren Hülle achtblättrig ist. In der Dolde stehen jeweils 3 Ährchen beisammen. Aus dem lockeren Mark der Sprosse wurde im Altertum das Papier hergestellt. Hierzu wurden sie in Streifen geschnitten und diese kreuzweise übereinander gelegt, so daß sich die Ränder deckten. Das auf diese Weise hergestellte »Papier« konnte nur einseitig beschrieben werden, weil es ungeleimt war. Die griechische Bezeichnung für das Streifenmaterial lautete »byblos«, ein Wort, das sich in »biblion« (Buch) erhalten hat. In Ägypten wurde das Mark der Staude schon vor 2400 v. Chr. zur Papierherstellung verwendet. Die stärkehaltigen Wurzelstöcke der Pflanze wurden gegessen, außerdem diente ihre Rinde zur Herstellung von Stricken, Matten und Körben.

Amerikanische Rhizophora 271

Rhizophora mangle L.

Mangrovengewächse *Rhizophoraceae*

Rhizophora ist eine Mangrove-Pflanze der gesamten Tropen. Im Tidenbereich tropischer Küsten bilden die Mangroven vor allem in der Umgebung von Flußmündungen Gebüsche und Waldformationen verschiedener Höhe und Zusammensetzung. Die Bestände im indo-malayischen Archipel können mehr als 30 m Höhe erreichen. Hinsichtlich ihrer Artenzusammensetzung lassen sich die artenreicheren Mangroven der Altwelt in Asien und Afrika von den artenärmeren der Neuwelt in Amerika unterscheiden. Alle Mangrove-Pflanzen sind mehr oder weniger resistent gegen Seesalzeinwirkung. Sie zeigen im einzelnen eine Reihe hoch interessanter ökologischer Anpassungen an ihre Umweltbedingungen, und die Mangrove gehört zu den biologisch interessantesten Lebensräumen unserer Erde. Die Anpassungen der verschiedenen Arten an den Standort bestehen in der Ausbildung von Stelz- und Atemwurzeln. Stelzwurzeln sind bei *Rhizophora* besonders gut ausgebildet und erlauben es der Pflanze, von allen Mangrovebesiedlern am weitesten gegen das Meer vorzudringen. Charakteristisch für diese Gattung ist weiterhin, daß die Samen der ledrigen Schließfrüchte auf der Mutterpflanze auswachsen, bevor die Frucht abfällt. Die spitz kegelförmigen, an einen massiven Pfeil erinnernden Jungpflanzen werden bis 30 cm lang (bei der ostasiatischen *R. mucronata* 50–60 cm) und bohren sich beim Abfallen in den schlickigen Boden ein. Neben Vertretern mit Stelzwurzeln, die auf den Eilanden

der Mangrove-Gebiete undurchdringliche Dickichte bilden, gibt es auch Arten mit Atemwurzeln, die an Ausläuferwurzeln unter der Schlickoberfläche entspringen und dicht gedrängt bei Ebbe wie Spargel aus dem Substrat ragen.
Sproßachsen und Wurzeln aller Mangrove-Bäume enthalten in der Rinde 10–40% Gerbstoffe, die aus den Wildbeständen gewonnen werden. Das Holz dient zu Bauzwecken und wird auch zur Holzkohlegewinnung verwendet.

Brasilianischer Kautschukbaum 272

Hevea brasiliensis (Willd. ex A. Juss.) Muell. Arg. 273

Wolfsmilchgewächse *Euphorbiaceae*

In den verschiedenen Tropengebieten der Erde sind bisher mehr als 1000 Pflanzenarten aus 80 Gattungen gefunden worden, die Milchsaft produzieren, der zu Kautschuk verarbeitet werden kann. Weltweite Bedeutung von ihnen hat der aus dem Amazonasgebiet stammende Kautschukbaum (engl. Pará Rubber) gewonnen, der südlich des Amazonasstroms natürlich verbreitet ist. Eine nahe verwandte Art ist die nach dem Botaniker Bentham benannte Art *H. benthamiana,* ihr Areal liegt aber nördlich des Amazonas. Daneben gibt es eine Reihe weiterer domestizierter *Hevea*-Arten, deren natürliche Verbreitung aus der Abb. unten hervorgeht. Die heute vorhandenen Kulturen lassen sich weitgehend auf *H. brasiliensis* zurückführen.

Natürliche Verbreitung der Kautschuk-Arten (Nach H. Brücher, Tropische Nutzpflanzen. Springer-Verlag 1977).

H. benthamiana

H. brasiliensis

Andere wildwachsende *Hevea*-Arten

Der botanische Gattungsname *Hevea* leitet sich von dem Wort »heve« ab, mit dem die Eingeborenen am oberen Orinoko in der Umgebung von Esmeralda einen gummiliefernden Baum bezeichnen. Andere Indianerstämme in den Regenwaldgebieten Innerbrasiliens nannten die Kautschukpflanzen »caá-huchu«, was »weinende Bäume« bedeutet. Hiervon leitet sich die im deutschen verwendete Bezeichnung Kautschuk ab. Die erste Beschreibung des Kautschuks geht auf den Spanier Pedro Martir de Anghiera aus dem Jahre 1521 zurück, der auf Haiti beobachtete, daß die dortigen Indios zum Spiel Gummibälle benutzten, die aus dem Sekret eines Baumes mit dem Namen »Ule« hergestellt waren. Humboldt und Bonpland machten die ersten wissenschaftlichen Aufsammlungen von Kautschukbäumen auf ihrer berühmten Forschungsreise in den Jahren 1799 und 1800 am oberen Orinoko. Genaue Prüfungen haben ergeben, daß es sich bei ihrem gesammelten Material um die mit dem brasilianischen Kautschukbaum verwandte *H. pauciflora* handelte.
Die Kautschukgewinnung war lange ein Privileg der Länder Brasilien, Peru, Venezuela und Kolumbien, in denen Kautschuk-Bäume natürlich verbreitet sind. Erst 1877 gelang es dem Engländer Wickham aus dem Staate Pará 70000 Samen von *H. brasiliensis* herauszuschmuggeln, die mit dem Dampfer »Amazonas« nach England transportiert wurden. Der Direktor der englischen Botanischen Gärten und bekannte Botaniker Hooker nahm sich dieser Sendung an. Er züchtete aus den Samen in Kew bei London Jungpflanzen, die nach Singapore verschifft wurden und die Ausgangsbasis für die Kautschuk-Kultur in Indonesien darstellten. Die dort entwickelte Kautschuk-Produktion hat die der Ursprungsländer längst übertroffen.
Bei *H. brasiliensis* handelt es sich um einen bis 30 m hohen Baum des amazonischen Regenwaldes. Der Baum hat eine glatte, hellgraue Rinde und langgestielte, dreizählig gefingerte Blätter, die in der Trockenzeit abgeworfen werden (Foto 272). Die getrenntgeschlechtlichen Blüten stehen in Rispen (Abb. unten) und werden durch den Wind bestäubt. Nach der Befruchtung entwickelt sich aus dem dreiteiligen Fruchtknoten eine dreifächerige Kapsel, die mit lautem Knall aufspringt. Hierzu berichtet der Botaniker Baldwin, daß er nach jahrelangen Forschungsarbeiten über

Zweig des Kautschuk-Baumes *(Hevea brasiliensis)* mit Blütenständen und Frucht.

Produktion von Kautschuk (in 1000 t)

Land	1969/71	1975	1980
Malaysia	1285	1478	1600
Indonesien	838	823	919
Thailand	295	349	510
Sri Lanka	150	149	155
Indien	90	136	145
Nigeria	65	95	60
Liberia	78	81	75
Philippinen	19	35	55
Zaire	40	29	20
Vietnam	36	20	57
Brasilien	24	19	25
übrige Länder	73	96	190
insgesamt	2993	3310	3811

die systematische Gliederung der Kautschuk liefernden Baumarten am Amazonas in der Lage war, die einzelnen Arten am Knall beim Öffnen der Kapseln zu unterscheiden! Ökologisch gesehen verlangt *H. brasiliensis* zum Gedeihen eine mittlere Temperatur von 27° C, die nicht unter 18° C absinken darf, ca. 2000 mm Jahresniederschlag, sowie feuchten, gut durchlüfteten Boden.

Die Gewinnung des Kautschuksaftes erfolgt durch Anbringen eines spiral- oder grätenförmigen, etwa 8–9 mm tiefen Einschnitts in die Rinde, der den halben Stamm umgreift, aber die teilungsfähigen Zellen zwischen Holz und Bast des Stammes nicht verletzen darf (Foto 273). Nach dem Anschneiden sammelt sich dann im Verlauf weniger Stunden das von gegliederten Milchsaftröhren produzierte weiße Sekret als »Latex« in einem kleinen Auffanggefäß am unteren Ende des Schnittes. Die Schnittwunden werden kontinuierlich nach unten verlegt und der Latexausfluß zugleich durch das fortgesetzte Anschneiden stimuliert.

Das Zapfen des Milchsaftes beginnt im 5.–7. Lebensjahr des Baumes und kann über 30 Jahre fortgesetzt werden. Der Schnitt wird täglich oder alle 2–3 Tage erneuert, und die Menge der gewonnenen Latex hängt entscheidend von der Geschicklichkeit des Zapfers ab, der täglich bis zu 700 Bäume bearbeiten kann. Die Latex enthält bis 33% Kautschuk, 2% Harze und 1,8% Eiweiß sowie Restwasser. Der gewonnene Saft wird unmittelbar nach Entleeren der Sammelschale zur Fabrik gebracht. Dort wird er durch Zugabe von Ammoniak am Gerinnen gehindert und in dieser Form mit Tankwagen oder -schiffen in die Verbraucherländer transportiert. Er kann aber auch gleich zu Rohkautschuk verarbeitet werden, indem die Kautschuktröpfchen durch Zusatz von Essig- und Ameisensäure zum Gerinnen gebracht werden. Dies erfolgt bei modernen Verfahren in langen Wannen, die durch zahlreiche eng stehende, durchbrochene Querwände gekammert sind. Auf diese Weise gewinnt man ein langes Rohkautschukband, das anschließend gewaschen, gewalzt, in Stücke geschnitten und mehrere Tage lang bei 45–60° C geräuchert wird. Der so aus *H. brasiliensis* gewonnene Rohkautschuk wird nach dem brasilianischen Ausfuhrhafen als Parákautschuk bezeichnet.

Zur Herstellung von Gummi muß das Rohprodukt mit Schwefel vulkanisiert werden. Dabei entsteht elastischer Weichgummi mit 4–5% Schwefel oder Hartgummi mit 25–30% Schwefel, der elektrischen Strom nicht leitet. Das Vulkanisierungsverfahren wurde 1839 von Charles Goodyear in den USA entwickelt und war die entscheidende Voraussetzung für eine weitere technische Nutzung von Rohkautschuk. Doch stellten bereits die Indios der Hochkulturen der Mayas und Azteken aus der gewonnenen Latex schützende Regenumhänge, dichtes Schuhwerk und elastische Bälle her.
Neben dem Pará-Kautschuk kennt man Ceara-Kautschuk, der aus dem Milchsaft des Baumes *Manihot glaziovii* gewonnen wird. Er gehört ebenfalls zu den Wolfsmilchgewächsen und ist mit der Stärkepflanze Maniok oder Kassave verwandt (vgl. S. 189). Daneben gibt es den aus dem Gummibaum *(Ficus elastica)* gewonnenen Assam-Kautschuk sowie Lianen-Kautschuk, der aus verschiedenen Lianen gewonnen wird. Die von diesen Pflanzen stammenden Produkte sind jedoch alle weniger hochwertig als der brasilianische Kautschuk.

Teakholzbaum, Teakbaum 274

Tectona grandis L.

Eisenkrautgewächse *Verbenaceae*

Unter den zahlreichen Nutzholz liefernden Bäumen der Tropen zählt der Teakholzbaum zu den bekanntesten. Er gehört zu einer Gattung mit 4 Arten, die alle in Südostasien verbreitet sind. Dort findet sich der Teakbaum vor allem in Hinterindien, aber auch in Vorderindien. Sein natürliches Verbreitungsgebiet reicht bis Java, wo er ausgedehnte, gepflegte Forsten bildet. Er wird aber auch in den Tropen der Neuen Welt in Beständen kultiviert. Es handelt sich um einen 30–40 m hohen, wüchsigen, laubabwerfenden Baum trockener Wälder, der auch auf steinigen Böden gedeiht und sich durch Stockausschlag vermehrt. Der Stamm besitzt eine graue, tief längsrissige Borke. Die großen Blätter sind gegenständig, elliptisch-zugespitzt und erreichen 30 cm Länge. Aus ihnen läßt sich ein roter Farbstoff gewinnen. An den lockeren, rispenförmigen Blütenständen stehen fünfzählige Blüten, deren Kelch sich bei der Fruchtreife vergrößert und glockenförmig aufgeblasen die vierfächerige Steinfrucht umschließt. Da das Holz des Baumes Kieselsäure und Öl enthält, verzieht es sich kaum. Es ist von hellbrauner Farbe mit dunklerem Kern. Das Holz ist hart, aber leicht spaltbar und besitzt einen intensiven durchdringenden Geruch. Es stellt ein vorzügliches Ausgangsmaterial für den Schiffsbau dar, wird aber auch für den Haus- und Waggonbau sowie zur Herstellung von Möbeln und Fußböden verwendet. Auch für die Fabrikation von Hausgerät verschiedenster Art wird es noch immer benutzt. Der Wert des Teakholzes wird noch dadurch gesteigert, daß es weder von Insekten noch Pilzen angegriffen wird.

Anhang

Einige empfehlenswerte botanische Gärten und Parks in den Tropen

Amerika

Barbados:	Andromeda Botanic Gardens, St. Joseph
Brasilien:	Jardim Botânico do Rio de Janeiro, Rua Jardim Botânico, Rio de Janeiro
	Horto Botânico, Quinta de Boa Vista Rio de Janeiro
Dominica:	The Royal Botanical Gardens, Roseau
Guatemala:	Jardín Botánico, Avenida de la Reforma Ciudad de Guatemala
Guadeloupe:	Jardin Botanique de Service de l'Agriculture Point-á-Pitre
Jamaica:	Royal Botanic Gardens (Hope), Mona, Kingston
	The Tropic Gardens of Montego Bay, Montego Bay
	Cinchona Botanic Gardens, Cinchona District (ca. 1500 m NN)
Kolumbien	Finca de Orquídeas Ospina, Medellin
Mexiko	Jardín Botánico de la Universidad Nacional Autonoma de Mexiko, Viveros de Coyoacán, Mexiko, DF
Martinique:	Jardin Botanique, Saint Pierre
Puerto Rico:	Botanical Gardens of the University of Puerto Rico, Rio Piedras (bei San Juan)
	Plant Collection, Federal Experimental Station, Mayagüez
	Palmas Botanical Gardens, 130 Candelero Abajo
St. Vincent:	Botanical Gardens, Kingstown
Trinidad:	Royal Botanic Garden, Port of Spain
USA:	Honolulu Botanic Gardens »Foster«, Honolulu, Hawai. Angeschlossen: Lyon Botanical Gardens
	Fairchild Tropical Gardens, Miami, Florida
	Balboa Park, San Diego, California

Afrika

Ghana:	Botanic Gardens, Aburi
Kongo (Zaire):	Jardin Botanique Eala, bei Coquilhatville
Madagaskar:	Jardin Botanique Tsimbazaza, Tananarive
Mauritius:	Royal Botanical Gardens, Pampelmousses
Nigeria:	Botanical Gardens of the University College, Ibadan
Republic of	National Park and the Division of Botany, Pretoria
South Africa:	National Botanic Gardens of South Africa, Kirstenbosch, Newlands Cape Province (12 km von Kapstadt)
Teneriffa:	Jardín Botánico de Orotava, Orotava

Asien

Ceylon (Sri Lanka):	Botanic Garden, Heneragoda, Colombo Royal Botanic Gardens of Peradeniya, Kandy
Indien:	National Botanic Garden, Lucknow Botanic Gardens of Calcutta, Calcutta Botanic Garden, Madras
Indonesien:	Indonesia Botanical Garden, Bogor, Java Indonesia Botanical Garden Tjibodas, Bogor, Java (Tropischer Steingarten)
Malaysia:	Public Gardens, Kuala Lumpur Waterfall Gardens, Penang, George Town Botanic Garden, George Town, Penang
Philippinen:	Botanic Garden Rizal, Manila Makiling Botanic Gardens, University of the Philippines, Los Banos, Laguna
Singapore:	Public Parks of Faber Hills Botanic Gardens
Taiwan:	Botanical Garden, Taipeh Kenting Tropical Forest Botanical Garden, Heng-Chun, Pingtung
Thailand:	Phu-Khae Botanic Garden, Saraburi (in der Nähe von Bangkok)

Australien und Ozeanien

Australien:	Botanic Gardens and National Herbarium Melbourne Botanic Garden of the Northern Territory, Darwin Royal Botanic Gardens Sydney, New South Wales
Neu Caledonien:	Parc Forestier, Noumea
Papua-Neu-Guinea:	Botanical Garden, Port Moresby
Tonga Inseln:	Botanic Garden of New Caledonia

Erklärungen von Fachausdrücken

Adventivwurzeln Wurzeln, die nicht schon embryonal festgelegt sind, sondern sich an Blatt- oder Achsenorganen bilden; z. B. bei der vegetativen Vermehrung.

Alkaloide Stickstoffhaltige, meist komplizierte organische Verbindungen in vielen Pflanzenarten (Nikotin, Coffein, Chinin etc.).

Anthocyane Den Glykosiden nahestehend und als rote, violette oder blaue Farbstoffe in Blüten bzw. Blättern vorhanden.

Aphrodisiaka Geschlechtstrieb steigernde Wirkstoffe.

Domestikation Zucht von Nutzpflanzen und Haustieren aus Wildformen.

Ethnobotanik Wissenschaft über die Beziehungen zwischen den Menschen und der sie umgebenden Pflanzenwelt.

Glykoside Organische Verbindungen von Zuckern und anderen Stoffgruppen (z. B. Digitoxin beim Fingerhut).

Hochblätter Reduzierte oder in ihrer Funktion veränderte Blätter der Blütenregion.

Hybride Aus Kreuzung hervorgehende Nachkommen.

Klon Stämme mit identischem Erbgut.

Kultivare Aus Züchtung hervorgegangene Kulturformen.

Mikrobiotop Kleinstlebensräume, z. B. in Blatttrichtern von Bromeliengewächsen.

Mutanten Bildung von neuen Formen infolge von Erbänderungen.

Ökosystem Pflanzen- und Tiergemeinschaften in Beziehung zu ihrer Umwelt (z. B. Klima, Boden, Luft und Wasser).

Perigonblätter Hüllblätter der Blüten.

Polyploidie Vervielfachung von diploiden Chromosomensätzen, unter Kulturpflanzen weit verbreitet.

Stimulantia Psychisch und vegetativ erregende Wirksubstanzen (z. B. Alkaloide).

Varietäten Unterschiedliche Erscheinungsformen der gleichen Art, oft durch Umwelteinflüsse bedingt.

Register der wissenschaftlichen Namen

Die Zahlen bedeuten Seitenzahlen.

Abelmoschus esculentus 219
Acalypha hispida 47
wilkesiana 47
Achras zapota 232
Adenium obesum 68
Aechmea fasciata 76
Agave cantala 247
fourcroydes 247
sisalana 246
Allamanda cathartica 55
Aloë arborescens 71
ferox 71
lucida 71
Alpinia galanga 62
officinarum 62
purpurata 61
speciosa 62
zerumbet 62
Amherstia nobilis 30
Anacardium occidentale 231
Ananas comosus 225
sativus 225
var. lucidus 225
Angraecum eburneum 81
sesquipedale 82
Annona cherimola 230
muricata 229
reticulata 229
squamosa 19, 229
Anthurium andreanum 67
crystallinum 67
Anthurium x culturum 67
scherzeranum 67
Antigonon leptopus 55
Arachis hypogaea 198
Archontophoenix alexandrae 40
Areca catechu 213
Arecastrum romanzoffianum 42
Artocarpus altilis 195
integrifolia 196
heterophyllus 195
Asclepias curassavica 73
Averrhoa carambola 19

Bactris gasipes 16
Bauhinia alata 51
galpinii 51
monandra 51
picta 51
variegata 51
Beloperone guttata 69
Bertholletia excelsa 203
Bixa orellana 219
Blighia sapida 203
Boehmia nivea 249
var. tenacissima 249
utilis 249
Bombax emarginatum 246
malabaricum 246
Bougainvillea spectabilis 15, 54
Brachychiton acerifolius 34
Brugmansia arborea 75
aurea 75
candida 75
Brunfelsia hopeana 53
pauciflora 53
Bursera simaruba 214

Caesalpinia pulcherrima 49
Calathea cylindrica 68
makoyana 68
Calliandra spec. 50
Calliandra fulgens 50
haematocephala 50
Callistemon spec. 51
Callistemon lanceolatus 52
Calotropis gigantea 61
procera 60
Camellia sinensis 209
Canavalia maritima 60
Capsicum spec. 216
Capsicum annum 19, 216
baccatum 216
frutescens 216
Carica papaya 228
Caryota mitis 43
urens 43
Cassia acutifolia 30
angustifolia 30
didymobotrya 50
fistula 30
grandis 29
Casuarina equisetifolia 27
Catharanthus roseus 74
Cattleya granulosa 83
frinae 20
Ceiba pentandra 245
Centrosema spec. 61
Centrosema pubescens 61
Ceroxylon alpinum 15
Chamaerops humilis 15
Chorisea speciosa 33
Citrus aurantiifolia 238
aurantium 239
aurantium var. bergamia 240
decumana var. racemosa 239
deliciosa 237
grandis 239
limon 238
maxima 239
medica 238
medica var. limon 238
x paradisi 239
reticulata 237
sinensis 237
Clerodendron paniculatum 48
splendens 58
Coccoloba uvifera 28
Cocos nucifera 18, 204
Codiaeum variegatum 45
Coelogyne cristata 82
Coffea arabica 206
canephora 206
liberica 206
Cola acuminata 212
anomala 213
nitida 213
verticillata 213
Colocasia esculenta 193
Copernica cerifera 42
macroglossa 42
Corchorus capsularis 247
olitorius 247
Cordia myxa 31
sebestena 31
Cordyline fruticosa 69
terminalis 70
Costus afer 63
speciosus 63
Couroupita guaianensis 31
Crescentia spp. 36
Crescentia alata 18, 36
cujete 36
Crinum amabile 70
asiaticum 71
augustum 70
Cycas circinalis 38
Cyperus papyrus 250
Cyrtostachys renda 40

Delonix regia 15, 22
Dendrobium phalaenopsis 80
Dendrocalamus spec. 221
Dendrocalamus giganteus 221
hamiltonii 221
Dioon edule 38
Dioscorea alata 191
bulbifera 190
cayennensis 192
Dombeya wallichii 52
Dracaena marginata 36
rubra 69
Durio zibethinus 234

Eichhornia crassipes 87
Eleais guineensis 20, 202
ubanghensis 202
Encephalartos altensteinii 39
caffer 39
transvenosus 39
Epipremnum aureum 57

Erythrina spp. 31
Erythrina bogotensis 31
corallodendron 31
crista galli 31
rubrinervia 31
Eucalyptus spp. 35
Eucalyptus amygdalina 36
globulus 35
Eugenia aquae 234
jambos 233
malaccensis 233
samarangensis 234
Euphorbia bojeri 72
fulgens 71
milii 72
pulcherrima 44
splendens 72

Ficus spp. 24
Ficus aoa 24
bengalensis 24
dealbata 24
elastica 24, 254
lyrata 24
religiosa 24

Garcinia mangostana 19, 234
Genipa americana 232
Gloriosa superba 74
Glycine max 200, 206
ussuriensis 200
Gossypium arboreum 243
barbadense 243
herbaceum 243
hirsutum 243
Grevillea robusta 28
Guzmania lingulata 76
var. cardinalis 76

Hedychium coronarium 62
gardneranum 63
Heliconia psittacorum 64
rostrata 65
wagneriana 64
Hevea benthamiana 251
brasiliensis 251
pauciflora 252
Hibiscus elatus 26
rosa-sinensis 44
schizopetalus 45
Howeia spp. 42
Howeia belmoreana 43
forsteriana 43
Hyophorbe verschaffeltii 40

Impatiens wallerana 74
Ipomoea spec. 59
Ipomoea arborescens 35
batatas 187
carnea 59
murucoides 35
pes-caprae 60
Ixora coccinea 48

Jacaranda mimosifolia 22
Jatropha curcas 52
integerrima 52
multifida 52
podagrica 52

Kigelia pinnata 32

Lagenaria sericea 18
Lagerstroemia indica 34
speciosa 35
Lansium domesticum 233
Lantana camara 46
Lecythis usitatis 204
Licuala grandis 42
Livistonia chinensis 41

Malvaviscus arboreus 45
Mangifera indica 227
Manihot esculenta 189
glaziovii 254
Manilkara zapota 232
Masdevallia tovarensis 81
Medinilla magnifica 68
Melia azedarach 33
Miltonia-Hybride 80
Mirabilis jalapa 73
Momordica balsamina 58
charantia 58
Monstera deliciosa 57
Moringa oleifera 32
Musa spec. 222
Musa acuminata 222
balbisiana 222
basjoo 224
cavendishii 223
ingens 223
paradisiaca 223
sapientium 223
textilis 224
Mussaenda erythrophylla 46
Myristica fragrans 217
Myroxolon pereirae 215

Nelumbo nucifera 86
Neoregelia carolinae var. tricolor 77
Nephelium lappaceum 235
longana 236
mutabile 236
Nidularium spec. 77
Nymphaea-Hybriden 86

Odontoglossum bictoniense 82
Oncidium nubigenum 83
Oryza sativa 186

Pachystachys lutea 69
Pandanus spp. 27
Pandanus edulis 28
odoratissimus 28
utilis 28
Pandorea ricasoliana 58

Paphiopedilum bellatum 79
sukhakulii 79
Parkinsonia aculeata 29
Passiflora alata 227
caerulea 59, 226
edulis 226
laurifolia 227
ligularis 227
macrocarpa 227
mixta 227
mollissima 227
quadrangularis 227
racemosa 60
Paullinia cupana 209
yoco 209
Persea americana 222
Petrea arborea 51
volubilis 51
Phalaenopsis amabilis 79
Philodendron pertusum 57
Phoenix canariensis 43
dactylifera 241
roebelenii 41
silvestris 241
Piper betle 214
longum 215
nigrum 215
officinarum 215
Plumbago auriculata 53
Plumeria alba 25
rubra 26
Podranea ricasoliana
Prosopis alba 16
Psidium guajava 231
Punica granatum 240
protopunica 241
Pyrostegia venusta 55

Quamoclit pinnata 57

Raphidophora aurea 57
Ravenala madagascariensis 37
Rhizophora mangle 250
Rhizophora mucronata 250
Rhoeo spathacea 70
var. variegata 70
var. vittata 70
Rhopalostylis sapida 15
Roystonea oleracea 39
regia 19, 39
Russelia equisetiformis 49

Saccharum officinarum 196, 200
Schefflera actinophylla 34
Sechium edule 220
Solandra grandiflora 56
nitida 56
Spathiphyllum communtatum 66
floribundum 66
hybidum 66
Spathodea campanulata 15, 22
Strelitzia nicolai 65
reginae 65

Tabebuia chrysantha 23, 25
flavescens 23
leucixylon 25
rosea 23
Tamarindus indica 230
Tecoma stans 25
leucoxylon 25
Textona grandis 254
Terminalia catappa 26
Theobroma cacao 210
Thevetia peruviana 50
Thunbergia grandiflora 56
Tibouchina decandra 48
urvilleana 48
Trachycarpus fortunei 15
Treculia africana 196
Trichosanthes anguina 220
cucumerina 220

Vanilla planifolia 217
pompona 218
tahitensis 218
Veitchia merrillii 41
Victoria amazonica 84
cruciana 85
regia 84

Warscewiczia coccinea 47
Washingtonia filifera 41
Xanthosoma jacquinii 193
sagittifolium 193
violaceum 193

Yucca elephantipes 37

Zantedeschia aethiopica 66
albo-maculata 67
melanoleuca 67
pentlandii 67
rehmannii 67
Zingiber officinale 218
Zizyphus mistol 16

Register der deutschen und englischen Namen

Acajubaum 231
Achote 219
Adenium 68
Aechmea 76
Affentopf 204
Agave, Cantala- 247
Hennequen- 247
Letone- 247
Sisal- 12/13, 246
Aguacate 222
Akeefrucht 185, 203
Akee Tree 203
Allamande 55
Almond Tree 26
Aloë, Baumförmige 71
Alpinie, Nickende 62
Alpinie, Scharlachrote 61
American Bursa Tree 214
Ananas 8, 19, 225
Angraecum 81
Annatto 219
Annattostrauch 219
Annone, Netz- 229
Ochsenherz- 229
Stachel- 229
Anthurie, Samtblatt- 67
Apfelsine 19, 237
Areca-Palme 213
Australian Pine 27
Avocado 8, 19, 222
Avocatobirne 222

Balsamapfel 58
Balsambaum, Amerikanischer 214
Peru- 215
Balsambirne 58
Balsam Pear 58
Bamboo 221
Bambus 221
Banana, Banane 8, 12/13, 19, 185, 222
Hanf- 224
Mehl- 223, 224
Obst- 222
Zier- 224
Zwerg- 223
Banyan 24
Barbadine 227
Barbados Pride 49
Batate 185, 187
Bauhinie 51
Bauhinie, Einmännige 51
Gefleckte 51
Geflügelte 51
Baum der Reisenden 37
Baumwinde 35
Baumwolle 12/13, 243
Beach Vine 60
Beerenmalve, Strauchförmige 45
Beißbeere 216
Beloperone 69
Betelnuß-Palme 213
Betelpfeffer 214
Betle Palm 213
Betle Pepper 214
Bird of Paradise 65
Bitter Momordica 58
Bitter Orange 239
Bleiwurz, Kapländische 53
Blue Bind Weed 59
Boat Lily 70
Bottlebrush 51
Bougainvillie 15, 54
Brasilnuß 203
Brazil Nut 203
Breadfruit 195
Bread Plant 43
Breiapfel 232
Brennpalme 43
Brotfruchtbaum 185, 195
Brotfruchtbaum, Afrikanischer 196
Brunfelsie 53
Busy Lizzie 74
Butterfly Weed 73
Butterfrucht 222
Calabash Tree 36
Calathea 68
Calla, Zimmer- 66
Calliandra 50
Canarian Palm 43
Candle Bush 50
Cannonball Tree 31
Cape Leadwort 53
Carnauba-Palme 42
Cashew Nuß 19, 232
Cashew Nut 231
Cassava 189
Catharanthe 74
Cattleya 20, 83
Cayenne 216
Chayote 220
Chenille Plant 47
Cherimoya 230
Chicle Tree 232
Chili 216
Chinaberry 33
Chinesische Nessel 249
Chinesischer Holunder 33
Chorisie 33
Christmas Palm 41
Christusdorn 72
Citron Tree 238
Cocoa 211
Cocoyam 193
Coconut Palm 204
Coelogyne 82
Coffee 206
Cola 8
Cola Tree 212
Copernica Palm 42
Copperleaf 47
Coral Tree 31
Cotton 243
Crape Ginger 63
Croton 45
Crown of Thorn 72
Cup of Gold 56

Date Palm 241
Dattelpalme 12/13, 18, 241
Dattelpalme, Kanarische 43
  Zierliche 41
Dendrobium 80
Desert Rose 68
Dombeye 52
Dracaene, Berandete 36
Drillingsblume 15, 54
Dschungelflamme 48
Duku-Baum 233
Durianbaum 234
Durian Tree 234
Durso 234

Eibisch 219
  Fransen- 45
Elephant Yucca 37
Erdbirne 185
Erdnuß 8, 185, 198
Eukalyptus 12/13, 35

Farnpalme 38
Feigenbaum, Kautschuk- 24
Feige, Leier- 24
Fensterblatt 57
Fern Palm 38
Fern Tree 22
Feuerbaum 15, 22
Feuerpalme, Rotfrüchtige 40
Feuerranke 55
Firecracker Plant 49
Fischschwanzpalme 43
Fischschwanzpalme, Milde 43
Fishtail Palm 43
Flamboyant 22, 49
Flame Amherstia 30
Flame Tree 34
Flame of the Wood 48
Flamingoblume, Große 67
Flammenbaum 34
Flaschenkürbis 18
Fleißiges Lieschen 74
Floss Silk Tree 33
Four o'Clock 73
Frangipani 25
Fringed Hibiscus 45

Galgant, Echter 62
Galgant, Unechter 62
Geiger Tree 31
Genipabaum 232
Gewürznelke 8
Giant Bamboo 221
Giant Milkweed 60
Ginger 218
Gleditschie 230
Glory Bower 48
Glory Bush 49
Glory Lily 74
God's Candle 50
Goldähre 69
Goldbaum 23
Goldbecher 56
Golden Shower 30
Golden Trumpet Tree 23
Gombo 219
Gout Plant 52
Granatapfelbaum 240
Grapefruit 239
Greater Yam 192
Grenadille 226
Grenadille, Kleine 226
  Königs- 227
  Purpur- 226
Guaraná 209
Guava 231
Guave 231
Guayave 231
Gummibaum 24
Gurkenbaum 19
Guzmanie 76

Haarblume 220
  Schlangen- 220
Hakenlilie 70
Hanfpalme 15
Hedychie, Gelbe 63
  Weiße 62
Heliconie, Geschnäbelte 65
  Papageien- 64
  Wagnersche 64
Hibiscus 44
Hirse 185
Horseradish Tree 32
Hortensienbaum 52
Hot Pepper 216
Howe's Island Palm 42
Hyophorbe-Palme 40

Indian Lotos 86
Indischer Flieder 33
Ingwer 8, 218
  Siam 62
Ipé-Baum, Gelber 23
  Rosablütiger 23
Ixore, Scharlachrote 48

Jacarande 22
Jackfruchtbaum 195
Jack Fruit 195
Jambuse, Apfel- 233
  Aprikosen- 233
  Wachs- 234
  Wasser- 234
Jatrophe, Spitzblättrige 52
Jerusalem Thorn 29
Jute, Langkapsel- 247
  Rundkapsel- 247

Kaffee 8, 12/13, 19, 206
Kaffee, Berg- 206
  Kongo- 206
  Liberia- 206
  Robusta- 206
Kakao 8, 12/13, 210
Kakaobaum 210
Kalebassenbaum 18, 36
Kanonenkugelbaum 31
Kapokbaum 57, 245
Kapokbaum, Asiatischer 246
Kartoffel 8, 12/13
Kaschubaum 231
Kassava 189
Kassie, Geflügelte 50
  Großfrüchtige 29
  Röhren- 30
  Schmalblättrige 30
  Spitzblättrige 30
Kasuarine, Strand- 27
Kaugummibaum 232
Kautschukbaum, Brasilianischer 251
Kentia Palme 42
Keulenlilie, Strauchige 69
Knöterich, Mexikanischer 55
Knollenbohne 185
Königspalme 15, 20, 39
Kohlpalme, Westindische 39
Kokosnuß 8, 204
Kokospalme 12/13, 18, 185, 204
Kokospalme, Romanzoffianische 42
Kolabaum 212
Korallenbaum 31
Korallenbaum, Amerikanischer 31
Korallenstrauch 48
Kostwurz 63
Kostwurz, Afrikanischer 63
Kurzähre 69

Lady's Fingers 220
Lagerströmie, Herrliche 35
  Indische 34
Langsat 233
Lantana 46
Leberwurstbaum 32
Lemon 238
Liebeskette 55
Lime 238
Limette, Saure 238
Linden-Eibisch, Hoher 26
Livistonie, Chinesische 41
Longan 236
Losstrauch 48, 58
  Kostbarer 48
Lotosblume, Indische 86

Madagascar Periwinkle 74
Mahagoni 12/13
Mais 12/13, 18, 185
Malayenapfel 233
Malayenblume 79
Malay Roseapple 233
Mandarine 237
Mandelbaum, Indischer 26
Mandioka 189
Mango 8, 19
Mangobaum 227
Mangostane 19, 234
Mangosteen 234

Mangrove 250
Manila-Palme 41
Manioc 189
Maniok 12/13, 185, 189
Maracuja 226
Marmelade Box 232
Masdevallie 81
Mate Tee 8
Meander, Gelber 50
Medinille 68
Meerrettichbaum 32
Meertraube 28
Meerwicke 60
Melonenbaum 228
Mexican Creeper 55
Mexikanischer Kletterer 55
Milk and Wine Lily 70
Miltonie 80
Morning Glory Tree 35
Mountain Mahoe 26
Muskatnußbaum 8, 217
Mussaenda, Rotblättrige 46
Myxabaum 31

Neoregelie 77
Nesselblatt, Rauhes 47
Schillerndes 47
Nidularie 77
Nikanpalme 15
Nutmeg 217

Octopus Tree 34
Odontoglossum 82
Ölpalme 12/13, 20, 202
Oilpalm 202
Okra 219
Okumo 185, 193
Oleander, Baum- 50
Oncidium 83
Orange 237
Bitter- 239
Riesen- 239
Orange Trumpet Vine 55
Orchideenbaum 51
Orchid Tree 51
Orleansbaum 219
Oscherstrauch 60

Padma 87
Pagoda Flower 48
Pagoda Tree 25
Pagodenstrauch 48
Palisanderbaum 12/13, 22
Palmfarn, Brot- 39
Eingerollter 38
Mexikanischer 38
Palmlilie, Riesen- 37
Palta 222
Pampelmuse 239
Pandorenstrauch 58
Papaya 19, 228
Paprika 19, 216
Papyrus 250
Papyrusstaude 250
Paradiesbaum 33
Paradiesvogelblume 65
Paranuß 8, 185, 203
Pará Rubber 251
Parkinsonie 29
Passionsblume 8, 227
Blaue 59
Traubige 60
Passionsflower 59
Passionsfruit 227
Paternosterbaum 33
Pea Nut 198
Pepper 215
Peregrina 52
Persian Lilac 33
Persischer Flieder 33
Perubalsam-Baum 215
Petree 51
Pfeffer 8, 215
Philodendron 57
Pigeon Orchid 80
Piment 8
Pineapple 225
Pink Ball Tree 52
Pink Shower Tree 29
Pink Trumpet Tree 23
Pisang 222
Poinciane, Zwerg- 49
Poinsetta 44
Poinsettie 44
Pomegranate 240
Pomelo 239
Pomeranze 239
Potato Yam 190
Powderpuff 50
Pride of Cap 51
Prunkwinde 59
Pulasan 236
Purgiernuß 52
Purpurkranz 51
Pyrostegie 55

Queen Palm 42
Queen Wreath 51
Queen's Crape Myrtle 34

Rahmapfel 19, 229
Rambutan 235
Ramiepflanze 249
Red Flag Bush 47
Red Ginger 61
Red Ti 69
Reis 12/13, 185, 186
Reismelde 185
Rhabarber von Guatemala 52
Rhizophora, Amerikanische 250
Rhoeo 70
Rice 186
Rosenapfel 233
Roseneibisch, Chinesischer 44
Zerschlitzter 45
Rotstiel-Palme 40
Royal Palm 39
Royal Waterlily 84
Rubber Tree 24, 251
Ruhmeslilie 74
Russelie 49

Sagopalme 185
Sapotebaum 232
Sapotillbaum 232
Sauerklee 185
Sauersack 229
Sausage Tree 32
Scarlet Plume 71
Schefflera, Strahlenblättrige 34
Scheidenblatt 66
Schellenbaum 50
Schmetterlingsblume 62
Schönfaden 51
Schönhaube 35
Schraubenbaum 27
Schraubenpalme 27
Schuschu 220
Schweifblume, Samtblättrige 67
Screw Palm 27
Sea Grape 28
Sebestenenbaum 31
Seerose 86
Seetraube 28
Seideneiche 28
Seidenpflanze 73
Shell Ginger 62
Shrimp Plant 69
Siegellack-Palme 40
Silbereiche, Australische 28
Silk Cotton Tree 245
Silky Oak 28
Sisal Hemp 246
Sky Vine 56
Sodomsapfel 60
Soja Bean 200, 206
Sojabohne 200, 206
Sour Orange 239
Sour Sop 230
Spathiphyllum 66
Stechapfel, Baumförmiger 75
Weißer 75
Sternwinde 57
Stolz Indiens 33
Stolz von Barbados 49
Strahlenpalme, Großblättrige 42
Strahlenwinde 59
Strandwinde, Tropische 60
Strelitzie, Orange 65
Weißblütige 65
Süßkartoffel 187
Süßsack 229
Sugar Apple 229
Sugar Cane 196
Sweet Orange 237
Sweet Potatoe 187

Tamarind 230
Tamarindenbaum 230
Tania 193
Tangelo 239
Tangerine 237

Taro 185, 193
Tea 209
Teakholzbaum 12/13, 254
Tecome, Gelbe 25
Tee 8, 12/13, 209
Teestrauch 209
Tempel-Strauch 25
Thevetie 50
Thunbergie, Großblütige 56
Ti 69
Tibouchine 48
Tintenfischbaum 34
Tohabaum 30
Traveller's Tree 37
Tropentrompete 75
Trumpet Lily 66
Tulip Tree 22
Tulpenbaum, Afrikanischer 15, 22
Turk's Cap 45

Umbrella Tree 34
Urukú 219

Vanille, Echte 217
Venusschuh 79
Venusschuh, Elfenbein- 79

Wachspalme, Breitfächrige 42
Wandelblume 46
Washingtonia, Fädige 39
Wasserhyazinthe 87
Wasserlilie, Königliche 84
Wassermelone 19
Water Lily 86
Weihnachtsstern 44
White Angel's Trumpet 75
White Bird of Paradise 65
Wild Plantain 64
Wolfsmilch, Mexikanische 71
Wollbaum 245
Wunderblume 73
Wunderstrauch 45

Yams 185
Yams, Cayenne- 192
  Flügel- 191
  Großer 191
  Kartoffel- 190
Yams-Wurz 185, 191
Yautia Plant 193
Yellow Ginger 63
Yellow Oleander 50
Yellow Trumpet Tree 25
Yesterday, Today and Tomorrow 53

Zantedeschie 66
Zedrachbaum, Indischer 33
Zentroseme 61
  Behaarte 61
Zibetbaum 234
Ziegenfußwinde 60
Zimmerhopfen 69
Zimt 8
Zitronatzitrone 238
Zitrone 238
Zuckerrohr 12/13, 196, 200
Zwergpalme 15